# 不完全信息条件下的知识产权与风险信贷：机理、效果与政策研究

蒙大斌　著

南开大学出版社

天　津

**图书在版编目(CIP)数据**

　　不完全信息条件下的知识产权与风险信贷：机理、
效果与政策研究 / 蒙大斌著. —天津：南开大学出版
社，2021.1
　　ISBN 978-7-310-06012-2

　　Ⅰ. ①不… Ⅱ. ①蒙… Ⅲ. ①知识产权制度－关系－
中小企业－企业管理－贷款风险－研究－中国 Ⅳ.
①D923.04②F832.42

　　中国版本图书馆 CIP 数据核字(2020)第 272893 号

不完全信息条件下的知识产权与风险信贷：
机理、效果与政策研究
BUWANQUAN XINXI TIAOJIAN XIA DE ZHISHI CHANQUAN YU
FENGXIAN XINDAI：JILI XIAOGUO YU ZHENGCE YANJIU

南开大学出版社出版发行
出版人：陈　敬
地址：天津市南开区卫津路 94 号　　邮政编码：300071
营销部电话：(022)23508339　营销部传真：(022)23508542
http://www.nkup.com.cn

北京虎彩文化传播有限公司印刷　全国各地新华书店经销
2021 年 1 月第 1 版　　2021 年 1 月第 1 次印刷
260×185 毫米　16 开本　12 印张　234 千字
定价：40.00 元

如遇图书印装质量问题,请与本社营销部联系调换,电话:(022)23508339

教育部人文社科基金青年项目（20YJC790098）成果。

该项目名称："不完全信息条件下的知识产权和风险信贷：机理、效果与政策研究"。

# 序

当前，如何建设一个完善的体制机制为企业的科技创新活动进行金融支持显得至关重要。纵观世界，美日欧等发达国家在科技创新方面领先全球，无一不是拥有一个健全完善的科技金融体系，能够非常有效率地支持企业进行科技创新活动。甚至良好的科技金融体系如同黑洞一样，将其他国家或者地区的创新资源和创新成果吸纳到本国，为本国的经济社会进步服务。在美国，只要有一个好的创意或者好的技术，就会有足够的金融资本竞相推动它进行经济试验，直到投产运营服务社会。所以不光是科学技术的雄厚基础及其健全的体制决定了美国在全球的科技领先地位，发达的科技金融体系也扮演了重要的角色。

我国在科技金融体系方面的建设还有待提升。现在较为突出的矛盾，是科技型中小企业的"融资难"和"融资贵"。党中央和国务院高度重视，多次提及该问题并且着力破解，成立了相应的工作领导小组，出台了很多指导性的文件。相应的部委和地方省市也积极开展行动，力促科技金融体系的建设。这些改革的措施收到了很大的成效，但是我们也不能因此就满足于现状。因为我国的科技金融体系与一些发达国家还存在着较大的差距，只有正视这个差距，才能进一步地提升我国科技金融体系的建设水平。

金融体系的建设除了不断地进行实践摸索之外，相应的理论研究也应该有所加强，需要通过理论创新来推动政策创新，指导实践。在信贷融资领域，信息经济学对于信贷发放的解释令人耳目一新，传统的信贷理论在一定程度上受到了挑战，新的机制设计和政策措施也显得更为得当。例如传统的信贷理论要求抵押品全额抵偿，而信息经济学只要求对借款人的资质能够实现区分和对借款人的行为实现控制。所以利用信息经济学对科技金融体系进行研究是一个较好的思路。

然而，信息经济学研究的是传统企业，并非针对科技型企业，并非研究知识资产和知识产权的融资。而知识资产或者知识产权又具有非常强的独特性，其在信息不完全方面到底会产生何种影响，是需要研究和探索的。蒙大斌博士在此领域展开了相应的研究，分别对不完全信息条件下知识产权的股权融资和债权融资进行了研究，其研究方案先后两次得到了教育部青年基金的资助，说明了学术界同人对此研究问题的重视和认可。

经过两年的努力，课题研究形成本书这项研究成果，值得鼓励。该书围绕科技型企业利用知识产权进行债权融资展开，是运用新理论对科技型企业信贷融资问题进行研究的较早尝试。通读全书，我认为该书具有以下几个特点：

第一，研究视角新。全书采取信息经济学的视角分析，是研究的一大亮点。该书揭示了知识产权信贷融资中在诸多环节存在着信息不完全，以及银行和企业之间的信息不对称所引发的诸多问题。这其中包含了事前的逆向选择问题和事后的道德风险问题以及事中的机会主义行为。此外，该书还从企业成长的生命周期和所处产业的不同，分析了这些信息不完全问题的差异性。这些研究都是极具创新的和极具特色的，使得该书具有很强的可读性。

第二，借鉴与创新。该书系统地总结了当前对不完全信息条件下知识产权信贷融资研究的基本情况，包括了大量理论研究、实证研究和政策研究的成果，能够让人很好地掌握这一领域的研究现状和前沿动态。能够将信息经济学对传统信贷的研究应用到依赖于知识产权这一特殊抵押品，进行了较为深入的分析，得出了基本正确的结论，成为了本专著最具有代表性和贡献性的地方。

第三，结合实际。该书秉持"从实践中来，到实践中去"的原则，结合中国国情，剖析中国的问题，对中国的发展提出政策建议。在经验研究的章节中，重点介绍关于对中国知识产权信贷融资的相关研究成果，提取经验和规律；在对策研究的章节中，重点结合中国的实际情况和既有的政策提出下一步的改革措施，指导中国实践。因此，本书不但适合相关领域的学者研读，也可以供相关政策制定者参阅。

当然，本书也存在着一定的缺陷。首先，在机理分析部分，原创性的研究还不够，对于知识产权作为抵押品所引发的不完全信息问题的分析还不够全面、不够透彻和不够深入。其次，经验研究还不够充分。本书对不完全信息条件下知识产权的效果分析，仍然缺乏大量的数据支持和翔实的实证分析，该书主要是介绍相关学者的一些研究成果，而非自身所研究得出。最后，在政策研究部分，新政策的提出还不够细致，这会使很多读者能够大致理解，而细思起来却感到茫然。由于时间不足，一些缺陷也是在所难免的。我相信，经过艰苦的努力，蒙大斌博士会取得更多优秀的科研成果。

张诚

2020 年于南开园

# 目　　录

# 第一章 导论

发达国家的经济实践表明，推进基于知识产权的融资是破解科技型中小企业"融资难"和"融资贵"的重要途径。知识产权的债权融资是知识产权融资体系的重要组成部分。而现有的研究主要针对既定信息条件下知识产权债权融资的可行性和风险控制进行探讨，缺乏对信息不完全视角下还款能力的甄别、还款意愿的控制和还款行为的制约等问题的探讨。事实上，不完全信息所引发的诸多问题严重地制约着知识产权债权融资，而现有的研究对此关注不足，本书选择以"不完全信息条件下的知识产权与风险信贷：机理、效果与政策研究"为研究课题，就试图弥补这一空白。

## 第一节 研究的背景

对于金融的理解，人们并不陌生。所谓的金融就是实现资金的融通，资金的融通促进生产要素组合，服务实体经济，这是金融的根本使命。资金融通最重要的方式就是借贷，传统的信贷业务为经济活动提供了最主要的资金支持，但是对于科技创新活动的支持就显得非常乏力。在过去的几十年中，基于知识产权的融资活动悄然兴起，并迅猛发展，成为了科技金融的重要支柱。目前，这一领域越发显得不能忽视。

### 一 知识产权信贷融资的兴起

现代知识产权的概念可追溯至18世纪70年代，对其探讨和争论一直延续至今。一般认为，知识产权主要包括专利权、商标权、著作权和商业秘密，其中专利权最为常见和重要。毫无疑问，知识产权的确立催动了科技进步，繁荣了技术发明创造市场。甚至一些学者（诺斯，2008）认为，知识产权制度推动了英国第一次工业革命、助力英国完成工业化，也推动了美国第二次工业革命和第三次信息技术革命。不争的事实是，进入知识经济时代，知识产权作为一种法律意义上的权利保护，其经济价值随着社会发展也日益凸显。以美股市场标准普尔500指数为例，其成分股市值中无形的知识资产比例呈现显著上升趋势，从1975年的17%上升至2015年的84%。

那么，随着知识资产在科技型企业资产中占的比重逐渐提高，这些企业的融资方式也悄然发生了变化。对于债权融资来讲，资产抵押渐渐从过去只对有形资产作价质押，转变为有形无形资产抵押的混合模式，甚至出现了完全以无形资产进行抵押的模式。早在 1905 年，日本的通产省就视专利为一种有价值的资产并且可以抵押进行融资。随后，日本开发银行具体负责实施，制定《新规事业育成融资制度》，形成专利权质押融资机制，使得缺乏担保物的日本企业获得了新的融资渠道，造就了日本中小企业的蓬勃发展。此后，欧美国家纷纷效仿，开始形成并逐步完善知识产权融资的制度。美国最早在法律层面保障知识产权质押融资，是知识产权质押融资历史最为悠久、实践最为成功的国家之一。

从全球经济实践来看，基于知识产权的外部融资仍然以股权投资为主，而债权融资处于蓬勃发展的趋势。根据 Mayers（1984）提出的融资优先次序理论，融资是先内部后外部，先股权后债权。股权融资在一定程度上稀释了企业家的股权，而债权融资更受到企业家的青睐。近些年来，基于知识产权的债权融资在发达国家蓬勃兴起，推动科技型企业快速成长。需要指出的是，知识产权债权融资不光是为成长型的企业融资，对于中小微企业的发展也发挥着重要的作用。

## 二 我国知识产权质押融资的步伐

由于我国的国情特殊，在知识产权质押融资领域起步较晚。这可以从相关立法执法体系的建立、相关配套政策的建立和相关融资实践得到体现。

从法律层面上看，我国知识产权质押融资的法律体系逐步完善。我国第一部《专利法》在 1984 年公布。1995 年，我国的《担保法》颁布，明确了知识产权可以进行抵押和质押。1996 年，国家知识产权局出台了《专利权质押合同登记管理办法》，知识产权质押融资开始进入大众视野。然而，在 1996 年至 2006 年的 10 年间，专利权质押融资尚未真正落地，行业发展缓慢。直到 2006 年，国家知识产权局进行大力的引导，各地政府大力的支持和多家银行机构积极参与，知识产权质押融资才开始较大面积地试行，并且在上海、北京、武汉、广州等地设置首批试点区域。随后，试点区域在全国范围内推广。2007 年，《物权法》提及了知识产权质押，知识产权的保护和应用进一步得到保障。2008 年，国务院发布了《国家知识产权战略纲要》，第一次从国家层面考虑实施知识产权战略，强调引导企业使用知识产权质押融资等方式挖掘专利等的市场价值。

从政策层面上看，我国知识产权质押融资的政策措施逐步加强。从党的十六大报告第一次提出"完善知识产权保护制度"，到党的十九大倡导"强化知识产权创造、保护、运用"，国家对知识产权的重视程度逐年增加。在最近几年，随着我国发展进入转型升级的攻坚阶段，中央和地方政府开始践行知识产权强国战略，更是大力推进知识产权融资的相关事宜。《中国制造 2025》提出要积极发展面向小微企业的知识产权信贷融资。《全国专利事业发展战略推进计划》提出要引导中介服务机构积极参与知识产权信贷融资，提出要探索建立知识产权信贷融资风险补偿基金。中国银保监会联合国家知识产权局、国家版权局发布《关于进一步加强知识产权质押融资工作的通知》，进一步促进银行保险机构加大对知识产权运用的支持力度，扩大知识产权信贷融资。以上政策文件的颁布体现了国家对知识产权融资的重视，以及对知识产权融资对科技型中小企业融资的重要作用。

从我国的经济实践来看，我国的科技型企业利用知识产权融资的效果并不理想，尤其是以"风险信贷"为核心的债权融资更为严峻。我国国家知识产权局的数据显示，2019年全国专利、商标质押融资总额达到1515亿元，但是这相比20万亿元规模的信贷总量来说，还不及1%。从结构上来看，专利权质押融资项目金额在1000万元以下的小额专利权质押融资项目占比为68.6%。我国知识产权债权融资与美日欧发达国家相比，无论是融资成功的总额还是笔数，都存在着巨大的差距。

正是因为我国知识产权债权融资起步较晚，体系还不成熟，存在很多问题和障碍，所以才需要不断地进行研究和实践加以解决。在学术研究层面，需要国内的学者进行更加深入的探索，明晰其中的规律，提出能够切实解决科技型企业融资问题的建议。在经济实践方面，美国、欧盟和日本等经济体在知识产权融资方面已经建立了较为完善的体制机制、法律保障和政策支持，我国在该领域也应该加以重视，补齐短板，迎头赶上。

### 三　知识产权质押融资现存的一些问题

现在有很多的学界人士和业界人士，对知识产权质押融资这种融资模式持深度的怀疑态度，他们不相信这种融资模式会普及起来，进而解决科技型企业的融资问题。这其中的原因有很多，例如，知识资产不具备一般等价物特性、知识资产的价值难以确定、知识资产具有公共物品的属性以及知识产权难以保护等。这些担忧并不是毫无道理的，反映出当前知识产权融资所处的困境。国家知识产权局也归纳了知识产权不宜进行质押的五点原因，将"价值不易评估"放在首位。其余的原因包括"波动性较大""变现能力不好预测""金融机构的惰性"和"中小企业的诚信缺失"等。

由于估值困难的问题，知识产权质押融资的做法在全球仍然有限。银行等金融机构开展质押融资业务时，最关心的主要有两大点：一是质押物的价值评估及其估值稳定性；二是质押物的未来可变现能力。相对于知识产权来说，应收账款票据、存货单、仓单等实物票据的质押更能满足上述特点，而知识产权尤其是科技专利的估值和变现在现阶段都存在较大的困难，这是造成知识产权质押融资业务潜在风险的根源。专利的价值评估是一个代价高昂的过程，需要技术、法律和市场预测方面的专业知识。此外，市场的不确定性和不可预测的技术演变使得估值难以客观和准确。

知识产权价值波动较大，使得其获得的贷款金额占总价值的比例不高。一项技术在开始的时候，可能是市场上的主导技术，价值很高。一旦遇到技术革新，更加先进的技术出现，那这项技术就没有多少价值了。所以，知识资产不像实物资产，实物资产的价值波动在一定区间范围内，而且变化比较慢；但是知识资产，它的价值波动巨大，而且变化得非常突然，这是由技术的根本属性所决定的。此外，知识产权还存在法律风险，被质押的知识产权权属可能有争议，如果发生争议、纠纷或者诉讼以致质物被冻结、被查封，知识产权价值也就荡然无存了。再有，知识产权还可能面临侵权的风险。如果知识产权在被质押期间，遭受侵权，而又很难通过诉讼的方式维护合法的权益，或者需要付出高昂的执法成本，这些也会令知识产权价值急剧受损。

更严重的问题是知识资产的非流动性。知识产权变现的可能性不易预测。同传统的担保贷款相比，知识产权的流动性不及不动产，因而处置起来就相应地困难。特别是在现阶段，国内知识产权意识普遍不高、知识产权交易市场小的情况下，知识产权的变现尤显困难。由于技术市场不发达，当贷款违约发生时，银行很难向第三方出售或许可专利以弥补违约贷款的损失（Harhoff，2009）。因此，银行不愿意接受知识产权作为抵押，尽管受到资金限制的科技型中小企业对专利支持贷款的需求很大。

知识产权质押融资费神费力、风险大、效益不佳，商业银行等金融机构普遍不愿涉足。一直以来，各商业银行的利润均比较可观，巨额利润造成银行的惰性，使银行不愿主动寻找业务，更不愿冒风险为企业贷款。另外，目前国内金融机构开展知识产权质押贷款业务的很少，缺乏成熟的实践经验，缺少具体的操作办法，这使得国内绝大多数的金融机构对知识产权质押贷款持谨慎和观望态度。

中小企业管理不规范，诚信缺失，造成知识产权质押融资困难。中小企业的诚信问题也困扰着银行对于知识产权质押贷款的发放。银行在审查知识产权质押贷款申请时，很大一部分工作是针对企业的经营团队，包括经营者的综合素质、企业核心管理层人员的素质以及技术研发团队的工作能力等，并且要求企业主要经营者提供家庭收入、家庭负债、主要财产等详细情况。同时，由于一些科技型中小企业的财务规范程度很低，使银行无法清楚地了解企业财务的真实情况，即使企业拿出的财务报表是真实的，但因报表中无形资产占总资产的比例很高，而没有体现该无形资产的未来收益有多大，也使得银行不敢贸然进行知识产权质押贷款。

根据前人的研究和业界的反馈，上述五点原因总结得非常恰当。需要更进一步指出的是，这些问题的根源是严重的信息不完全的问题。从大方向上说，科技型企业"融资难"和"融资贵"的问题，究其根本原因，就是因为我国的金融机构与科技型企业之间存在严重的信息不对称，金融机构在获取信息方面处于劣势，它们很难分辨出哪些是优质的融资项目，同时也很难对融资后企业的行为进行监督和管理。此外，我国体制机制和政策环境的不完善加剧了该问题的严重性。对于知识产权信贷融资，更是如此。

有问题就要解决，必须要迎难而上。无形资产在企业资产价值中的比重在近20年中从20%上升到70%，知识资产逐渐取代传统的实物资产而成为企业核心竞争力所在。商业银行等金融机构大多基于企业的实物资产抵押进行风险管控，进行融资决策，而这种传统的融资方式越来越不适用于科技型企业。而科技型企业具有规模相对较小、生存周期相对较短、资产相对轻质化、风险相对较大等特点，往往又面临着较为严重的融资约束。这就要求金融机构只有充分地利用知识产权等无形资产进行融资，才能够解决科技型企业的融资约束问题。从经济实践来观察，这些问题并不能够否定知识产权质押融资这种融资模式，基于知识资产的债权融资不仅是非常必要的，而且是务实可行的。本书就是要着力破解知识产权质押融资中的信息不对称问题。

## 第二节　研究的意义

知识产权的运用多种多样，可以进行专利预警、专利封锁、专利导航，当然也可以实施专利融资等。党的十九大提出"倡导创新文化，强化知识产权创造、保护、运用"，深入实施知识产权强国战略已经成为了我国的根本国策。知识产权强国战略具有丰富的内涵，也具有深远的意义。而知识产权融资是知识产权强国战略的重要组成部分。

### 一　发展知识产权质押融资的必要性

随着知识经济时代的来临以及经济全球化席卷全球，知识产权逐渐作为国家战略性资源和国际竞争的重要因素受到各国重视。目前，我国经济进入新常态，创新引领发展越发成为新的趋势，知识产权促进创新的作用更加突出。

2010年以来，我国经济增速放缓，开始步入经济新常态。而所谓的经济新常态其实就是指我国经济从要素驱动、投资驱动的粗放型高速增长转向创新驱动、结构升级的集约型中高速增长。那么，这一转型的过程是十分艰难的，新常态下的经济发展也是不容易的，甚至很多国家因为转型失败而落入"中等收入陷阱"。党的十九大报告指出，创新是引领发展的第一动力。因此，只有建立健全科技创新体制，使得创新创业主体充分地发挥经济引领作用，才能实现创新驱动，才能跨越所谓的"中等收入陷阱"。

近年来，国家大力支持科技型企业发展，使得其创新创业的条件和环境得到逐步优化。然而，融资约束一直是制约科技型企业发展的重要因素。金融体系常常使资金由实入虚，金融服务实体经济的作用还不充分，金融服务实体经济中科技创新部分更是非常欠缺。为深入实施创新驱动发展战略，全面提升知识产权综合能力，推动提升知识产权运用能力提上日程，知识产权融资作为知识产权运用的重要途径，能够挖掘利用知识产权价值，深化推动科技与经济的融合，因此受到了极大的关注。

科技型企业与传统的企业有所不同，它们的属性是无形的知识资产较为丰腴，而有形的实物资产相对缺失。知识资产同实物资产一样具有一定的商业价值，不同的是知识资产具有无形性、专用性、地域性、时间性、可复制性等特点，使得基于知识产权的融资存在着一些障碍。当前，我国知识产权制度日趋完善，确定了知识资本的私人产权属性并且加以保护，为知识产权融资提供了制度保障。此外，在金融不断深化的背景下，更多的金融机构开展了知识产权金融服务的创新，知识产权质押融资、知识产权股权融资、知识产权融资租赁、知识产权证券化以及知识产权保险等金融创新，相应的制度环境与市场认知也不断成熟完善，使得知识产权融资变得势在必行。

那么，为什么要大力推行知识产权信贷融资呢？

首先，企业家不想完全稀释股份，更倾向于债权融资。股权融资是指企业的股东愿意让出部分企业所有权，通过企业增资的方式引进新的股东的融资方式。股权融资所获得的资金，企业无须还本付息，但新股东将与老股东同样分享企业的赢利与增长，如果这个企业拥有很大的发展潜力，企业家是不愿意出让股权的。软银集团曾经计划投资阿里巴巴3000万美元，占阿里巴巴30%的股份，但马云认为30%的股份意味着资本对公司的控制权太大，最后决定按照他们自己的思路，只融资2000万美元。另外一个例子，京东发行上市前，获得老虎基金、高瓴资本、今日资本、腾讯等多家投资机构的投资，但是刘强东为了保留公司的大量投票权，采取AB的设置。因此，企业家在资金和公司决策权两者中，更倾向于后者，不要过分获取资金，要的资金太多，股权就会被稀释太多，那就失去了公司的决策权。而债权融资就可以在不稀释股权的情况下获得资金，所以，企业家如果对自己的企业有信心，他们就更倾向于债权融资。

其次，科技型中小企业虽然想要获取债权融资，但是光凭借实物资产进行抵押进行债权融资的信用不够。科技型企业借债谈何容易，自身拥有的实物资产价值不够，知识资产往往也不被商业银行所认可。所以，科技型中小企业被迫先进行股权融资来维持生存。而风险资本这种投资机构就能够起到这种作用。风险投资机构在某些领域更加专业，对这些科技型中小企业的了解更加深入，所以它们敢大胆地对其进行资金注入。而银行的贷款业务比较保守，采取了尽量规避风险的模式，此外商业银行也难以做到风险投资机构的专业评估。因此，风险投资机构在银行和科技型中小企业之间起到了降低信息不对称的作用。风险投资机构也可以作为被追索的利益相关者参与其中，为科技型中小企业进行知识产权信贷融资的担保。投贷联动业务的开展，为中小科技企业提供了新的融资渠道，能缓解中小企业因"轻资产、高风险"的特点导致的融资难问题。

再次，商业银行目前主要还是进行信贷发放的债权业务，还不太擅长进行股权投资，因此知识产权质押融资是一个突破口。尽管科技银行在国外已经较为常见，也就是说国外的商业银行可以对科技型企业进行股权投资，来行使风险资本投资机构和私募股权投资机构的职能，这叫作银行业混业经营。但是在国内相关的政策还没有完全开放，决策部门担心银行开展风险较大的股权投资可能难以控制其中的风险，导致商业银行破产，影响整个金融体系的安全和稳定。如果银行有足够的能力控制其中的风险，那么投贷联动业务的开展，为商业银行涉足股权投资提供了可能，拓宽了商业银行的盈利渠道，顺应了商业银行业务转型的需求。相信商业银行的股权投资在未来会全面放开。

最后，知识产权信贷融资能够满足科技型中小企业多样化的融资需求，不同的企业融资偏好不一样，自身的条件也不同，建立知识产权融资体系是促进相关企业发展的必要条件。科技型企业除了出让股权获得资金之外，自身无形的知识资产也提供了融资的条件。因此，多样化的融资服务是具有不同风险偏好和收益要求的金融机构也是围绕不同成长阶段的企业的差异化投融资需求，是服务企业发展的本质要求。只有存在多样化的融资服务，建立全生命周期、全流程的融资服务，才能够满足不同阶段企业的资金需求。对于科技型中小企业而言，基于知识产权信贷融资是企业依据自身情况进行融资的一种内在需求，因此金融机构需要采取多种金融工具、多种金融创新和多种配套服务，来充分地实现科技型企业知识产权的信贷融资。

### 二 研究知识产权质押融资的意义

本书选择以"不完全信息条件下的知识产权与风险信贷"为研究主题，对科技型企业知识产权债权融资机理、效果和政策进行研究，对于解决当前科技企业面临的融资约束问题有重要的理论意义和现实意义。具体表现在以下五个方面：

一是课题研究能够加深人们对科技型企业基于知识产权进行债权融资的理解和认知。国家知识产权局、金融监管部门会同有关单位不断探索知识产权质押融资业务，出台了不少办法，指导银行机构为促进知识产权发展营造良好的环境。然而，这些措施所取得的成绩还不是特别理想，仍然存在很多核心的问题没有解决好。本书将知识产权债权融资的机理从完全信息拓展到不完全信息的研究，能够从理论上阐明知识产权债权融资的机理、识别目前制约知识产权债权融资的关键障碍，进而为完善政策体系提出更进一步的建议。

二是推进金融机构进一步开展基于知识产权进行债权融资的实践。知识产权债权融资是金融深化的大方向之一，未来金融机构的业务开拓与技能提升，一定是围绕知识资产的融资，想要在知识产权经济时代占有一席之地，就必然要在该领域有所作为。通过研究知识产权债权融资在我国发展的程度和区域特征，强化金融机构在该领域的经营与管理，能够为其未来的发展提供建议。具体而言，通过本研究将会指导商业银行等金融机构实施金融创新和风险管理，促进这些金融机构开展更多的基于知识资产的融资活动，提升金融服务实体的能力。

三是提高科技型企业知识产权进行债权融资的能力。对于科技型企业而言，想要发展壮大就必须能够不断地融资，无论是内源融资还是外源融资。源于科技型企业的特点，仅仅凭借自身的积累这种内源融资的模式，还远远不足以支撑其快速发展。但是由于我国相关机制不完善，外部融资体系还不完善，尤其是以知识产权债权融资为主的新兴模式还远远不成熟，还需要相应的研究和建设。本研究致力于推动科技型企业基于知识产权的优势，形成科学合理的知识产权融资决策，解决科技型企业的融资困境。在我国重视创新和知识产权运用与转化的环境下，发展专利权质押融资有助于专利经济价值的实现，拓宽企业融资途径，特别是缓解中小企业融资难和融资贵的问题。

四是能够协助政府制定相应的公共政策。源于知识资产的特点，仅仅凭借市场机制还不足以支撑知识产权债权融资活动，存在着市场失灵。政府必须采取体制机制建设，并且采取相应的制度政策保障，才能有力推动知识产权债权融资的顺利进行。国外一些发达国家已经走在了前列，但是由于我国市场机制建设起步晚，经济刚刚步入创新驱动发展阶段，导致相关体制机制还不完善，知识产权债权融资发展比较缓慢，还需要政府采取相应的政策进行支持。本研究设计出相应的政策体系，对政府通过建设知识产权债权融资体系推动区域创新发展有重要作用。

五是有利于推进经济高质量发展。近年来，中小企业"轻资产、缺担保、融资难"的困境越发凸显，央行不断定向降准的重要目的之一也是为了解决中小企业融资难、融资贵的不利现状。但是，却不能够很好地控制资金的流向。通过知识产权质押融资的方式来拓宽民营企业、小微企业的贷款渠道，引导银行等金融机构积极开展相关工作才能从根本上解决中小企业的发展瓶颈，也能进一步提升中小企业科技创新研究的热情。先前人们侧重于知识产权股权融资的探索，对于知识产权债权融资的研究和应用还不够重视。然而，知识产权债权融资起到的作用非常独特，越来越受到企业家的青睐。但是，现在各方面的发展还处于初级阶段。不容置疑，科技创新对经济发展具有引领和促进作用，通过建立健全知识产权债权融资的体制机制，加大对科创企业的融资支持，有利于加速知识产权市场转化，提升企业核心竞争力，促进产业结构调整，最终实现我国的经济转型和高质量发展。

## 第三节　研究的视角

2001 年度的诺贝尔经济学奖被授予了三位美国经济学家：斯蒂格利茨、阿克尔洛夫和斯宾塞。瑞典皇家科学院发表的新闻公告对他们的贡献进行了说明。斯蒂格利茨为掌握信息较少的市场方如何进行市场调整提供了相关理论。阿克尔洛夫阐明了这样一个事实：卖方能向买方推销低质量商品等现象的存在，是因为市场双方各自掌握的信息不对称。信息失衡甚至可能使劣质的二手车挤掉优质车市场。斯宾塞则揭示人们应如何利用所掌握的更多信息来谋取更大利益。三位教授的分析理论用途广泛，也适用于对现代金融市场的分析研究。

### 一　信息经济学对信贷融资研究的新视角

在经典教材《信息经济学基本原理》中，斯蒂格利茨（2009）将不完美信息市场中的信贷配给列为经典范例，对于信贷配给提出了新的解释。该模型证明了信息不对称所导致的逆向选择是产生均衡信贷配给的基本原因。当银行无法分辨单个借款人的风险时，就面临着逆向选择问题，而通过提升融资的成本并不能够解决问题。也就是说，提高利率水平，这样的措施只能让风险更高的申请者加入，而风险较低的申请者会被挤出市场。因此，银行往往采取配额的方式进行借贷，选择自己掌握较多信息的企业给予贷款额度，而那些不了解的企业则不予借款。

教材中的这个经典的模型来源于斯蒂格利茨于 1981 年在《美国经济评论》杂志上发表的一篇学术论文。事实上，信息经济学对于信贷发放机制的研究远不止如此，相关文献已经浩如烟海。这些研究主要分为两类：一类是对逆向选择问题的研究，一类是对道德风险问题的研究。

Bester（1987）认为，抵押品可以和利率同时充当银行分离贷款项目风险类型的甄别机制，即银行可以通过企业对抵押品数量变动的反应敏感程度来分离高风险和低风险的贷款项目。Whette（1983）的信贷配给模型，改变了模型关于借款人为风险厌恶者的假设条件，他提出在借款人风险中性的条件下，银行的抵押品要求同利率一样可以成为信贷配给的内生机制，因为对于风险中性的借款人而言，抵押品要求的增加同样可能引起逆向选择，从而减少银行的期望收益。Bester（1985）的论文进一步讨论了抵押品在信贷配给中的作用，抵押品可以和利率同时充当银行分离贷款项目风险类型的甄别机制，即银行可以通过企业对抵押品数量变动的反应敏感程度来分离高风险和低风险的贷款项目。我国学者王霄和张捷（2003）考虑贷款抵押品的信号甄别机制和银行审查成本对贷款额的影响，将借款企业的资产规模、风险类型与抵押品价值相联系，构建了内生化抵押品和企业规模的均衡信贷配给模型，从信息不对称的角度回答了为何大企业更容易获得信贷支持，而中小企业总会遇到融资困难。

与斯蒂格利茨等人的模型强调事前的信息不对称不同，大量的学者也关注事后信息不对称的问题。如 Igawa & Kanatas（1990）认为，抵押品还会起到控制道德风险的作用，如果抵押品价值不足，银行不能够全程监督，企业投资往往会过度，但是如果超额抵押，银行和企业过度关注抵押品，往往又会在一定程度上造成投资不足。Williamson（1987）讨论了信贷的道德风险问题，道德风险主要来自关于项目收益的事后信息的不对称性，他认为抵押品可以视为银行对借款人事后道德风险问题的一种保险机制。Schmidt（1997）从信息不对称的视角对信贷问题进行研究，构建了一个系统模型，将审查监督成本纳入模型中，从而使抵押品、利率和贷款额等成为企业和银行的内生决策变量。Menkhoff et al.（2006）从实证的角度检验了抵押品和道德风险的关系，研究认为抵押品有助于降低借款人的违约动机，从而降低信贷市场的道德风险。Manove & Padilla（1999，2001）的研究得出相反的结论，他们认为抵押品越多，贷款违约率就越高。原因在于如果银行有足够的风险控制能力，它们也不需要采取如此高强度的抵押了，而因为高强度的抵押令其他机构进行担保就变得相对容易，这些往往造成事后监督的不足，导致道德风险的发生，最后形成不良贷款。

## 二　信息经济学视角下知识产权的信贷融资

遗憾的是，信息经济学对于信贷发生机制的研究都是基于有形的实物资产，而非基于无形的知识资产，实际上知识资产的信息不对称问题更加独特和重要，成为了制约科技型企业信贷融资的关键因素。首先，科技型企业最核心的资产为知识资产，知识资产的价值评估往往非常困难，同时受不可测因素影响波动也更加剧烈，如此加剧了企业与外部投资者之间的信息不对称程度，极易引发逆向选择问题（蒙大斌，2019）。其次，知识产权所具有的专用性、依赖性和流动性不足等特征，对于道德风险问题的控制有别于实物资产，专用性和流动性不足会导致债权人在博弈中处于弱势，而依赖性又会导致债务人在博弈中处于弱势。最后，我国采取了弱知识产权保护策略，弱知识产权保护令企业家不愿意将自己的核心技术拿出来进行抵押融资，弱知识产权保护导致了信息的不完全和签订契约的不完全，商业银行等金融机构很有可能窃取核心技术的机密，使得企业家遭受巨大损失，因此金融机构的机会主义行为也是制约风险信贷发生的重要因素。

尽管一些学者已经注意到不完全信息问题严重制约着知识产权的信贷融资，然而，对于这一问题的研究还尚未进行专门的探讨，在理论研究上仍然处于"黑箱"状态。就目前来看，至少以下几个方面的问题亟待解决：第一，人们尚不知晓在知识产权信贷融资过程中不完全信息引发了哪些问题，这些问题在哪些环节发生，以及造成何种程度影响。第二，如何从理论上解释不完全信息所引发出来的这些问题，换言之，风险信贷融资中信息不完全问题所产生的机理是什么？因为只有明晰了其中的机理才能够进行机制设计，最终才能解决这些问题。第三，我国科技型企业利用知识产权进行风险信贷活动的基本情况是怎样的？在我国独特的经济制度环境下存在哪些特殊的问题，不完全信息对于不同生命周期和不同产业的科技型企业风险信贷的影响又如何？第四，现有的政策措施能够很好地解决风险信贷中的不完全信息问题吗？现有的政策效果如何？基于不完全信息视角的研究，当前的政策体系有何不足？应该如何建立基于知识产权进行风险信贷的新政策体系？

## 第四节　本书的章节安排

根据本书的研究思路，对结构进行安排。从具体的章节来看，本书共分为四大部分，分别是：导论部分、机理部分、效果部分和政策部分。四大部分又细分为十三章，其中：导论部分包括第一章；机理部分包括第二章、第三章、第四章、第五章；效果部分包括第六章、第七章、第八章；政策部分包括第九章、第十章、第十一章、第十二章、第十三章。下面进行初步的介绍。

**一　导论部分：第一章**

在第一章，首先介绍知识产权融资在世界范围内兴起并蓬勃发展，并且提及我国在这个领域建设的基本情况。其次，重点阐述知识产权信贷融资对于我国科技创新和经济发展的重大意义。最后，揭示本书对该问题的研究视角，即信息经济学的独特解释。

**二　机理部分：第二章到第五章**

在第二章，主要是承前启后。对现有的相关研究做了一个回顾，这些研究主要包括经典的信贷发放理论、纳入创新能力后的信贷发放理论和传统的知识产权融资理论。然后对这些研究做出评述，指出其所存在的局限性，引出依据信息经济对知识产权信贷融资进行研究的必要性和优势。

在第三章，基于不完全信息经济学，对知识产权与风险信贷的逆向选择问题进行研究。介绍何为逆向选择问题，解释为何信贷融资会存在逆向选择问题，解释知识产权融资逆向选择问题的独特性。根据利用抵押品进行信号甄别的思想，知识产权作为一种信号对风险信贷发生机制的作用。从静态视角考虑，探讨"分离均衡"的实现，分析判断知识产权作为风险信贷信号传递的可行性。从动态视角进行探讨，分析在企业之间展开的"信号战争"，高质量"强信号"可能被模仿者所稀释，这些行为决策可能导致的"混同均衡"的存在。研究中国专利质量的概率分布，将中国专利质量分布规律纳入信号甄别模型中。

在第四章，基于不完全信息经济学，对知识产权与风险信贷的道德风险问题进行研究。介绍了何为道德风险问题，解释了为何信贷融资会存在道德风险问题，解释了知识产权融资道德风险问题的独特性。探讨知识产权价值在道德风险问题中的作用，通过调整抵押的知识产权价值和贷款金额的比例关系，实现金融机构和企业激励相容，确保企业借贷后不采取投机行为。进一步，探讨知识产权的专用性、依赖性和非流动性等特征对于融资事后借贷双方博弈行为的影响，根据知识产权的特征通过机制设计来解决道德风险问题。

在第五章，基于不完全信息经济学，对知识产权与风险信贷的机会主义行为问题进行研究。介绍了何为机会主义行为问题，解释了为何信贷融资会存在机会主义行为问题，解释了知识产权融资道德机会主义行为的独特性。探讨在中国弱知识产权保护（低执法水平）的背景下，商业银行等金融机构可能存在的机会主义行为，即窃取发明者的核心机密，导致企业在事前就会放弃利用知识产权进行风险信贷。研究在不完全信息条件下借贷双方的博弈行为，以及采取何种方法来制约这种机会主义行为。

### 三　效果部分：第六章到第八章

在第六章，对不完全信息条件下基于知识产权与风险信贷的整体效果进行研究。具体而言，对我国知识产权信贷融资的情况进行了介绍；对世界知识产权信贷融资的情况进行了介绍；对何种因素会影响知识产权信贷融资的相关经验研究进行了介绍；对不完全信息如何影响知识产权信贷融资的相关经验研究进行了介绍。

在第七章，从企业生命周期的视角，对不完全信息条件下基于知识产权与风险信贷的效果进行研究。初创企业的特征是在未来一定时间内拥有一定的知识资产和存在较少的现金流，股权投资者的先行介入缓解了信息不对称程度，促成了风险信贷的发生。研究了股权投资者介入的情况下，初创科技型知识资产获取风险信贷的效果。揭示了成长期企业的信息不完全程度、经营特性和知识产权的特征，对成长期企业知识产权债权融资进行了经验分析。揭示成熟期企业的信息不完全程度、经营特性和知识产权特征，对成熟期企业知识产权债权融资进行了经验分析。

在第八章，从产业异质性的视角，对不完全信息条件下基于知识产权与风险信贷的效果进行研究。对于不同的产业，信息不完全程度不尽相同。此外，企业知识产权的特征（非流动性、专用性和依赖性）也不尽相同，这些特征在一定程度上能够克服信息不完全所产生的问题。因此，知识产权进行风险信贷的效果因不同产业而有所差异。选取信息基础产业、软件与信息服务业、现代交通装备产业、智能制造装备产业、生物医药产业、新型功能材料产业、高效节能环保产业和资源循环利用产业 8 个专利密集产业，在产业层面分析和检验知识产权与风险信贷的关系。

### 四 政策部分：第九章到第十三章

在第九章，探究知识产权保护制度的改进对知识产权信贷融资中信息不对称的克服。介绍了中国专利制度的变迁，推测了中美新一轮知识产权协定对于中国即将进行的知识产权制度改革的影响。揭示了知识产权的相关制度如何解决知识产权信贷融资中的逆向选择问题、道德风险问题和机会主义行为。测度当前专利制度的作用效果，从融资的视角提出专利制度改革的方向。

在第十章，探究政府担保和风险补偿基金对知识产权信贷融资中信息不对称的克服。风险补偿基金和风险贷款贴息能够弥补商业银行因为信息不完全所造成的损失，起到了风险分担的作用。此外，这些政策还具有克服知识产权信贷融资过程中信息不完全的作用。介绍了政府担保和风险补偿基金的实际运行，并提出了改进的建议。

在第十一章，探究知识产权交易市场和知识产权交易所的建立对知识产权信贷融资中信息不对称的克服。知识产权交易市场和知识产权交易所能够起到信息挖掘的作用，对于科技型企业风险信贷具有促进作用。介绍了现有知识产权交易市场和知识产权交易所的运行，从知识产权融资的视角对知识产权交易市场的完善提出相应建议。

在第十二章，探究投贷联动机制的实施对知识产权信贷融资中信息不对称的克服。介绍了一般意义上的投贷联动，重点研究了知识产权融资的投贷联动，揭示了投贷联动机制对于克服信息不完全的影响，研究了相应政策的设立对于科技型企业风险信贷的促进作用，尝试解决投贷联动机制中存在的问题和障碍。

在第十三章，探究第三方信息对接平台的建立对知识产权信贷融资中信息不对称的克服。阐述了融资服务中第三方信息对接平台的功能，研究了这些平台的建立如何克服知识产权信贷融资中信息不对称的影响，对实际运行中第三方信息对接平台进行了介绍，提出了一些改进的建议。

# 第二章 经典的信贷理论对知识产权信贷融资的解释

在正式的主题研究开始之前，还需要对这个领域的研究做一个系统的综述，来做到承前启后，层层递进。首先，介绍经典的信贷发放理论，其研究的核心是如何控制借贷过程中的信用风险。其次，介绍传统的知识产权信贷融资理论，研究的核心是知识产权对企业信用等级的提升和知识产权的价值评估。最后，对传统的知识产权融资理论的局限性进行说明，引出基于信息经济学视角进行知识产权融资的必要性。

## 第一节 经典的信贷发放理论

信贷发放的关键在于控制借贷过程中的信用风险。所谓的信用风险，就是借贷发生后债务人因为违约给债权人造成损失的可能性。关于信用风险控制的研究和实践历久弥新。早在商业银行诞生之初，就有了凭借经验进行判定的主观评价法。随着现代金融风险管理理念的兴起，信用风险的控制也不断地战略化、制度化、模型化和产品化，涌现出了很多科学的新思想和新方法。

### 一 信贷融资的风险管理及方法

从实践的角度来看金融风险管理的过程一般包括风险识别、风险度量、风险管理决策与实施、风险控制四个阶段。在风险识别阶段：对经济主体面临的各种潜在的风险因素进行认识。首先，金融机构会关注自身的风险暴露，即在金融活动中存在金融风险的部位以及受金融风险影响的程度；其次，会分析金融风险的成因和特征。在金融风险的度量阶段：是对金融风险水平的分析和量化，包括衡量各种风险导致损失的可能性以及损失发生的范围和程度。存在很多种测度金融风险的方法，如均值—方差模型、受险价值法、信用风险度量制等。在金融风险管理的决策阶段：采取措施以减少金融风险暴露，将金融风险水平控制在可承受的范围内。这需要确定风险管理策略，其后风险管理者制订具体的行动方案，包括使用何种风险管理工具及如何运用这些工具、怎样调整资产负债结构等。在金融风险的实施阶段：对风险管理措施实施后的检查、反馈和调整。

在金融风险管理的所有步骤中，金融风险的量化模型是最为核心的。随着我国经济的发展，学者们对信用风险的认识越发深刻，其量化度量的模型和控制方法也在不断更新，涵盖了不同的研究视角、不同的样本、不同的计量方法。在经典的教材《金融机构信用风险管理》（2015）中，关于企业信用风险的度量方法提及了很多种，主要有：专家评价法、Z 评分模型、信用度量制模型、KMV 模型、Probit 和 Logit 模型、遗传算法和交叉熵等。

### 二　专家评价法

专家评价法是一种最古老的信用风险分析方法，最大特征是银行信贷的决策权是由那些经过长期训练、具有丰富经验的信贷官所掌握，并由他们做出是否贷款的决定。在信贷决策过程中，信贷官的专业知识、主观判断以及某些要考虑的关键要素权重很大。该方法是一种定型分析法，也运用了财务会计信息，对各种财务比率进行比较分析，属于单变量测定法，但是单变量测定法一个最大的缺陷就在于它不能够对不同的财务比率的重要性进行排序，对借款人（公司）的强比率和弱比率之间怎样进行综合分析无能为力。根据宋清华和李志辉（2003）的总结，专家评价法有经典的"5C"模型，"5C"即五个英文单词的首写字母：（1）品德与声望（Character）：对企业声誉的一种度量，考察其偿债意愿和偿债历史。基于经验可知，一家企业的年龄是其偿债声誉的良好替代指标。（2）资格与能力（Capacity）：还款能力，反映借款者收益的易变性。如果按照债务合约还款以现金流不变的方式进行下去，而收益是不稳定的，那么就可能会有一些时期企业还款能力受到限制。（3）资金实力（Capital or Cash）：所有者的股权投入及其对债务的比率（杠杠性），这些被视为预期破产的可能性的良好指标，高杠杠性意味着比低杠杠更高的破产概率。（4）担保（Collateral）：如果发生违约，银行对于借款人抵押的物品拥有要求权。这一要求权的优先性越好，则相关抵押品的市场价值就越高，贷款的风险损失就越低。（5）经营条件或商业周期（Condition）：企业所处的商业周期，是决定信用风险损失的一项重要因素，特别是对于那些受周期决定和影响的产业而言。

### 三　Z 评分模型和 ZETA 评分模型

专家评价法具有很强的主观性，并且依赖于特定的专家。为了克服这些缺点，人们构筑了基于财务报表分析的多变量信用风险预测法，即 Z 模型和修正并扩展后的第二代模型 ZETA 模型。Z 模型是通过对"健康"企业或是"失败"企业的样本数据分析构建起来的，而企业的健康程度通过财务比率算出，比如留存收益/总资产、流动资本/总资产、销售收入/总资产等，对这些比率进行最小二乘回归模型分析，Z 值越高，风险越大。Z 模型根据银行过去的贷款案例的统计分析，选择最能反映借款人的财务状况，对贷款质量影响最大、最具有预测或分析价值的比率，设计出一个能最大限度地区分贷款风险度的数学模型（也称为判断函数），对贷款申请人进行信用风险及资信评估，根据该模型算出的 Z 越大，资信就越好，反之则风险越大。进一步地，该信用评分模型把等值的债券评级级别划归到相应的 Z 评分分值的每一类分值中，通过对每一档债券评级级别的历史信用数据可以对借款人的违约概率进行估值，从而测算出信用风险的大小。

ZETA 模型是对 Z 模型的改进。变量由原始模型的 5 个增加到了 7 个，适应范围更宽，对不良借款人的辨认精度也大大提高。我国学者运迪和周建辉（2014）提取了能够反映企业的偿债能力、资本结构、盈利能力等方面状况的比率，基于改造的 Z 模型，运用主成分分析法和判别分析，研究出了适合我国国内企业信用风险量化分析的模型。

Z 评分模型和 ZETA 模型均是一种以会计资料为基础的多变量信用评分模型，这两个模型所计算出的 Z 值可以较为明确地反映借款人在一定时期内的信用状况，并作为借款人经营前景好坏的早期预警系统。该模型具有很强的可操作性、适应性以及较强的预测能力，是当代预测企业违约或破产的核心方法之一，但是该模型不足之处在于：依赖于财务报表的账面数据，忽视了各种资本市场指标，削弱了模型预测结果的可靠性和及时性；由于模型缺乏对违约和违约风险的系统认识，理论基础比较薄弱；两个模型假设解释变量中存在着线性关系，而现实中的经济现象是非线性的，因而削弱了预测结果的准确程度；两个模型均不能计量企业的表外信用风险。

### 四 信用度量制模型

信用度量制模型是由 JP 摩根与其合作者在已有的"风险度量制"的方法基础上，运用受险价值法创立的一种专门用于对非交易性金融资产如贷款和债券的价值风险进行度量的模型。众所周知，信用风险取决于债务人的信用状况，而企业的信用状况由被评定的信用等级表示。这种信用等级的变化，会导致债务违约的概率发生变化。假定信用评级的体系是有效的，那么企业的信用状况会被实时动态地监控，企业投资失败、利润下降、融资渠道枯竭等信用事件会及时地反映在评级当中。

当然，掌握了企业当前的信用等级还不够，还需要对企业未来的信用等级进行预测，因为贷款的发放要根据当前的信用等级及其未来的变化而决定。那企业未来的信用等级应该如何去预测呢？这就要借助摩根公司的信用等级转换的概率矩阵，这个概率矩阵是摩根银行数十年来的经验总结。那么，根据转换矩阵，就可以从当前的信用状况直接得出未来信用等级的变化。当然不同的企业真实的转移概率是不一样的，但是通过大数定律银行仍然能够承受这些差异。经过转换矩阵的处理，银行就可以得出一笔已知既定评级的信用贷款在未来可能发生的若干种信用等级状态，及这些状态发生的可能性。换言之，也就掌握了一笔贷款未来价值的统计分布情况。知道了统计分布情况做什么用呢？这样就达到了用传统的期望和标准差来衡量信贷资产信用风险的目的，也可以在确定的置信水平上找到该信用资产的信用值，从而将 Var 的方法引入信用风险管理中来。信用度量制模型最终得出一个 Var 值。这个 Var 值是信用风险的一个衡量，它告诉金融机构：在一定置信水平上，一笔贷款发生的最大损失不超过这个值。

### 五　KMV 模型

KMV 模型以 Merton 的期权定价理论为基础，通过测算违约距离，比较公司资产价值与公司债务之间的大小关系来判断公司的违约风险大小。根据 Merton 对违约的定义，从违约风险角度看，企业的权益是企业潜在价值的看涨期权，其中行权价格等于企业债务的账面价值，当企业资产的价值低于企业债务的账面价值时，企业即发生违约。王化成等（2019）以我国沪深两市 A 股上市公司为样本，基于期权定价理论测算了企业的违约风险，并得出在违约临界点给定的情况下，企业的违约风险取决于资产价值的概率分布。研究上市公司的信用风险时，采用较多的是 KMV 模型。

由于在使用 KMV 模型测算过程中，使用的数据都是上市公司股票交易的实时信息以及公司公开的财务数据，除了数据比较容易获得之外，还可根据实时信息看出变化和趋势，所以该方法具有前瞻性和敏感性，对于我国现阶段快速发展的股市以及经济和金融现状十分适宜。而该模型也是目前在国内研究中使用较多的模型之一，比如杨竹清（2018）以我国上市公司 8 年的数据为样本，通过 KMV 模型计算出上市公司的信用风险，以此来研究信用风险与研发创新的关系；唐振鹏等（2017）应用修正的 KMV 模型度量不同经济区、不同行业上市公司的信用风险，并得出东部沿海地区上市公司的信用水平最佳，中部次之，西部最劣；陈艺云（2016）针对我国债券市场缺少历史违约数据的现实情况，基于不完全信息假定，以 KMV 模型为参照，构建了我国公司债违约风险度量的理论模型，并得出在不完全信息的假设前提下公司债违约风险度量模型可以更好地反映中国公司债的违约风险。

### 六　Probit 模型和 Logit 模型

Probit 模型和 Logit 模型同样是多变量估算公司违约风险的模型。Logit 模型和 Probit 模型抛弃了线性模型的正态假设，采用一系列财务比率变量通过模型预测公司破产或违约的概率。与其他模型相比，这两种模型更为灵活、简单且具有较好的经济含义。比如田秋丽（2010）从中小企业的信用风险度量出发，选取了能够反映企业盈利能力、运营能力、偿债能力、资本结构和增长能力五个方面的 33 个指标，通过信用因子最优选择来筛选，通过逐步回归发现 Logistic 模型在中小企业的信用分析度量中具有较好的适用性。雷辉和赵士琛（2019）采用我国上市公司战略性新兴产业中五大产业 5 年的数据构建企业信用评估模型，依据财务因子设立 Logistic 回归模型，研究发现模型均具有良好的拟合度，且企业社会责任各因子均对企业信用风险有重要的影响。霍源源等（2019）在研究制造业企业信用风险度量中，运用 Probit 模型通过指标选取及检验，认为流动资产比率、总资产增长率以及资产负债率等 10 个财务变量可以显著地反映企业偿付能力和发展能力，并且证实了 Probit 模型可以较好地预测企业违约事件发生的概率，为制造业企业信用风险的防范提供决策支持。

### 七　遗传算法和交叉熵

遗传算法主要是通过选择、交叉和变异等数学运算不断进化求解，从而得到最优解的过程。张晓莉、刘大伟（2012）结合企业发展的实际情况，确定了反映企业信用风险的 37 个指标，通过遗传算法程序计算出分析结果，在与 Z 值模型以及回归模型进行比较之后，发现遗传算法结果比 Z 值模型和回归分析方法更加稳定，且误差相对较小，其准确率超过了 90%。与其他算法相比，遗传算法求解速度更快，并且对于那些不可导以及不连续和搜索上不规则的优化问题具有很快的收敛速度，此方法有助于提高企业信用风险管理水平。

交叉熵方法开始是用来测算复杂随机网络中稀有事件的概率的自适应算法。近些年，该方法还被用来量化评价企业的违约风险。周泓和邱月（2008）运用公司未偿还贷款的概率作为衡量违约风险高低的标准，并将其作为稀有事件处理，应用重要抽样方法进行稀有事件仿真，通过极小化交叉熵找到最优的抽样函数。交叉熵法从概率意义的角度出发解决问题，弥补了神经网络方法的缺陷，同时克服了自适应性以及低效率等问题。但交叉熵法在信用风险评价的研究中用到的并不多。

除此之外，信用风险的度量方法还有神经网络模型、SVM 法、LAS 贷款分析系统、CPV 模型等，这些模型都对刻画金融资产的动态价值起到重要作用。但现实中在对企业进行信用风险度量时，往往需要大量的历史数据，数据之间的不连续性、无序以及多变量等特征使得这些模型操作起来比较困难，以至于这些模型不能在中国很好地应用。

## 第二节　知识产权、创新能力与信用风险

企业的创新能力是企业生存和获得长足发展的关键因素。通常，企业的知识产权又构成企业创新能力的衡量标准。创新能力对于企业竞争力、绩效、生产率增长的重要作用已被国内外众多学者所证实。所以，也就不难理解：企业的创新能力往往对于

企业的融资有很重要的影响。然而，这种影响可能是双重的，企业研发创新成功则领先对手获得超额收益，失败则可能面临经营风险甚至破产倒闭。现实中有许多企业因研发创新成功而蒸蒸日上，成为行业龙头，资本市场投资者竞相追逐。但是同时也有许多企业因研发创新失败导致竞争失利、资金链断裂、债务市场违约。

### 一　企业创新能力降低企业信用风险

从创新本身的理论范畴来看，自约瑟夫·熊彼特在1912年首次从经济发展的角度强调创新以来，创新便成为一个技术性和经济性含义相统一的概念。创新不仅意味着发明新技术、新产品、新工艺，更要求能够将新创意、新技术等有效地转化为实际的商业价值和经济绩效。从产业组织的角度看，创新是企业生存的本质，只有创新型企业才能在市场上建立和保持竞争优势，使企业的盈利能力明显高于非创新型企业的盈利能力。

张目（2010）研究发现，在其他因素不变的情况下，企业自主创新能力与违约风险呈显著的负相关关系，企业的自主创新能力越强，企业违约的可能性越小。而成长性、地区因素、企业规模和行业因素对高技术企业信用风险的影响不明显。李涛和张喜玲（2018）等发现，具有创新能力与核心技术的上市公司不仅具有明显的经营优势，而且信用风险非常小，而产能过剩的行业与技术创新水平不高的企业信用风险相对较高。

为何企业创新能力越强，越有助于降低信用风险？其主要体现在以下几个方面：

第一，研发投入可以提高企业的生产效率，以降低企业的信用风险。Dongyeol（2016）认为，企业研发投入可以提高企业生产效率，尤其在经济下行周期和技术先进行业更为显著，这有助于降低企业信用风险。李静等（2013）认为，研发投入可以有效激励企业的全要素生产率，这有助于企业信用风险的降低，其中高新技术企业、港澳台企业以及国有企业的研发溢出效应更加明显。李卓和蒋银娟（2016）认为，研发投入提高全要素生产率、扩展技术种类范围，间接地抑制企业信用风险的波动，企业的研发创新强度越大、全要素生产率越高，企业产出波动性和生产率波动性就越小，企业信用风险也就越小。朱乃平和朱丽（2014）等通过对中国高新技术企业的技术创新投入与财务绩效的研究，发现企业技术创新投入越多，越能够正向促进企业的短期和长期财务绩效，降低信用风险。另外，企业的社会责任对这种正向促进效应有增强的作用。

第二，创新能力的信号传递能够降低企业的信用风险。已有的研究表明，包括研发支出在内的无形资产等与企业价值具有直接相关性，Sougiannis et al.（1994）认为，投资者在对股票定价时，会充分考虑无形资产的价值，而研发投资的收益数字传达的研发信息比研发变量本身传达的信息更有价值。也就是说，创新活动能够向市场传递企业未来业绩的正向信号，对企业价值具有积极影响，因而能够降低企业违约风险。

第三，研发创新能够给企业带来更多的股权融资，降低企业的信用违约风险。Hsu et al.（2014）认为，一般来说，创新能力较强的企业不倾向于获得债权融资，而是倾向于获取股权融资。债券投资更关心债券发行人的偿付能力，债券发行人的违约概率应该是公司债券定价的一个关键决定因素，如果投资者认为专利性较强的公司风险较低，他们会要求较低的风险溢价；但是创新能力强的企业往往在股权融资方面更有优势，企业上市往往以较少的股权获得大量的资金。张一林和龚强等（2016）通过对技术创新与股权融资的研究，发现在股权融资中的企业通过创新研发出的新技术、新产品往往能够以潜在的高回报吸引投资者，股权投资者往往能够按照股权比例获得创新所带来的高额回报，这种企业创新所需的资金与投资者的高风险、高收益需求相一致，使企业更能获得股权融资降低信用风险。

第四，创新产出的新技术、新生产线、新的金融产品、新的营销模式等可能产生创新溢价，给企业带来巨大利润，甚至获得垄断收益，以此降低企业的信用风险。Cefis & Marsili（2005）通过估计一个参数持续时间模型，发现企业的创新溢价可以减少信用风险，延长企业预期寿命。Louis & Lakonishokc（2001）认为，市场对被打压的研发密集型科技股的前景过于悲观，拥有较高研发价值的公司（往往过去的回报率很低）赚取了巨额超额回报，有利于降低企业信用风险。李剑力（2009）把创新分为探索性创新与开发性创新两种类型，且这两种类型的创新都有利于提升企业绩效，降低企业信用风险，但开发性创新更有利于改善成长性绩效，探索性创新则更有助于提升盈利性绩效。Chiara & Grid（2012）认为，专利组合的价值确实会降低违约风险，但专利组合的维度只有在和适当的股权水平相结合时才会降低公司的违约风险。Hsiao et al.（2015）认为，一个在创新中更具有竞争力的公司具有较低的违约概率，因为拥有更多和更高质量的专利的公司更有可能获得垄断优势，成为市场的领导者。此外，专利提高了新来者的进入成本，有助于防止竞争对手使用类似的技术。创新中的这种竞争优势，提高了公司的基准稳定性，降低了其违约风险。

## 二 企业创新能力提升信用风险

企业的创新活动通常具有风险大、收益时滞、不确定性大等特点，这些会增加企业的信用风险。Aivazian（2005）、董玉芬（2020）等通过研究发现企业创新能力与信用风险存在正相关关系。总结现有文献发现这种作用机制主要体现在以下几个方面：

第一，创新活动获得债权融资难度较大，这会增加企业的违约风险。上文已经提到，张一林（2016）等认为创新活动获得债权融资的难度较大，而融资难度较高将进一步增加企业的违约风险。这主要是因为：一方面企业在银行等金融机构进行融资时常常需要提供抵押资产，而创新活动的成果通常是无形资产，其无法成为抵押品用以担保；另一方面，屈文洲和谢雅璐（2011）等认为，不仅融资约束程度的提高会增加企业创新投资对现金流的依赖，债权融资在还本付息时也需要稳定的现金流，这与创新成果的不及时性、长期性、收益时滞性相悖，会给企业造成资金压力，增加企业违约风险。

第二，创新活动造成的企业内部信息不对称会增加信用风险。Aboody & Lev（2000）认为，研发活动在很大程度上促成了管理人员和投资者之间的信息不对称。与外部投资者而言，企业高管通常对成功的可能性和设想的创新项目的性质有更好的信息。但公司会通过充分披露来减少信息不对称，这样可能会花费大量资金，因为这样做可能会向竞争对手透露相同的信息。因此，信息不对称加上缓解问题的成本问题意味着研发密集型的公司将面临更高的外部资本成本。这会增加企业的信用风险。

第三，创新活动的不确定性会增加企业的信用风险。企业的研发活动具有长期性、不确定性、收益时滞性，一项研发活动是否能成功，是否会给企业带来收益，其结果是不确定的，这也会增加企业的信用风险。Fung et al.（2006）认为，研发活动导致公司的未来前景存在高度不确定性。研发活动开发的新技术或新产品需要固定支出，但研发是否成功、研发结果是否能够盈利都充满不确定性。恢复研发可能需要很长时间，固定支出与研发结果的不确定性，增加了企业的信用风险。王湘平（2018）认为，企业的绩效是依据企业资产增长值以及产品的销售额，而违约风险的评估依据的是公司股票价值波动率和公司的债务状况，研发投入对于企业的收入和现金流的增加可能具有滞后性，但其确实是一种风险投资，增加企业的违约风险也是很有可能的。

第四，企业的研发投入带来的研发能力的调整，可能陷入"惯性陷阱"，沿着之前的资源路线进行，比如经验曲线和学习曲线，也可能在探寻新的方向时破坏原有的资源优势，从而给企业带来负面影响。Brien（2003）把研发投入看作一种财务投入，这种投入一旦过多会给企业带来财务困难，影响企业其他活动正常运行，而且企业的研发活动可能会形成路径依赖或者技术惰性，在同一种产品或形式上投入过多可能会影响其他发展机会或者忽略其他威胁，从而造成现金流的挥发，企业的违约风险增加。另外，Bloom（2007）与Hull（2002）等认为，与资本投资不同，研发投资的灵活性更强，调整成本更大。研发投资创造了无形的知识储备，并嵌入企业员工的人力资本中，当知识型员工离开时，企业的大部分资源基础都会丧失。研发项目从构成到商业化通常需要很长一段时间，如果一家公司不能筹集到足够的资金来进行所需的测试，它就不得不暂停项目。这会造成大量的人力、物力资源浪费，导致企业发生信用违约。

现有的学术研究得出了相反的结论。任何事物都有其两面性，企业自主创新能力与信用风险的单一正相关关系与单一负相关关系之间表面上存在矛盾，实质上可能是两种作用都存在，是一把有利有弊的"双刃剑"。此外，依据不同的情况和不同的条件，选择性地发挥特定的作用。

### 三 创新能力与信用风险的双重作用研究

企业的创新活动具有典型的高收益与高风险并存的特征（Scherer, 1965；Holmstrom, 1989）。如前所述，一方面，加大创新投入能够帮助企业获得技术优势，开发出新产品、新工艺、新技术，营造技术壁垒，从而提高企业产品利润与核心竞争力，给企业带来超额利润。另一方面，创新活动是一种投入大、不确定性大、风险高的行为。研发过程中会受到企业人力资源、技术基础、市场环境和企业支持等许多因素的影响，研发出的新产品与新工艺在投放市场时又受到竞争对手的挑战、消费者使用的检验等市场风险，这个研发结果是否成功要经受每一个环节的层层考验，从而增加了企业的信用风险。所以企业的创新活动对信用风险的影响不是单一的正、负相关关系，而是一种非静止的、动态变换的关系。

第一，创新能力与信用风险是非静止的关系。Zongke Bao（2016）通过对中国企业的创新行为与生存风险关系的研究发现，与非创新型企业相比，创新型企业具有更高的抗风险能力，创新活动可以为企业释放约12%的生存风险，将企业的生存时间延长0.84年。创新强度对企业生存概率的影响呈现出非平稳且非比例的特征，即创新强度越强不一定带来更明显的抑制效应。Dirk Czarnitzki（2003）等通过信用评级评分测量企业信用风险，发现创新能力强的公司能够获得更好的评级，而太多的创新活动会降低信用评级。

第二，创新能力与信用风险呈"U型"关系。毋静等（2012）分析了金融危机前后创新投入与违约风险的关系。通过实证分析，发现金融危机以前，创新绩效确实会减少违约风险，金融危机以后则相反。一定的创新投入可以提高企业的价值，带来盈利的增长，但是过度的创新投入反而会带来违约风险的增加，创新能力与信用风险呈"U型"关系。孟庆斌和后癸然（2019）等发现企业的创新能力与信用风险之间呈"U型"关系。具体而言，企业的创新能力对企业违约风险的影响具有双重作用机制，在达到最优临界值之前，企业的创新能力给企业带来的收益大于风险，企业创新投入的增加有利于降低违约风险；但在超过最优临界值之后，企业的创新投入给企业带来的风险大于收益，企业创新投入的增加会提高企业的违约风险。

第三，创新能力与信用风险呈"倒U型"关系。Hong Wang et al.（2016）认为，内生融资率与R&D投入呈显著正相关，资产负债率对R&D投入呈显著负相关。企业风险与研发投入之间的关系可以用二次抛物线来描述。Mehmet（2016）等认为，研发强度与企业生存的研究结论不一致的原因是忽视了研发的规模效应以及研发强度与市场集中度的互补作用，利用熊彼特竞争与创新模型对英国企业长时间的研究，发现研发强度与企业生存之间的关系呈"倒U型"，反映规模效应递减。杨竹清（2018）认为，企业研发投入强度与信用风险呈显著正相关，但随着研发投入强度的增加到一定程度时信用风险将随之减少，二者之间存在显著"倒 U 型"的非线性关系。

在实证研究中，创新行为与企业信用风险的关系一直是该研究领域的热点问题。但到目前为止，现有文献中存在着许多矛盾，不论是上一章提出的创新能力与信用风险的正相关和负相关关系，还是本章提出的"U 型"与"倒 U 型"关系，目前的学术界都没有统一的答案。还需要以后继续深入研究下去。

### 四　创新能力与信用风险关系决定因素的探讨

企业的内部环境和外部环境都是复杂的，企业创新能力与信用风险的关系不可避免要受到其他因素的影响，比如企业内部的风险投资公司的介入、企业领导者的风险偏好程度、进行研发投入的资金是内部资金还是对外融资以及企业所处的生命周期阶段等；企业外部的市场风险、经济状况等这些第三因素都有可能影响两者的关系。下面以现有文献为基础，梳理以下在第三因素作用下，企业创新能力与信用风险的关系：

一是企业自身的性质。比如国企与非国企、企业的资本规模、企业技术密集程度等。Wang Ruiqi & Fangjun Wang（2016）等认为，研发支出与企业未来绩效呈正相关关系，研发支出有利于降低企业信用风险，并且国有企业的研发支出比非国有企业的研发支出更能导致企业未来绩效的提高。此外，最终所有者的投票权对研发与绩效的关系具有正向调节作用。Silviano Esteve - Pérez（2008）认为，只有在技术密集型企业，创新行为才能延长企业的生存时间，降低企业信用风险。但，恰与此相反，Wei Zhang（2015）、Frenzen（2007）和 Dongmei Li（2011）等在企业研发投资与信用风险的研究中发现研发密集型企业面临严重的财务约束，更有可能暂停研发项目，增加企业信用风险。Cefis & Smarsili（2005）发现，新建立的小型企业的创新能力越强越能产生生存溢价，降低信用风险，年轻小企业的生存概率增加了 23%。

二是企业的内部因素。影响企业创新能力与信用风险关系的内部因素有很多，比如研发投入的融资方式、公司的股权集中度、技术创新的形式等。企业在投资研发活动时，通常选择内生融资作为首选资本来源，它具有风险小、成本低、约束少等优点，可以降低企业的债务压力，缓解信用风险。Myers（1984）和 Hong Wang（2016）发现，公司研发投资的资本来源是按内部融资方式对外部融资进行排序的。研发支出主要依靠内部融资来源，其次是外部融资。Liu Z.（2011）、Kamien M.（1978）等认为，研发支出与内部融资有显著的正相关关系，内生融资更适合企业的研发投资，能够降低企业的信用风险。舒谦和陈治亚（2014）等认为研发投入能够促进经营业绩提升，降低违约风险，但是这一过程受公司治理结构的制约，当股权集中度达到一定水平时，研发投入才会对企业绩效产生正向促进作用，降低企业违约风险。

三是企业外部因素。比如宏观经济运行情况、行业市场情况等。陈英（2003）认为，企业不同形式的技术创新只有在与市场条件相适应的情况下，才能够给企业带来经济效益，降低违约风险。企业只有根据市场条件和生产条件选择适当的技术，才能够获取高额利润并取得竞争优势。Wei Zhang（2015）认为，研发对信用风险的影响在经济低迷时期会被放大。对于在其他因素影响下创新能力与信用风险的关系国外学者的研究已经有很多，虽然每个问题研究得比较深入，但是涉及的第三方因素却很少。相较于国外学者来说，国内对于这方面的研究更是寥寥无几。

关于创新能力与信用风险的研究国内外已有很多。Mehmet et al.（2016）通过利用熊彼特的竞争与创新模型对英国的企业进行长时间的研究，他们发现：研发投入与企业生存存在"U型"关系，说明企业研发投入的规模效应递减；但在技术导向型企业中，研发投入与市场导向紧密结合的企业能够存活更长时间。并且他们认为在之前的研究中，研发投入与企业生存的研究结论之所以不一致，是因为学者们忽略了研发的规模效应和研发与市场集中度的互补作用。任洪源和刘刚（2017）等通过我国科技类跨国公司10年的数据，利用资源基础和制度理论，发现跨国企业的研发投入与创新绩效正相关，但存在知识资源门限；制度距离对研发投入的跨境创新绩效影响有抑制作用，且显著提高了跨境创新效率的知识资源门限。

随着经济的发展，我国越来越强调创新的重要性，大部分学者只关注了创新带来的好处，却很少有学者考虑创新投入可能给企业带来的风险。王湘平（2018）通过使用KMV模型以及回归模型对研发投入与企业违约风险的关系进行研究，结果显示研发投入强度会增加企业的信用风险，且这种影响持续时间较长。作者认为企业的绩效是依据企业资产增长值以及产品的销售额，而违约风险的评估依据的是公司股票价值波动率和公司的债务状况，研发投入对于企业的收入和现金流的增加可能具有滞后性，但其确实是一种风险投资，增加企业的违约风险也是很有可能的。毋静等（2012）以长三角地区的上市公司5年的数据为研究对象，分析了金融危机前后创新投入与违约风险的关系。通过实证分析，发现金融危机以前，创新绩效确实会减少违约风险，金融危机以后则相反。一定的创新投入可以提高企业的价值，带来盈利的增长，但是过度的创新投入反而会带来违约风险的增加。杨竹清（2018）在研究上市公司研发创新与信用风险的关系时从研发投入、研发产出（发明专利、实用新型、外观设计）两个方面分别进行实证分析。基于KMV模型与面板数据回归，发现企业研发投入与信用风险呈"倒U型"的非线性关系，刚开始企业研发投入与信用风险呈显著正相关，随着研发投入的增加，信用风险会有一定程度的减少。发明专利可以降低企业信用风险，而实用新型和外观设计会增加企业信用风险。

**五 创新能力、信用风险与科技型企业信贷融资**

现在人们的认知有两个误区：第一，认为企业拥有的专利数量完全代表了其创新能力。对于科技型企业来讲，知识资产是静态的、单一的，而创新能力是动态的、综合的。尽管如此，在大多数情况下，学者们的研究还是将两者画等号，甚至认为专利数量就是对企业创新能力的衡量指标。在很多实证研究的文献中，很容易发现这样的处理。其实专利数量只是企业创新成果的一部分，创新成果还大量以商业秘密的形式存在。而创新能力包含知识积累、科技人员、创造能力和创新成果等广泛的内容。第二，认为企业的创新能力一定是有利于企业融资的。企业的创新能力对融资的影响有两个，一个是间接影响，另一个是直接影响。间接影响是创新能力能够提升科技型企业的信用等级，扩大融资的金额。直接影响是通过知识产权融资的方式来获取资金的支持。但是，创新能力并不一定提升科技型企业的信用水平，至少是有前提的。

　　创新能力与信用风险两者关系到底如何？这涉及科技型企业借贷融资难易的问题。科技可以带给人们高收益，也带来了高风险，相比现金流稳定、市场环境稳定的传统企业而言，科技型企业的信贷融资显然更具有挑战性。银行与类似的金融机构以债权融资服务为主，债权融资的特点就是经营低风险，获取稳定的低收益。采取抵押担保等措施，能够实现银行等金融机构这一经营的初衷。非常困难的是，科技型企业本身没有多少实物资产进行抵押。而较强的创新能力可能会降低信用风险，因为这些企业能够灵活地适应市场；但是，较强的创新能力也有可能会提高信用风险，因为这些企业往往又会涉足一些风险较大的项目。截然相反的两种作用，核心是其中涉及很严重的信息不对称问题，银行等金融机构要想做到对自身有利，需要较为深入地获取其中的信息，采取切实有效的手段解决其中的信息不对称问题。

　　知识产权、创新能力和科技型企业融资之间关系密切。对这一问题的认识关系到科技型企业融资的成败。随着第四次工业革命的到来，人们对于创新能力的追求越来越迫切。企业在逐渐变革，我们对于创新以及违约风险的定义也会逐渐发生改变，这就更加需要我们从前人的研究中总结经验，在原有的研究方法、研究理论上进行创新，发挥研究精神，摸索出更适合时代发展、企业发展的理论和方法。指导企业通过创新促使自己健康快速发展，获得竞争地位，使我国经济发展更加适应全球化的浪潮。

## 第三节　传统的知识产权信贷融资

　　对于科技型企业而言，知识产权的融资战略是应有之义，就知识产权债权融资而言，可以有知识产权信贷融资和知识产权售后回租两种模式，学者们也意识到了知识产权债权融资这个问题的重要性，围绕知识产权的价值评估、知识产权债权融资的风险控制、知识产权债权融资模式的设计和知识产权债权融资的影响因素等方面进行了研究，取得了一定的研究成果。

### 一　企业的知识产权融资战略

现代企业不断强化知识资产的积累对于创新能力的提升和竞争优势的形成是必不可少的，而且这些知识资产也可以发挥融资的作用加速企业成长。在最初，知识资产被视为没有多少实际的价值，更多的是用来打造企业形象，对于增加企业整体的竞争力帮助甚微。然而，近年来由于知识资产能够直接产生稳定的现金流已经受到投资者的高度关注。知识产权不是单纯地提升企业的信用等级，而且能够为企业提供另一种新的信贷选择，即知识资产信贷融资。知识资产的商业化和货币化为那些以运营轻资产为主的企业提供了"救命稻草"，它们可将信贷资金投入有希望得到比融资成本更高回报的项目。

利用知识资产撬动金融杠杆应该构成公司理财的重要内容，企业的高层管理者包括研发经理、知识产权经理和财务经理都应有意识地规划和实施知识资产的融资。现在很多风险投资机构、商业银行和政府相关部门都在试图经营这项融资业务，因为这些融资业务也是有利可图的。有很多种方法能够让知识资产获取资金，既有直接融资的方式，也有间接融资的方式。例如，将知识资产回租、证券化来获取资金就是直接融资的模式，通过知识产权质押从商业银行等金融机构手中获取资金是间接融资的模式。

当知识资产确立为私人的知识产权，该知识就不再是公共物品了，完全是私人产权。从私人资产的角度来讲，知识产权能够通过各种方式产生稳定的收入。科技型企业的核心技术通过其产品和服务产生收益，非核心专利能够变卖出去获取现金。知识产权许可和直接转让是知识产权最简单的运营方式。这些无形的知识资产可以通过经纪人、市场或者拍卖机构，迅速地实现知识产权变现，从而加速资金的流动。政府等公共部门更倾向于基于科技型企业的 R&D 活动和科技项目来实施资助，其中衡量这些活动的指标就是专利数量。因此，受到这些利好因素的推动，中国的科技型企业的专利活动表现出前所未有的活跃。

### 二　知识产权质押融资和知识产权售后回租

利用知识资产进行债权融资最主要的一种方式就是知识产权质押融资，其中专利权质押融资又最为重要，当然版权和著作权的质押融资也较为常见。知识产权质押融资要求将知识产权的凭证从借款人手中转移到贷款人手中，但是借款人仍然可以使用这些知识资产。等到贷款还清，贷款人再把这些凭证归还给借款人。如果出现违约，贷款人可以自发处置这些知识产权，来保护自己的利益。例如，2010 年安华高科技公司将 2000 多件专利资产抵押给德意志银行。德意志银行通过查看安华高科技公司的年报，进行专利资产抵押贷款。安华高科技公司获得了 46 亿美元的定期贷款。进一步地,在抵押中,贷款人成为知识产权的所有权人并控制知识产权。一旦借款人向贷款人偿还完贷款后,知识产权归还到借款人。

利用知识资产进行融资的另一种融资方式是"售后回租",属于融资租赁的一种模式,也是一种债权融资。所谓"售后回租",就是科技型企业将自己的知识产权卖给商业银行或其他金融机构,反过来再把这些知识产权租给这家科技型企业使用,然后科技型企业向商业银行或其他金融机构定期支付租金。这种方式的好处在于银行或者其他金融机构可以完全占有这些知识产权,它们有资格监督这些知识产权的运营,而科技型企业可以在不拥有资产的情况下继续使用该资产。在租赁合同期限结束时,承租人行使回购选择权可以选择以固定的价格买回该知识资产的所有权。回购选择权是许可协议的一部分,并且已确立价值机制也有利于回购安排。例如,新加坡的 Certis Cisco Security 公司将其专利资产转让了 Ensign Infosecurity 公司。同时,Ensign Infosecurity 公司将该专利资产回租给 Certis Cisco Security 公司。售后回租提供了清楚性、透明性和可说明性,并且清楚展示了担保资产以及这些资产能有助于得到短期资金的关联。

综上所述,知识产权质押融资和知识产权"售后回租",都属于知识产权的债权融资。在本书的研究中,以知识产权为基础的风险信贷以研究知识产权质押融资为主,重中之重是专利权质押融资。顾名思义,专利权质押贷款是指经工商行政管理机关核准的具有独立法人资格的企业、经济组织、个体工商户,依据已被国家知识产权局依法授予专利证书的发明专利、实用新型专利和外观设计专利的财产权作质押,从银行取得一定金额的人民币贷款,并按期偿还贷款本息的一种新型贷款业务。一方面专利权质押增加了企业的可抵押品总价值,增加了企业的流动资金;另一方面避免了公开募股导致的股权稀释和发行企业债券导致的巨大融资成本。专利权质押的提倡也有助于企业知识产权意识的提高。

### 三 知识产权价值评估的相关研究

由于知识资产和实物资产有很大区别,显然经典的信贷发放理论需要做出一定的改进才能够解释和指导知识产权的信贷融资。学者们在这个领域一直在不懈地努力。在学术方面,学者们从知识产权价值评估、信贷风险控制、知识产权融资模式和知识产权融资的影响因素等方面,对于知识产权与风险信贷的关系进行了探讨。理论研究为这一领域的实践做了一定的指引。

要实现知识产权的信贷融资,最主要的问题是能够对知识产权价值做出相对准确合理的评估。我国知识产权价值评估研究起步相对较晚,现有知识产权价值评估方法源于无形资产评估方法,基本评估方法的使用现状与国外相似,主要有收益法、成本法、市场法、综合评价法等几种,也有部分学者采用 AHP 法、模糊综合评价法和实物期权法等。

着眼于专利未来的预期收益，是目前企业评估专利商业价值的主要方法。苑泽明等（2012）设计了一种收益法来评估知识产权的价值，通过研究知识产权的收益分成率，解决由评估师对知识产权进行主观性价值评定的问题，推动科技型企业知识产权质押融资顺利实现。张彦巧和张文德（2010）提出一种金字塔模型，用分级法确定专利收益贡献率，来评估专利的价值。

技术的发明和创造是很多创意的产生过程，这个过程并非简单的投入产出关系，由于很难重复技术的发明过程，所以采取成本法就存在较大的困难。詹勇军等（2018）采取了另一种思路，使用潜在维权成本评估法评估专利，争取或维护专利权可能带来的经济利益，相关企业需要花费一定的成本，花费的维权成本越大，证明专利价值越高。

通过在市场上找参照物，通过参照物的价格来确定要评估专利的价值，这就是市场法。王子焉等（2019）指出：该方法得到的评估值易于被接受，但由于我国目前尚缺乏完善的无形资产交易市场体系，缺少交易案例等参照物及必要数据，因此现行市价法评估专利的价值有时并不适用。

综合评价法是指采用技术、法律和经济方面的综合评估，准确评估专利经济价值以及企业市场地位（李丹，2018）。马慧民等（2005）采取层次分析法以及专家咨询，以经济、市场、社会、技术为角度，建立专利价值评估指标体系。Cromley（2004）从技术的角度探讨了专利的价值，认为专利技术信息、产品生命周期以及技术推广等因素会影响专利的价值，Hou et al.（2006）主要从市场的角度探讨了专利的价值，认为专利技术所支持的产品所占市场的份额及其未来市场的潜力，在一定程度上决定了专利的价值。Lanjouw et al.（2001）从法律角度探讨了专利价值评估，认为专利诉讼和专利的权力要求数相关，且被诉讼的专利往往具有更大的市场价值，因此选择专利请求数作为专利价值的评估指标。

中国技术交易所和国家知识产权局（2012）联合提出的专利价值分析指标体系将专利价值分为三个维度：经济价值、技术价值和法律价值，每一个维度下设若干二级指标。该指标体系的运用需要针对不同的专利进行评判，主要通过专家评价法来实现。因此，唐恒、孔潆婕（2014）采用模糊综合评价方法，从法律价值、技术价值和经济价值三个一级指标构建专利价值分析指标体系，改进了评级的方法。王凌峰、李玉华（2017）运用改良的 AHP 法对专利价值进行评估。

还有一些学者，直接采取一些指标或其他方法来简单地评估专利的价值。Fischer（2014）发现专利引用与专利家族规模仅能解释专利价值的微小差异，并构建了一个完整的模型进行专利价值的评估。Harhoff et al.（2003）考虑到专利范围是决定专利保护效力的重要因素之一，所以将专利范围、同族专利数、专利异议等列为专利价值评估指标，并通过大规模调研德国专利价值得到具有影响力的实证结果。

### 四 知识产权信贷融资的风险控制

要实现知识产权信贷融资，还要能够识别和控制融资过程中的诸多风险，包括信用风险、市场风险、操作风险和法律风险等。苑泽明（2012）认为知识产权融资具有法律风险、评估风险、保值增值风险和处置风险，并且分别探讨了金融机构应该如何处置这些风险。Pennington（2007）以及 Crawford（2008）对知识产权质押融资的信用风险进行了分析，指出知识产权质押融资业务在不同业务阶段面临着不同的风险，指出了科技型企业的信用等级下降以及贷款违约的诸多因素。Hochberg 等（2018）研究了知识产权的信用风险，提出风险投资公司担保及其可信度对于缓解这种风险发挥着至关重要的作用。Cieri（2000）以及 Fitzgerald（2003）指出，知识产权的确立涉及诸多法理问题，确立后还面临着侵权等风险，再加上外部法律制度不健全和执法力度的不足，因此法律风险构成了知识产权价值贬值的重要因素。而 Osterber（2003）站在企业管理角度，深入地探究了企业如何化解这些法律风险，并且如何采用知识产权保险处理这些问题。

张伯友（2009）将企业的经营风险纳入知识产权融资的风险之中，认为质押融资的关键因素是企业的经营风险的成败，如果企业经营失败了，也很难保障知识产权的价值，最终势必会造成违约。陈莹和宋跃晋（2012）综合了前人的研究，从法律风险、经济风险、流动性风险、价值评估人的主观判断风险来分析知识产权质押融资风险。杨帆等（2017）从知识产权质押融资的流程方面进行具体分析，将专利权质押贷款的风险从贷款前（权利评估风险）、贷款中（权利贬值风险）和贷款后（权利变现过程风险）三个方面来进行描述。李海英等（2017）对于如何控制知识产权质押贷款的风险进行了研究，确定了创新型企业知识产权质押贷款风险评估指标体系及其权重，提升了商业银行对创新型企业知识产权质押贷款风险评估的客观性和科学性，加强其对贷款风险的控制。张欢和温振华（2013）建立了知识产权质押融资的风险评价体系。

### 五 知识产权信贷融资的融资模式

要实现知识产权信贷融资，需要在不同条件下采用不同的融资模式，或者说是采取金融工程创新来寻找和创造有利于融资的条件。连杰（2009）分析了现有的四个知识产权质押融资模式：保证资产收购价格机制、联合担保机制、知识产权质押反担保机制、风险补偿机制，提出对企业的知识产权状况进行分级的分级质押融资运行模式及相关运行条件。谢昌（2008）对北京、天津、江苏、浦东等地区专利权质押融资的发展现状进行了调查研究，发现这些地区的知识产权质押融资在模式上既有共性又有特性，初步总结出了几种常见的模式。杨晨和陶晶（2010）探索了知识产权质押融资的三种模式，即政府担保模式——上海浦东、市场主导模式——江苏南京、政府担保

+补贴模式——首都北京。

凌辉贤（2011）指出，不管是北京模式、浦东模式还是武汉模式，都存在很多问题，例如北京模式的贷款门槛高，浦东模式中政府是主要的风险承担者，武汉模式在操作中受实际条件制约。欧晓文（2013）分析了北京模式、浦东模式、武汉模式三种知识产权质押融资模式的差异，指出三种模式最重要的是风险分担的情况不一样，但是这些都是各地结合所在地发展情况，探索出来适合本地区发展的方式。方厚政（2014）研究了企业应该在何种条件下选择何种知识产权质押融资模式，研究认为银行倾向于对规模大的企业以无担保机构参与的直接质押方式进行贷款，那些急需资金发展的科技型中小企业应积极了解和熟悉政府关于专利权质押贷款的政策，努力寻求政府和第三方担保机构的支持，通过间接质押方式去申请贷款。宋光辉和田立民（2016）对我国在长期知识产权质押融资实践中形成的三种模式进行归纳与比较，并将其与西方发达国家所形成的成熟知识产权质押融资体系进行比较研究，发现我国在知识产权质押融资体系建设、构建风险控制与处理机制等方面存在的不足，并提出了对策建议。

### 六　知识产权信贷融资的影响因素

要实现知识产权信贷融资，需要一定的外部环境和内部条件，学者们对这些影响因素进行了研究，探究了在何种条件下，知识产权的信贷融资会成功；而在何种条件下，知识产权的信贷融资会失败。

关于外部环境因素的影响，一些学者最先关注知识产权的法律和执法环境。Bruno（2006）认为，只有存在完善知识产权立法国家或地区才能够实现知识产权质押。李希义等（2009）认为，除了制定相关的法律，也需要政府制定相关的配套政策，这样才能够促进专利权质押融资的发展。Wei－Chi Huang et al.（2017）强调政府知识产权政策的作用，认为政府可以实施最优专利政策，并且能够保障这些政策得到严格的执行，这样才能够保障知识产权质押融资的实现。知识产权的市场环境也事关知识产权融资的成败。姚王信和张晓艳（2012）认为，经济环境、行业发展与市场竞争是影响专利权质押融资的因素。华荷锋等（2016）指出，市场环境因素也会影响专利权质押融资，动荡的市场会令一切都变得不确定。Hochberg（2018）认为，存在一个让专利权质押物的流转通畅的市场，对于提升初创企业的专利权质押贷款是有很大帮助的。此外，知识产权融资的信用环境也至关重要。例如，Davies（2006）提出建立知识产权融资的信用和安全机制。

关于内部条件因素的影响，知识产权特征和企业特征是决定知识产权质押融资的主要因素。Bruno（2010）认为，专利权质押物价值的未来不确定性程度，对知识产权质押融资的影响最为关键，即使价值很高的专利权如果面临着较大的波动，这些风险也会令银行望而却步。Fischeret et al.（2014）则认为高质量的专利是质押融资成功的关键，只有高质量的专利才能弥补违约带来的损失，使得出资人更易于接受专利权质押融资。姚王信和张晓艳（2012）研究得出，融资特征、知识产权特征、知识产权所有者特征影响知识产权质押融资的开展。方厚政（2014）以专利权质押贷款合同为样本，通过 Logistic 回归模型实证研究得出，质押专利数量、专利平均剩余年限、企业注册资本和政策激励强度四个变量都对知识产权质押模式的效果有显著影响。华荷锋等（2016）指出，科技型小微企业的知识产权融资能力，主要影响因素是财务生产因素、高管团队因素、人力资源因素等企业因素以及知识产权本身的因素。姚王信（2016）研究得出，科技型企业的 R&D 经费支出和政府服务性资金投入，对知识产权质押融资有显著影响。

## 第四节　传统的知识产权债权融资理论的局限性

不难发现，现有的研究让人们对这一复杂问题有了一定的认识，业界的实践者也摸索出了一些宝贵的经验，相关的制度和政策环境也不断地完善。然而，知识产权融资中的一切问题，最终要归根于信息问题，现有的研究还缺少直接针对这一问题展开研究。人们不清楚信息不对称的来源，以及采取何种措施能够消除或者缓解信息不对称带来的困扰。

### 一　知识产权融资的根本问题是信息不对称

知识产权信贷融资在实践中遇到了巨大的困难，而现有的理论研究仍然没有很好地解释和解决这些困难。由于知识产权价值的评估不准确、知识产权的市场价值易变以及知识产权缺乏流动性等缺点，商业银行等金融机构在这些业务中遭受了很多失败。尽管现有的研究对于这些问题开展了广泛的探讨，但是仍然很少触及根本症结，这些问题的根本症结都是信息的不完全。

对于知识产权价值评估难的问题，根本上还是一个信息问题，无论何种评估方法，如果无法进一步解决信息不完全的程度，就无法进一步提高价值评估的准确性。如果采取收益法，由于信息不完全和不确定事件的发生，未来的现金流就不能够准确估计，成为该方法的局限。如果采取成本法，开发出相同的知识产权需要投入多少成本恐怕只有发明家自己知晓，也许天才的发明家会灵光一现不需要什么成本，也许是一群不开窍的技术工作者，投入很大精力也不一定成功。如果采取市场法，如何选择参照物，参照物和评估对象之间有何差异？这些差异会在多大程度上影响价值？这些问题都需要大量的信息来进行解决，而这些信息在大多数情况下又是很难获取的。此外，对知识产权进行评估的过程中涉及账目划分、数据计算、统计学等多方面，对评估人员的专业性要求非常高，这也就导致了并不是任何资产评估公司都可以对知识产权进行价值评估，需要达到一定的资质。

对于知识产权价值易变性的认知问题，根本是由于人们无法掌握重要的信息，而缺乏对风险事件的预测和防范导致的，这使得债权人对知识产权信贷融资的风险难以控制。知识产权的价值并不是一成不变的，而是随着时间、地域、空间以及市场的变化而变化，具有很强的不稳定性。例如，新的替代技术的出现会令原技术完全丧失价值；人们对于相关产品偏好的改变会令相关技术贬值；专利权的纠纷带来的法律风险会对专利价值产生影响；专利期限随着时间的推移会令专利贬值；相关市场的增加或减少会令技术的价值产生相应的变化；宏观经济的周期性波动会令相关技术价值波动；等等。因为在当今这样发展迅速的时代，信息更新太快，新技术的出现也越来越频繁，市场变化也太快，不确定性事件也时有发生，企业的某项技术开发的好可以获得丰厚的回报；相反也有可能被其他的企业研发的新技术所超越，甚至淘汰。

对于知识产权因缺乏流动性而难以变现的问题，根本上也是一个信息问题，银行等金融机构因为缺乏信息一时难以找到交易对手，并且也不清楚交易对手的支付意愿。由于知识资产在很多情况下是专用性资产，而非通用性资产，所以找到合适的买家并不容易。国内现在很多技术交易市场或是知识产权交易市场，都缺乏足够的活跃程度，这是造成专利流转困难最大的原因。其根本不是没有市场交易的潜力，而是缺乏足够的信息进行对接，并且缺乏足够信息去防止交易过程中出现的机会主义行为。当企业难以按期足额归还借款时，需要用质押物清偿，此时银行时常会遭遇变现难的尴尬局面。留下的几张专利权证书如同废纸一般，就是因为专利权缺少变现渠道。企业仍然使用和占有知识产权，银行要清偿就势必要企业停止使用相关技术，再加上我国诉讼审判的实践一直存在执行难的问题，银行等金融机构即使赢得了诉讼，也很难获得企业实际的履行。因此，企业想通过用专利权设立质押进行融资的渠道受到了阻碍。

## 二 知识产权融资过程中信息不对称的来源

本书认为，对于知识产权信贷融资诸多问题的探讨，应该集中在信息不完全问题的探讨，这样才能从根本上解决问题。经过分析研究不难得出，在知识产权信贷融资过程中，大致存在以下几个方面信息不完全。

第一，企业经营状况、投资项目风险、知识产权价值等事前信息的不完全。在知识产权质押融资之前，作为资金融出方的银行或其他金融机构，对于企业的经营状况、偿债能力、盈利能力及科研能力不能充分了解，企业可能为了获得更多的融资对真实情况进行隐瞒，从而评估不准确，造成资金融出方的损失，使其无法做出最有利的投资决策。同时，财务造假的公司通过粉饰财务报表获得融资，而真正有潜力的公司却无法获得融资，造成"格雷欣效应"。科技型企业与资金融出方相比，更了解作为质押物的知识产权。专利等知识产权未来的应用前景存在信息不对称。企业通过融资获得资金支持其经营活动，并对其专利技术进行进一步投资，获取商业利益。但是企业可能会利用双方关于专利技术的信息不对称来为自身谋取利益。

第二，商业银行等金融机构的融资能力、投资意图以及签订的不完全契约等事中信息的不完全。科技型企业并不了解商业银行的融资能力，如果遇到一些没有相关经验和能力的商业银行，会导致融资项目最终的失败。还有可能一些金融机构打着提供资金的幌子，试图窃取科技型企业的商业机密。即使金融机构事先没有这种预谋，也不排除在融资过程中，改变先前的计划，因为利益而采取机会主义行为，窃取科技型企业的商业机密和知识产权。Grossman & Hart（1986）认为，所有的合约都不可能做到完备的程度，这是由于信息不完全所导致，因为人们无法将所有的信息收集起来做出准确的研判，未来不可测的因素也会导致契约的不完全。在知识产权信贷融资的调查、洽谈和签约过程中，很多信息都难以实时地被挖掘，这就可能会导致最终达成的契约失效，进而项目融资失败。

第三，科技型企业的资金使用方向、经营企业的谨慎程度和逃债的准备等事后信息的不完全。基于知识产权抵押的贷款合约签订以后，科技型企业获得了相应的资金，但是商业银行等金融机构很难去监测它们的资金使用方向，如果资金没有投入事先拟定的项目中，商业银行可能会面临着更大的风险。此外，因为科技型企业获得了资金，同时也在一定程度上转移了一定的风险，所以不排除它们的经营活动变得粗心大意起来。甚至一些科技型企业谋划并实施转移资产、关联交易或者抽逃出资等事项，为逃避银行债务做准备。这些事后的行为都很难被发现。

第四，知识产权价值的影响因素、企业投资项目的影响因素以及整个宏观经济的影响因素等信息的不完全。金融机构对于技术可能不是特别敏感，因此往往不能够抓住一些关键的信息对于知识产权价值的变化做出正确的评估，最坏的结果是更加先进的替代性技术出现，导致抵押的知识产权变得毫无价值。影响知识产权所能产生收益的因素主要有知识产权的经济寿命周期、市场同类产品与技术竞争状况、该项知识产权市场应用前景和获利能力、所处的经济环境和社会环境等（杨雄文，2007）。金融机构本身不是企业，对投资项目的理解和认识也不足，一些关键的信息更是难以掌握，导致投资项目的成败不能很好地把握。此外，整个宏观经济的波动引发的系统性风险也会造成知识产权减值和投资项目失败。

第五，有能力的资金供给方、有资质的资金需求方、有正常支付意愿的技术购买方等市场的供需信息不完全。在一些时候有资质的科技型企业难以识别，在一些时候有知识产权融资能力的金融机构不能及时地出现，两者对接需要花费很大的成本。专利权质押融资需求的企业没有相应的资金解决方案，同时金融机构苦于寻找有潜力的融资企业，各方未能形成有效合作，导致供需双方信息无法有效衔接。此外，如果出现贷款违约，商业银行等金融机构在处置知识产权的时候，又难以找到知识产权的购买方。

综上所述，信息不完全问题是造成知识产权信贷融资存在障碍的关键。现有对知识产权与信贷关系进行的研究，都是基于"在一定信息条件下"对贷款偿还能力及风险控制等方面的探讨，这些探讨无外乎是改变了相应的方法，而没有对问题进行更深一步的探讨。因此，本书认为，应该抓住问题的根本，知识产权的信贷融资更应该从信息经济学的角度理解和解决。根据信息经济学的理论解释，融资问题的本质是信息不对称。信息不完全不仅可以通过进一步采集信息来处理，也可以通过相应的机制设计得到解决。

信息经济学有着独到的见解和创新的建议。例如采取抵押品全额抵偿是现在很多银行发放贷款的做法。传统的知识产权融资理论一个显著的特点是要求全额抵偿，也就是说要用很大价值的知识资产来获得数量相对较少的资金，所得资金的数值占抵押品价值的比例不超过50%，甚至远远低于这个数字。银行从事实物资产抵押贷款，最偏好的抵押品是土地和房产，这些资产的市场价值清晰，通用性和流动性很强。即便如此，银行考虑到这些资产存在着市场风险，所以一般情况下银行贷款也不会超过这些资产当前市值的70%。不难发现，如果基于全额抵偿的理论学说，知识产权的债权融资获得贷款的额度可能会更低，理论值应该在30%左右。因为知识资产的市场公允价值不易确定，并且这些知识资产的通用性和流动性都存在着很大的问题，因此按照全额抵偿的方法，科技型企业的知识产权信贷融资远远不能缓解其融资约束问题。

除了寻求对知识资产价值进行准确的评估之外，更重要的是要实现风险的控制。全额抵偿本质上也是一种风险控制手段，只不过这种手段比较简单粗糙。其实，不采取抵押品也能实现债权融资，比较常见的就是完全无抵押物的信用贷款，信用贷款的本质就是基于信息的掌握实现了基本的控制，消除了由于信息不完全带来的问题。传统知识产权债权融资的理论还是过于保守，存在着很大的局限性。而信息经济学对于知识产权信贷融资的研究，具有更加深邃的洞见，能够在实践中解决科技型企业融资约束的问题。例如，专利本身提供了信号效应，并且专利权质押能够约束债务人，这些可以解释为什么在一些情况下借贷的资金远远超过借方抵押品的清算价值。

# 第三章　不完全信息条件下知识产权与风险信贷的逆向选择问题研究

抵押品在信息经济学中已经远远不止是全额抵偿的意义，人们至少在两个方面已有了较为深入的理解：一是用抵押品作为一种信号，来区分和甄别优质的企业和劣质的企业，优质企业能够出示这些抵押品，而劣质企业想要借此"冒充"的行为将得不偿失；二是实施抵押作为一种控制手段，让债务人尽可能地履行还债的义务。这两个方面并不一定要求抵押品有着超过债务金额的市场价值，只要能够实现相应的功能即可。

本章根据利用抵押品进行信号甄别的思想，分析知识产权作为一种信号对风险信贷发生机制的作用。从静态视角阐述，银行等金融机构会估计中国专利质量的概率分布，将中国专利质量分布规律纳入信号甄别模型中，寻求"分离均衡"的实现，分析判断知识产权作为风险信贷信号传递的可行性。从动态视角阐述，劣质企业会模仿优质企业进行专利申请，为了获得融资的好处，企业之间展开的"信号战争"，高质量"强信号"可能被模仿者所稀释，银行分析在现有中国专利授权的标准下，这些行为决策可能导致"混同均衡"的存在。

## 第一节　知识产权债权融资中的逆向选择问题

何为逆向选择问题？这一问题有何危害？信贷融资市场存在逆向选择问题吗？专门针对知识产权的信贷融资市场存在这样的问题吗？应该如何解决这一问题？本节结合前人的研究，对上述这些问题进行逐一回答。

### 一　信息经济学中的逆向选择问题

1970 年，诺贝尔经济学奖获得者 Akerlof 在著名的论文《柠檬市场：质量不确定性和市场机制》中，开创性地提出了逆向选择问题。然而，这篇信息经济学的开创性文献却屡屡被杂志社拒稿，理由是论文浅显且结论毫无新意。在这篇文章里，Akerlof 对美国二手车市场进行了分析研究：在二手车市场中，卖者掌握着二手车真实质量的信息，而买者对此却知之甚少。这样一来，狡猾的卖车人就会以次充好，获取更高的利益。而买车人也不傻，他们虽然不知道二手车真实的质量，但是他们能够估算出整个市场二手车的平均质量，因此他们只愿意出平均的价格进行购买。这样一来，形成一个恶性循环：买者估计平均质量，以平均价格进行购买；而卖者将更破更烂的二手车投入市场，来获取额外的收益，导致平均质量进一步下降。最终二手车市场消失，只剩下破烂车，无人问津。这个过程就是著名的逆向选择。逆向选择问题是由于信息不对称引起的，这对传统的有效市场理论形成了极大的挑战。因为信息不对称在所有的市场中都不同程度地存在，人们根本无法做到完全地掌握各种信息。

## 二 信贷融资市场的逆向选择问题

精明的企业家一直都在思考如何规避自身的风险，实现更大的利润。企业家有一种不太光彩的做法，就是通过融资将这些风险转嫁给金融机构。在信息不完全的情况下，企业通过借债的方式，将经营的风险转嫁给银行等金融机构，如果项目成功，企业家自身获取利益；如果项目失败，企业将宣告破产。相应的债务也会因企业的经营不善成为银行的呆账或者坏账。根据市场规则，他们当然可以这样去做。这种行为虽然不道德，但是也没有违反相应的法律。所以不管是优质的企业，还是劣质的企业，都有强烈的动机去融资。优质的企业进行融资可能是出于自身发展的需要，而劣质的企业进行融资可能还会带有转移风险的动机。

显然，在传统的信贷业务中，优质的企业和劣质的企业并存，信息不完全是无法避免的，因此信贷市场也一定程度地存在逆向选择问题。那些资产质量越差、投资风险越大、信用情况越糟糕的企业向银行进行贷款的欲望越强烈，并且也愿意承担越高的利息成本。因为这些企业想要生存和发展，就必须用更多的资金再去放手一搏。不难发现，尽管银行采取了抵押的方式，但是一些劣质企业通过将抵押处置就是贬值的方式，将投资的风险大部分转嫁给了银行，最后宣告破产甩掉债务。由于信息不对称，银行无法掌握企业的各种情况，只能以平均情况来衡量风险，从而制定贷款的额度和成本。最终，劣质企业"以坏充好"来骗取贷款，而优质企业被逐步挤出市场，形成传统信贷市场的逆向选择问题。

现实中，优质的企业往往拥有更多的资产，可以将这些资产拿来进行抵押贷款，并且拥有优良资产的企业面临由于项目失败而造成的损失更大，使得这些企业不敢轻易冒险，它们贷款的项目往往是可靠的。而没有资产拿来抵押的企业，无疑就暴露了自身投机的动机。

Stiglitz 和 Weiss（1981）提出了信贷配给模型，来解决传统信贷市场的逆向选择问题。该模型强调了抵押品的作用，认为抵押品能够起到信号传递的作用，能够对高质量的企业和低质量的企业进行区分。银行往往要求企业进行抵押，抵押品不仅能够起到风险控制的作用，更重要的是能够通过提高贷款抵押的比率来降低"逆向选择"可能性。Alberto（2009）描述并给出了逆向选择下的质押投资模型，银行可以通过质押的引入向企业提供最优贷款合同，从而在一定程度上减少了逆向选择风险。黎荣舟等（2003）以不对称信息的存在为大环境，研究了当企业具有多个连续投资项目时，贷款利率的变化对企业项目平均成功概率的影响。其结果分析表明，企业提供越多的抵押品，银行将面临越少的逆向选择风险。Liang Han et al.（2009）针对信贷的发放，建立了一个信号传递和自我甄别相结合的模型，结果表明好企业更倾向于提供抵押并且支付较低的利率。Christian（2007）讨论了信息完全和不完全两种情况下的抵押设置。研究表明，当借款人和贷款人之间无不对称信息时，一个高风险的借款人比一个低风险的借款人提供更多的抵押。当存在不对称信息时，低风险借款人更倾向于提供更多的抵押。最优抵押选择的一个关键之处便是借款人和贷款人之间的信息配置。

### 三　知识产权信贷融资中的逆向选择问题

传统的信贷市场主要针对的是有形资产较为丰腴的企业，这些企业以实物资产进行抵押来获取贷款。随着科技创新的步伐不断加快，越来越多企业的技术含量得到了极大的提高，大量的科技型企业不断涌现。这就使得依靠知识资产进行抵押贷款变得越来越有必要。那么，科技型企业的信贷市场存在逆向选择问题吗？依赖知识资产进行抵押，能够起到信号甄别的作用吗？很显然，科技型企业的信贷市场仍然存在着逆向选择的问题，而且相比传统企业的信贷市场，信息不对称的程度更加严重，逆向选择问题更加突出。

从客观上来讲，科技型企业的信息不对称程度更深。科技型企业相比传统企业更加难以让人理解。这些企业所推出的一些新的产品和服务、新的技术和工艺，以及新的商业模式推动着社会不断地进步。科技型企业在进行融资的时候，面临着两难的境地。如果将这些创新对融资者完全地展示出来，它们可能就会泄露商业机密，进而丧失竞争优势。如果不将这些创新完全展示，它们又可能因为无法展示自己的实力，进而丧失融资机会。在大多数的情况下，科技型企业选择宁可放弃融资机会，也要保护这些关键的信息不外露。

信息不完全也不单纯来自企业家的保密，还来自投资者专业技术知识的缺乏。Hodgman（1960）认为，由于技术具有极大的复杂性，专利权人以外的人很难完全理解专利技术，专利价值评估的准确性造成银企间的信息不对称，导致企业知识产权质押融资很难实现。新生的事物总是让人难以理解和接受。因为不明白铁路运输的重大意义，几乎全国都反对兴建铁路。后来李鸿章为了让慈禧太后支持铁路建设，在中南海内策划修建了一条由法国人全额赞助的1500米长的微型铁路。慈禧太后大开眼界，开始支持铁路修建。修建铁路后，人们认为火车机车的轰鸣声会影响风水，让山川神灵不得安宁，于是出现了著名的"马拉火车"事件。股神巴菲特就曾经坦言：因为看不懂科技股，所以错过了微软、亚马逊、谷歌、特斯拉等科技大牛股，不清楚它们是如何盈利的。腾讯的创始人马化腾发明了腾讯 QQ 软件，在进行风投融资的时候直言：现在只知道大家都喜欢用这个东西，至于怎么用它去赚钱，还没有想好。当时还是金山总裁的雷军，遇到了寻求股权融资的阿里巴巴，他怎么也想不到电商平台会发展到今天的程度，雷军后来回忆说：当时觉得马云这些人满嘴跑火车，是不是做过传销？说得项目这么大，怎么看都觉得是骗子。因此，雷军错过了入股阿里的机会。

此外，从主观上来讲，企业家也会隐瞒信息甚至编造虚假信息，因为有强烈的动机进行外部融资转嫁其中的风险。"车载水解即时制氢氢能源汽车"项目曾经名噪一时，南阳市也声称要向青年汽车投资 40 亿元，帮助加水就能开的"水氢汽车"实现产业化。事实上，其核心"重整制氢＋氢燃料电池"这种技术方案根本就是不经济的，没有太大的意义。那这个项目被如此包装和吹嘘，无外乎是想获取政府的补贴和银行的资金。科技型企业相比传统企业，信息不完全程度更深并且具有更大的风险性。一旦项目成功，企业家可以获取可观的收益，所以他们千方百计地隐瞒不利于自身的信息，以达到获取资金的目的。在对这些科技型企业进行信贷投放的过程中，如果不采取其他的手段，好的项目被坏的项目驱逐出市场，就必然形成逆向选择的过程。

## 第二节　静态视角中分离均衡的实现

信息经济学关于信贷的研究指出：利用抵押品可以释放信号，有效的信号可以实现优劣参与者的区分，进而可以解决逆向选择问题。那么，对于科技型企业而言，依靠知识资产抵押进行债权融资，能够解决科技型企业逆向选择的问题吗？这其中就涉及很多问题，可以说在完善的体制机制条件下，信息不对称的问题可以在一定程度上解决；而在体制机制缺失的条件下，逆向选择问题仍然对知识产权信贷融资构成致命的障碍。

### 一　何为分离的均衡

先对分离的均衡做一个介绍。Spence（1974）对信号传递进行了研究，提出了分离的均衡。分离的均衡是指拥有不同信息的人如何通过信号传递，来把自己与同类分离出来，从而解决逆向选择问题。在分离均衡下，信号准确地揭示出类型。Stiglitz（2008）进一步指出，分离均衡是说明不拥有信息的人如何设计一个机制来进行信息甄别，使具有不同信息的人不隐瞒信息和行为，或者说设计一个分离不同信息的人的机制，进而提高市场效率。在传统的信贷市场中，实物抵押品就可以实现这样的机制。

抵押贷款的大中型企业，银行对抵押物的风险属性拥有完全信息，但对借款人事前违约概率具有不对称信息。假设借款人信用风险和抵押物价格风险相互独立，且只有当抵押物价值跌到贷款本息和以下，同时借款人亦经营状况不佳时，借款人违约才发生。当银行对借款人事前违约概率具有不对称信息时，在抵押贷款模型基础上，综合考虑借款人信用风险和抵押物价格风险，那么存在高风险的借款人只有出具高价值的抵押物，才能获得与低风险借款人同样的贷款。因为高风险的借款人无法提供更具价值的抵押品来冒充低风险的借款人，所以最终实现分离均衡。

## 二　如何实现分离的均衡

知识产权抵押融资的情况就大有不同了。知识资产的质量和价值很难去度量，需要更加专业的资产评估师对其进行分析研究。知识资产主要包含专利、商标、著作以及商业秘密等，这些资产到底价值如何，在很多情况下是"仁者见仁，智者见智"。我国的专利法对于专利授权明文规定要具备新颖性、实用性和创造性。然而，一方面，对此的审查并不能够完全地界定好相关的要求，使得很多没有太多价值的垃圾专利大量存在；另一方面，新颖性、实用性和创造性是最基本的门槛，所有被授权的专利也必然呈现出质量的参差不齐。因此，以知识资产为抵押进行贷款，信息不对称的程度更为严重，以次充好更容易实现，分离的均衡更加难以实现，逆向选择问题更加突出。

尽管如此，鉴于科技型企业的融资需求是如此的强烈，以知识资产抵押进行贷款还是在不断地发展。人们想尽各种办法来实现分离的均衡，去解决逆向选择问题，促进融资的顺利实现。显而易见，实现分离的均衡最关键的是令"以次充好"变得成本增加至大于其带来的收益。有很多种方法可以实现这个目标。

首先，仍然要求知识资产具有很高的市场价值，并且鉴别知识产权价值的能力不断提高。现在大量的银行开始开展科技信贷业务，主要依赖自身建立起来的技术专家队伍。这些技术专家不一定能够完全准确评估出知识资产的价值，但是能够在一定程度上区分哪些是好的知识资产，而哪些是坏的知识资产，并且资产属性的概率有多大。换言之，银行的技术专家队伍能够掌握知识资产价值的统计分布。这使得"以次充好"难度加大。

其次，要求抵押的知识产权有很高的技术含量，不易被劣质企业所模仿，劣质企业也很难拥有同样级别的技术。高技术含量的知识产权也能够区分出谁是优质的企业，尽管银行等金融机构不能够从知识产权清算中获得补偿，因为这些知识产权的专用性使其并不一定能够有较高的市场公允价值。银行等金融机构能够从其更稳定的现金流收入中收回贷款的本金和利息，带有一定的信用贷款和风险投资的性质。

最后，即使某些抵押的知识产权没有很高的市场公允价值，也没有较高的技术含量，但是这些知识产权却占据着关键的位置或者是其他专利组合中不可或缺的一部分，或者能够证实企业拥有或者正在开发某些关键的技术。在技术发展领域的独特性，使知识产权的信号功能比以往任何时候都强大。这些知识产权不仅仅是自身的价值，而是代表着某些重大的技术或者一组技术的专利组合，劣质的科技型企业往往很难通过复制得到该知识产权。因此，一些优秀的科技型企业顺利和其他劣质企业区分开来，实现了知识资产的债权融资。

信息经济学对实物资产抵押品释放信号的分析和解释仅限于价值一个维度，知识产权这种无形资产拥有多个维度，不仅仅是价值，还包括技术复杂度和技术关联度等，这些也可以作为信贷配给中的信号传递给银行等金融机构。所以，从这一点上来讲，知识产权的信号甄别的实现比实物资产更加多样复杂。

### 三　专利质量的统计分布与分离均衡的实现

要实现知识产权质押融资，首先要求知识产权具有一定的价值，然而由于不同知识产权的价值存在着差异，再加上信息不完全的影响，会令银行等债权人不易识别。在无法完全识别知识产权质量的情况下，只能靠先验概率的判断来进行决策。所谓的先验概率，就是基于概率分布的常识，这个常识是人们先前在长时间内通过观察而积累起来的经验（陆静和王捷，2013）。例如，人们如何在不完全信息条件下对专利价值进行判断，在主观上存在专利价值的统计分布规律，这个分布规律就构成了人们的先验概率。

知识产权中，最常见和最重要的是专利，我国专利基数巨大。2019 年，我国专利的各种数据指标全部位列世界第一。2019 年，我国发明专利申请 140.1 万件，发明专利授权 45.3 万件。发明专利有效量为 267.1 万件。实用新型专利申请 226.8 万件，实用新型专利授权 158.2 万件。实用新型专利有效量为 526.2 万件。外观设计专利申请71.2 万件，外观设计专利授权 55.7 万件。外观设计专利有效量为 179.0 万件。国家知识产权局受理 PCT 国际专利申请 6.1 万件，其中，国内 5.7 万件。

然而，我国专利质量普遍偏低，价值参差不齐。举例来说，一个实用新型专利想要进行质押贷款，为口服液瓶盖的开启方式，事实上，相关瓶盖开启方式的专利屡见不鲜。这种专利价值非常低，贷款给它可能连利息都抵偿不上。另外，专利沦为纯粹"门槛性"工具被随意使用。目前市场上流通的专利其实有很多，但大都限于私下交易，其交易目的也并非为做成商品，而是利用它较快申报高新技术企业，从而享受税收、资金扶持等方面优惠。甚至一些中介企业为参评高新技术企业提供专利，发明专利价格在 5 万到 6 万元，实用新型专利约为 5000 元，而且"包拿证"，实用新型专利 6个一起"打包"购买还有优惠。现实中，有的市场价值很低的"专利垃圾"甚至出售给服刑人员，成为减刑工具，用来花钱"赎身"。

不难发现，我国专利价值的统计参数具有均值偏低、方差偏大的特点，而且我国专利的统计分布也难以得到类似于正态分布的规律性。它真实的统计分布可能是一种单峰左偏尾肥的分布，不仅专利质量总体偏低，这些低质量的专利大体集中在某一个区间，而且低质量的专利太多，出现的概率大，而高质量的专利较少，出现的概率小。根据这个统计分布的特点，在知识产权融资中通过信号博弈产生分离均衡不难实现。

这其中有两点原因：一是因为高质量的专利相对较少，所以信息相对充分，信号相对明显，债权人可以根据贝叶斯法则进行推断来克服信息不完全，在一定程度上识别这些高质量的专利。二是因为大多数企业生产低质量专利，它们想要冒充和模仿高质量专利的成本和代价就比较大，这些企业本身创新能力就不足，想要生成更高水平的专利显然难度太大。因此，虽然我国专利价值普遍偏低，但是这对于实现知识产权融资的分离均衡来说，是正向的影响，因为那些高质量独树一帜的专利更容易被一些信号显示出来，并且更不容易被其他企业所模仿。

## 第三节　"信号战争"与混同均衡的实现

分离的均衡是一种理想的状态，如果能够以较小的代价来实现这种均衡，就显得更加的完美。然而，在很多种情况下，分离的均衡并不一定出现，市场均衡形成的是一种混同的均衡。混同均衡是在分离均衡的实现要付出较大代价的情况下所产生的，是一种低效率的非理想状态，当然也是在既定市场条件下形成的最优策略。无论是分离的均衡还是混同的均衡，市场都是存在的，而逆向选择所导致的最糟糕情况是市场萎缩甚至消失。

### 一　何为混同的均衡

融资能够推动科技型企业的发明创造商业化，最终实现商业利益。所以大部分科技型企业都存在融资的需求，获取资金的过程也存在着激烈的竞争，所以这些企业争相证明自身实力和潜力。所以科技型企业在知识产权债权融资过程中，都会经历"信号战争"。所谓的"信号战争"，是指优质的企业通过发送信号来显示自己的身份，而劣质的企业通过掩饰行为来隐瞒自己的身份，这些企业通过不断的相互作用，最终形成稳定的均衡状态。如果优质的企业在"信号战争"中获胜，银行就能够顺利地甄别其身份，形成分离的均衡。然而，如果劣质的企业在"信号战争"中获胜，银行就无法区分孰优孰劣，只能形成混同的均衡。

混同均衡是信号传递博弈的精练贝叶斯均衡的一种，是指不同类型的发送者选择相同的信号。或者说，没有任何类型选择与其他类型不同的信号，因此，信号接收者不修正自己的先验概率。混同均衡是在特定环境和特定机制下不得不做出的选择，因为实现分离均衡成本实在太大，所以宁可在不区分参与人优劣的情况下进行相应的事项。而随着新进入者不断地进入和各自策略的动态调整，会加剧逆向选择过程，混同的均衡状态不断调整，直到市场的消失。如果有新进入者不断进入，混同均衡在实际过程中又是一个不稳定的状态。因此，理想的情形是通过机制设计来实现分离的均衡，分离均衡克服信息不对称带来的影响，使得市场稳定，并且分离均衡的实现所需要付出的成本相对较少。

科技型企业在信贷市场上，为了获得贷款支持而展开"信号战争"。优质企业、劣质企业和银行构成三方博弈，优质企业通过申请知识产权释放信号，而劣质企业同样申请知识产权释放信号。一种情况是，劣质企业通过申请到与优质企业同等水平的知识产权获取了贷款，因为对于劣质企业来讲，融资所带来的收益要远大于技术模仿付出的成本，这样就形成了混同的均衡，即银行会对所有企业进行贷款，但是贷款的金额会远远低于分离的均衡。而优质企业所释放的信号并不能够改变银行对自己类型的判断，当然，如果能够提前预知结果的话，优质的科技型企业将不会浪费成本释放信号。而另一种情况是，劣质企业申请与优质企业同等水平的知识产权所付出的成本巨大，要远远超过融资带来的好处。因此，优质企业成功地将自己与劣质企业区分开来，赢得了"信号战争"，这就形成了分离的均衡。

## 二　如何避免混同的均衡

决定知识产权质押融资实现分离的均衡还是混同的均衡，包含很多方面因素。例如，提高模仿者的成本。这要求知识产权保护强度有所提升，令技术模仿的空间越来越小。例如，我国专利法在外部压力和内部需求的双重作用下不断地修改，其中最为显著的改变就是增加了专利的宽度。所谓的专利宽度就是专利保护范围，也是对侵权行为的惩罚力度。专利宽度越大，对模仿的惩罚越高，这样竞争者越少，技术的独占权越会得到充分的保护。这使得模仿大致水平的技术，要付出高昂的成本。

在经济管理的实践中，优质的科技型企业采取了多种手段来释放信号，将自己与其他劣质的科技型企业区分开来。它们申请了高质量的专利，拥有较多的专利引文，大范围的专利组合和具有较强通用性和流动性专利。因此，这些企业获得了知识产权债权的融资，同时市场得以存在。这些高质量的专利一定具备较高的市场价值吗？模仿者如果想要获得类似的专利会付出很大的成本吗？这些问题决定了优质的科技型企业所释放的信号是否起到作用。高质量的专利有很多的衡量办法。

首先，专利的类型就能够在一定程度上进行区分、根据我国《专利法》的规定，专利包括三类：发明专利、实用新型专利、外观设计专利。一般来说，发明专利、实用新型专利和外观设计专利，三种专利的专利质量依次递减、获取难度依次递减。根据我国《专利法》的规定："发明是指对产品、方法或者其改进所提出的新的技术方案，实用新型是指对产品的形状、构造或者其结合所提出的适于实用的新的技术方案。外观设计是指对产品的形状、图案或其结合以及色彩与形状、图案的结合所作出的富有美感并适于工业应用的新设计。"不难发现，发明专利对新颖性、创造性和实用性要求较高，是指一种根本的改变或者革新。而实用新型专利要求相对较低，实用新型注重对原有技术方案改良后的效果，比较简单，是改进型的技术发明。外观设计专利只注重富有美感的色彩、形状和图案，没有对技术提升的要求。在高新技术企业评定时，需要一个发明专利，或者六个实用新型专利，可见其价值高低。

其次，更高质量的专利可以通过专利引用的情况识别出来。专利引文是指在专利文件中列出的与本专利申请相关的其他文献，如专利文献，科技期刊、论文、著作、会议文件等非专利文献。根据引用目的不同，专利引文可分为引用参考文献和审查对比文件。专利引文可以进行技术管理研究和科学情报分析，尤其可以对关键技术进行挖掘、识别和评估。例如，通过专利引文数量的多少来定性专利核心程度，显而易见的是，被引用越多专利，专利的质量就越高，而较少引用甚至不引用的专利，其质量就越差。当然，除了使用了专利被引次数指标，国外专家学者对其他专利指标的研究开始大量涌现，提出并反复论证了维持时间、保护范围、权利要求数量、发明无效审核等指标综合性地反映专利的某方面质量。目前，国外已经逐步将专利质量评价指标体系标准化，使用综合专利指标进行知识产权战略分析和企业排名。

再次，通过专利组合来确定专利的高价值。一般来说，专利组合具有更加实用的价值，在塑造企业竞争优势方面具有更大作用（贾瑞乾等，2019）。一旦科技型企业在某个技术领域形成所谓的专利组合，其竞争对手就很难绕过这些技术障碍。那么，什么是专利组合呢？专利组合是由相关技术构成的专利簇，通常由核心专利和若干个补充专利构成，这能够让企业在该技术领域获得极大的优势。其竞争对手很难绕过这些专利开发技术，或者采取交叉组合的方式交换权力。因此，专利组合能够在法律的层面上有效地阻击其他的竞争对手，迫使其他竞争对手无法使用本企业已研发的专利，进而占领该技术领域和产品市场。获得专利组合需要企业在自身的技术领域有较为全面的技术实力，反映出企业对该领域的控制情况。所以相比单个专利的作用，专利组合能够反映出较高的专利质量。

最后，在技术交易的市场上表现出具有较强通用性和流动性的专利。市场具有信息挖掘的作用，尤其是交易活跃的资本市场，总有一些人想通过信息的优势获取利益。因此，他们就会投入时间和精力对技术进行深入的研究分析，一些有潜力的技术就会被市场所青睐，表现出较高的价值。此外，如果这些高价值的技术具有较强的通用性和流动性，就能够降低技术价值的市场风险。因为通用性能够保障技术有很广阔的市场空间，共性技术不会因为单一的企业或者产品而丧失应用价值。而充足的流动性能够保障技术持有人随时在市场售出，因为有足够多的人愿意随时购买该技术。

## 第四节　实现分离均衡的案例——积成电子的专利权质押融资

2009 年，积成电子以企业的 25 项软件著作权为质押，获得齐鲁银行共计 6500 万元的综合授信贷款。这是山东省第一笔知识产权质押贷款，同时也是当年全国授信额度最高的一笔知识产权质押贷款。这笔数额巨大的知识产权信贷是在传统的贷款模式难以为继的情况下开展的。

### 一　积成电子的基本情况

积成电子发起于山东大学，公司主要从事计算机软件开发、软件密集型系统和智能电子设备研制等方面业务，是国内电力系统自动化产品的主要研发单位之一。公司成立于 1994 年，企业内部组织结构合理，是一家民营性质的股份制高新技术企业。该企业位于国家火炬计划软件产业基地"齐鲁软件园"，2002 年和 2003 年连续两年被信息产业部等国家四部委联合认定为"国家规划布局内的重点软件企业"，被科技部认定为"国家重点高新技术企业"。2010 年，积成电子在深圳中小企业板上市，资产总计 36 亿元，主营业务收入近 18 亿元，实现净利润 5000 多万元。

积成电子股份有限公司有强烈的融资需求。由于企业下游客户付款周期较长，造成企业资金占用较多，致使一些成熟的技术成果不能够进一步开发利用并推向市场，严重地影响了企业的发展。公司在 2008 年总资产有 4 亿元，净资产 1.8 亿元，全年销售收入近 2.6 亿元。公司有形资产全部被拿去抵押融资，与此同时，企业最有价值的资源——知识产权却被闲置。

### 二　齐鲁银行走向知识产权质押融资

2008 年前后，齐鲁银行正在经历一波信贷市场有效需求萎缩、利差空间下降、经营利润减少带来的危机，正在努力寻找新的贷款增长点。积成电子与齐鲁银行的业务关系始于 1999 年，首笔流动资金贷款 50 万元。2005 年，贷款追加到 500 万元；2006 年 12 月贷款规模扩大到 1000 万元；2008 年 4 月齐鲁银行又为其新增贷款 500 万元，授信额度最高达到 1500 万元。然而随着积成电子经营规模的逐步扩大，齐鲁银行 1500 万元的信用额度一直无法取得突破，双方合作出现危机。银行同业竞争加剧，由于齐鲁银行担保贷款保费及反担保问题，高融资成本劣势显现，其他多家银行凭借更优惠的利率定价打入积成电子。当时该公司的贷款总额为 8300 万元，其他行份额超过了 80%，齐鲁银行业务份额被进一步打压。到 2008 年下半年，事态扩展到积成电子决定归还齐鲁银行贷款，中止双方信贷业务关系。

此时，山东省正在大力鼓励对中小企业实施知识产权质押贷款。出台了一系列的政策，诸如《山东省小微企业质押融资项目管理办法》《山东省知识产权质押融资风险补偿基金实施细则》《山东省专利权政银保融资试点实施办法》等，从企业知识产权质押的贴息、评估费的补贴、风险的补偿等方面给予支持。齐鲁银行不想失去积成电子这样的优质客户，决定首次尝试知识产权质押融资的模式，向齐鲁银行贷款。由于多年的合作关系，齐鲁银行对积成电子这种高科技企业专项研究逐步深入，知识产权质押担保模式框架才逐步清晰。

### 三　知识产权质押融资的决策与实施

齐鲁银行进入齐鲁软件园对企业进行调研，发现积成电子符合知识产权质押融资要求，决定把这一非常了解的客户作为试点，尝试开办此项业务。积成电子先后有 35 项科技成果通过省部级以上鉴定，23 项荣获省部级以上奖励，拥有 28 个经国家版权局批准的软件著作权。齐鲁银行与国家版权局中国版权保护中心及山东省知识产权局取得联系，通过专业评估服务机构对积成电子所拥有的知识产权进行评估，最终以 25 个软件著作权作为质押物，成功以低成本为积成电子融资 6500 万元，实现了银企双赢。

### 四　该案例的经验启示

那么，为什么齐鲁银行能够对积成电子实施知识产权质押融资？

首先，积成电子充分展示了自己的实力，将自身和其他企业区分开来。公司主持或参与了 30 余项国家标准和行业标准的制定，取得 20 余项技术专利，40 多项产品通过省部级科技成果鉴定，其中 3 项达到国际领先水平，37 项国际先进。公司拥有 30 多项计算机软件著作权，获得 25 项国家、省市级奖励，其中电力调度自动化系统荣获国家科技进步二等奖。这些成绩是普通的科技型企业难以做到的。因此，齐鲁银行成功地实现了信号甄别。

其次，积成电子建立了广泛覆盖的市场体系，以客户满意的专家型服务赢得了市场。主要产品遍布 31 个省市自治区、300 多个地市，部分产品出口到新加坡、泰国等东南亚国家和地区。其中，电网调度自动化产品在国内市场占有率近 30%；配电自动化系统技术领先，自动化线路实施数量居全国前列；10 万多台套变电站自动化产品在全国近 4000 个变电站中稳定运行；用电信息采集与管理系统是核心供应商，近 20 万套电能信息采集终端在现场投运。这些是积成电子偿还贷款的基础保障，能够让融资的信贷风险处于一个较低的水平。

再次，齐鲁银行和积成电子的成功融资在于前期形成了信息沟通的机制。在此案例中，双方前期的相互了解关系重大，十年的合作为这次的成功奠定了先期基础。齐鲁银行对其业务的了解，对其市场的了解，对其信用状况的了解，对其未来发展成长的了解，确定了积成电子是一家有技术、有基础、有潜质、少资金、少担保的典型成长性科技型企业。

由此可见信息对称性在其中的重要地位。银行第一要确定质押知识产权是企业的核心技术，是攸关企业存亡的关键；第二，这些产权和技术能够转化为生产能力，给企业带来利润和还款来源；第三，这些产权在一定时期内不会被企业自身和其他企业所超越或突破，即质押知识产权既不会对企业失去价值，又不会使企业失去价值。经过研究，齐鲁银行判定，被质押的知识产权是核心技术，能够对质押贷款的风险进行控制。知识产权质押贷款的低融资成本优势在于不需要实物形态的抵押质押品，无疑是缺乏固定资产和资本积累但却掌握先进技术拥有优质人力资源的中小企业的首选。知识产权质押贷款框架内含的风险保障因素就在于这些质押的知识产权是企业最大的资本，一旦失去，企业将无以为继，这也就成了企业还款的最大激励因素。在积成电子案例中，齐鲁银行采取风险控制部门提前介入的方式，加之之前的相互了解来确定风险，但完善合理的风险控制机制实际并未形成。

最后，此案例还有一个值得推广的经验，就是政府搭建的银企信息对接融资平台的作用。齐鲁银行和积成电子双方前期的合作依托了开发区政府中小企业融资平台，遵循了"园区推荐、银行贷款、第三方担保"的工作思路，有效解决了双方信息的不对称问题。双方最初合作由齐鲁软件园园区推介，并且贷款一直由开发区管委会下属的担保公司提供担保，直到科信担保公司改制。最初园区管委会搭建银企融资平台的目的是解决市场失灵，在中小企业融资问题中表现为信息不对称问题。积成电子用知识产权质押获得贷款，无须第三方担保，修正了原有的融资模式，实现了政府到市场的回归。这其中，政府平台起到了过桥作用，协助银企信息对接，将其他问题留给市场。尽管双方知识产权质押融资最终合作契约的达成已经脱离了政府背景，成为完全市场化的行为，但平台先期奠定的信息基础和银企长效合作机制意义重大。

# 第四章 不完全信息条件下知识产权与风险信贷的道德风险问题研究

信息经济学认为抵押品能够对道德风险进行控制。继知识产权缓解逆向选择问题之后，本章探讨知识产权如何抑制融资事后道德风险问题。经典的信息经济学认为，通过调整实物资产抵押的价值和贷款金额的比例关系，来实现金融机构和企业激励相容，确保企业借贷后不采取投机行为。那么，对于知识资产而言，控制道德风险的作用机理有无特别之处？知识产权的专用性、依赖性和流动性等特征对于融资事后借贷双方博弈行为存在重要的影响，这些特征也会形成独特的控制机制。

## 第一节 知识产权债权融资中的道德风险问题

何为道德风险问题？这一问题有何危害？这一问题与逆向选择问题有何区别？信贷融资市场存在道德风险问题吗？专门针对知识产权的信贷融资市场，存在这样的问题吗？应该如何解决这一问题？本节结合前人的研究，对上述这些问题进行逐一的回答。

### 一 信息经济学中的道德风险问题

亚当·斯密（1776）在经济学经典名著《国富论》中指出：无论如何，由于这些公司的董事们是他人钱财而非自己钱财的管理者，因此很难设想他们会像私人合伙者照看自己钱财一样地警觉，所以，在这类公司事务的管理中，疏忽和浪费总是或多或少存在的。这是西方经济学家对道德风险最早的表述。

道德风险早期被用于解释海上保险业务。海运中的风险被划分为实质风险和道德风险。其中实质风险被定义为来自海上的风险，道德风险指各种人为的风险。道德风险这一概念是保险人基于对当时参与海上保险的投保人道德品行的质疑而提出的，表达了保险人对投保人不负责任行为的不满，是对存在主观恶意或不道德的投保人行为倾向的一种概括。

斯蒂格利茨以自行车保险市场为例，对道德风险进行了研究。他发现美国一所大学里自行车被盗的概率是10%，一些有经营头脑的学生发起了自行车保险的业务，保费为保险标的的15%。这样的保费率在理论上让这些学生拥有5%的利润。然而，该保险运行了一段时间后，该保险业务便亏损了。这是由于盗窃率迅速地上升到15%以上。因为购买了自行车保险，学生们对于自行车的防范措施明显地减少了，学生们购买保险后疏于防范的这种行为便是道德风险。

诺贝尔经济奖得主阿罗（1963）指出，由于信息不对称，委托人不能对代理人进行完全的监督，当两者利益不一致时，代理人为了实现自身利益最大化，有可能损害委托人的利益，这就是道德风险的经济学概念。道德风险是从事经济活动的人在最大限度地增进自身效用的同时做出不利于他人的行动，或者当签约一方不完全承担风险后果时所采取的使自身效用最大化的自私行为。

综上所述，道德风险是指在信息不对称的情形下，市场交易一方参与人不能观察另一方的行动或当监督成本太高时，一方行为的变化导致另一方的利益受到损害。如果从委托—代理双方信息不对称的理论出发，道德风险是指契约的代理人利用其拥有的信息优势采取契约的委托人所无法观测和监督的隐藏性行动或不行动，从而导致的委托人损失或代理人获利的可能性。

## 二　信贷融资市场中的道德风险问题

由于借款人状况是动态变化的，所以不能仅凭贷款前信息完全信任借款人，信息不对称会削弱银行放款后对借款人的监督跟进，无法知晓借款人的信用水平变化。没有银行愿意发放不确定能否顺利回收的贷款，这种没有保障的后续监管同样削弱了商业银行的放款意愿，且不利于银行与申请人建立良性的借贷关系。

王雅娟和王先甲（2009）的研究指出，商业银行与企业间的道德风险有多种表现形式。例如，企业利用银行监督困难，违反贷款合同，私下改变资金用途，造成借款资金用途与实际用途不符，甚至违规流入资本市场和用于赌博等违法犯罪活动。再有，债务人在借入资金的经营过程中，采取不负责任的态度，人为地导致经营不善，造成项目经营失败，导致投资不能收回。此外，即使资金使用取得了良好的收益，债务人仍故意滞留贷款及其收益，使得贷款不能按时归还。最后，债权人还有可能采取破产、合并、转制等方式转移资产，逃避银行债务（李扬，2003）。

由此可见，信贷融资都会存在事后的道德风险。平新乔和杨慕云（2006，2009）的研究指出，化解道德风险的手段就是进行抵押担保，黄璟宜等（2017）的研究也表明，抵押担保能够在一定程度上解决道德风险，降低贷款违约率。然而，无论采取的抵押品是房产、土地和设备等实物资产，还是专利、商标和著作权等无形资产，都不可能完全地消除道德风险。因为银行等金融机构无法实时地观测并控制债务人所有的行动，一些冒险的行为和粗心的行为将不可避免地涌现。

Chan et al.（1986）从信息不对称的视角考察了抵押品和道德风险的关系，实施抵押能够实现事后的控制，增加借款人的期望收益，所以一般情况下所有借款人都倾向最大限度地实施抵押贷款，但是使用抵押也存在着成本，也并不是每一个借款人都有充足的抵押物。一般来说，借款人在得到贷款后，由于自身的努力程度不同会产生不同的效用。所以在没有抵押的情况下，借款人会隐藏自己的行动，采取消极的态度；而在实施了抵押的情况下，借款人因为有所顾忌，就会采取积极的态度。他认为由于借款人努力的负效用不同，信贷合约的分离均衡有可能存在。尹志超和甘犁（2011）的研究认为，要根据信用评级区分高风险的借款人和低风险的借款人，高风险的借款人要求更多的抵押，激励其更高的努力程度，这样才能保障借款人的利益，否则借款人将面临较大的违约风险。

### 三　知识产权信贷融资中的道德风险问题

道德风险问题在知识产权信贷融资中更加的严重。相比于传统的生产投资，创新投资的信息不完全程度更高、风险更大。因此，科技型企业信贷融资后，用于创新投资，就更有条件产生道德风险。技术创新是一个不确定性行为，技术研发固有的风险使合作双方共同面对难以预期的变化，这种不确定性对当事人都是未知的。出资方处于信息劣势的一方，不了解或很难真实了解研发过程的进展情况，而研发方由于信息优势，很有可能发生道德风险。

科技型企业的行为更加难以监督。在外部融资的背景下，科技型企业家在进行投资决策的时候，往往倾向于投资风险较大的项目，因为这些项目对他们自身而言收益风险比很高。如果项目取得成功，他们将会获得极大的利润，可能数倍或者数十倍自己的本金；如果项目不幸失败，他们就会宣告破产而将损失转嫁给银行。

银行很难监控到企业的行为决策和项目的具体实施。一方面，源于银行不是专业的技术部门，对技术理解一知半解；另一方面，银行也很难深入科技型企业内部去跟踪和了解它们的资金使用情况。鉴于银行对于道德风险的担忧，使得依赖于知识资产进行信贷融资的方案很难去实施。银行与企业之间的信息不对称所带来的道德风险也使得银行对科技型企业或创业企业往往表现出"惜贷"现象。

## 第二节　知识资产抵押品与信贷融资的激励相容

道德风险的问题到底应该如何处理？一种是靠信息采集的时候解决信息不对称问题，但是这种方法有时候需要花费巨大的成本。另一种方法就是进行机制设计，实现激励相容，这种方法在某些时候是有效的，也是降低交易费用的一种合理安排。在本节，探讨知识产权信贷融资过程中知识产权质押的机制设计是否能够实现激励相容。

### 一 何为激励相容

一般来说，如果银行无法观察到借款人得到贷款以后的行动，就有可能出现道德风险。那么如何解决商业银行信贷融资过程中的道德风险问题呢？大体上有两种办法，一种是加强事后监管，另一种是建立一个激励相容的机制。那么何为激励相容呢？在市场经济中，每个理性经济人都会有自利的一面，其个人行为会按自利的规则进行；如果能有一种制度安排，使行为人追求个人利益的行为正好与企业实现集体价值最大化的目标相吻合，这一制度安排，就是"激励相容"。在信贷融资中，债权人希望项目能够顺利推进，贷款在较低的风险下，最终得到连本带息的偿还。而债务人则要考虑自己的投入、期望收益等因素，其行为不一定有利于项目，有可能松懈和偷懒。激励相容就是让债权人和债务人的利益目标一致，不利行为得到有效制约，有利的行为得到有效的激励。

### 二 实施抵押策略的激励相容

实施抵押策略是商业银行控制道德风险的一种常用手段，也属于一种激励相容机制设计。在抵押品的产权安排上，仍然属于借款人，拥有占有、使用和收益的权利，但是因为获取贷款而失去了转移和处分的权利。一旦借款人无法按期偿还贷款，债权人就有权依据事先合约和相关法律对抵押品以转让、拍卖或者出售等形式对该财产的价款进行处置，优先受偿。为了避免自身的抵押物品被剥夺，借款人在得到银行贷款后，通过选择适当的行动来减少他的项目风险。因此，抵押增加了银行对贷后借款人行为的控制，适当的抵押可以激励借款人采取积极的行动。

假如没有抵押品，借款人可以先向银行承诺付出高努力，争取项目成功，首先达到获得贷款的目标。若银行放贷，借款人获得了贷款，就只会基于自己利益最大化去行动，从而只付出低成本，而银行由于信息不对称，可能无法监督，尽管知晓了相关情况，对此也无可奈何，所以没有制约手段的承诺是不可信的。如果采取抵押，并且抵押品的价值足以制衡借款人的道德风险，那么银行就可以通过没收抵押品的方式，让借款人在贷后付出高努力。此外，借款人的工作效率存在差异，高水平的借款人付出努力所承受的代价较小，而低水平的借款人付出努力所承受的代价较大。所以在控制道德风险的时候，借款人的异质性也要求抵押品的价值不是唯一的。

### 三 知识产权质押融资的激励相容

知识资产作为抵押品是否能够解决道德风险问题呢？答案是肯定的。知识具有公共物品的属性，容易复制，所以知识资产要对产权进行确认，形成私有化的知识产权，并得到法律的保护。同样，这种私有化的产权也可以转移。按照道理来讲，知识产权充当抵押品对于控制企业家的道德风险也会起到关键作用。假如被抵押的知识产权对于企业家来说非常重要，而且这种重要程度远远超过了其所获得贷款的价值，那么企业家就会忌惮：如果不按照事先的约定，会造成自身独有的知识产权被银行所占有，这会给自身带来很大的损失。因此，在后续的项目开发过程中，会严格按照事先的约定来确定资金的用途，并且小心翼翼。

从具体操作上来看，银行通过对实物资产抵押品价值和风险信贷规模的比例关系进行调节，来实现道德风险的最佳控制。这是源于这个比例关系涉及风险和收益的匹配，涉及风险和收益在双方的分担情况。如果科技型企业承担的风险很小，而收益很大，这种道德风险的情况将会大概率发生。如果科技型企业承担的风险较大，而收益很小，这种道德风险将会小概率存在。商业银行等金融机构通过控制一定价值比例的抵押品，进而在一定程度上制约企业家行为，最终实现激励相容，在一定程度上化解事后的道德风险。

对于知识资产来说，通过调整知识资产的价值与风险信贷规模的比例关系，当然也可以实现对道德风险的控制。其实这本质也是一种风险共担，激励相容。但是相比实物资产而言，知识资产的价值不易评估而且变动又剧烈，这就要求商业银行在签订融资合同之前，要充分地了解和防备这一点。因此，从这一点来看，出于控制道德风险的考虑，贷款额度只占知识产权价值很小的一部分。

需要指出的是，知识产权的公允价值只是知识产权属性和特征的一个维度，是控制知识产权信贷融资道德风险的一种手段。此外，知识产权的其他属性和特征对于控制道德风险也有很大作用，可以依托这些属性特征设计出很多更好的机制，甚至可以在一定程度上超出知识产权公允价值的局限。

## 第三节 知识产权的属性特征与信贷融资的激励相容

对于知识产权质押融资而言，依靠抵押物来控制道德风险的方法有必要进行深入的研究。因为并不是所有的知识产权都能够解决道德风险问题，关键在于不同知识产权有不同的属性，这些属性决定了其进行道德风险控制能否成功。科技型企业的知识产权具有不同的特征，例如不同的价值、不同的可替代性和不同的依赖性。不光是价值大小，知识产权其他的属性也会对道德风险的控制产生作用。

单纯地来看价值维度，那这个问题实质上和实物资产控制道德风险是一样的。只要知识产权抵押品的价值足够大，就能够实现对债务人的控制。如果债务人项目经营失败，银行等金融机构立刻就会依法没收抵押品，并且很容易就将抵押品在市场上处置。科技型企业的企业家经过权衡，担心会丧失抵押的知识产权，因此会全力以赴地经营好自己的项目，道德风险得以缓解。当然，在很多种情况下，知识产权的公允价值都不超过贷款金额，即使超过了贷款金额，也难以在市场上找到交易对手。在这种情况下，就得去评估这种知识产权质押能否解决道德风险问题了。

在知识产权价值不足，并且流动性不高的情况下，就要寻求知识产权其他方面的属性去控制贷后的道德风险。知识产权本身还具有可替代性。根据替代性技术的国内外相关研究，替代性技术是指能够实现相同或相似的技术功能，包含着同一领域的科学知识，遵守相同的技术标准，实现的功效或用途能够满足相同或相似的需求，在同一市场领域进行竞争，争夺同一市场份额，一项技术的获得可以消除或减少对相似技术的需求。知识产权的可替代性与道德风险的控制有密切的关系。科技型企业知识产权的可替代性越强，那么对企业本身的制约作用就越小，因为企业完全可以放弃被质押的知识产权，使用替代性技术，这样对发放信贷后的道德风险就没有多少控制能力。

此外，知识产权的属性还包括依赖性。它是指科技型企业在多大程度上依靠该技术进行生存，该技术在企业的竞争优势中处于何种战略地位。科技型企业对知识产权的依赖性越强，导致企业如果失去该知识产权，所遭受的损失就越大，这样企业便会有所忌惮，在日后的行事中小心翼翼，尽量不违反和银行达成的信贷合约。企业可能专注生产一种产品而使用一种技术，或者生产一种产品使用多种技术。如果使用一种技术，无疑对这种技术的依赖性最强；如果使用多种技术，则要看其中某一项技术是否是关键技术，对关键技术的依赖性显然强于其他非关键技术。此外，企业也可以生产多种产品而使用多种技术，每一种产品所占总体销售份额又不尽相同，这使得技术的依赖性又有很大的差异。

知识产权的可替代性和依赖性又是相互作用的，一般情况下可替代性越强的技术，依赖性就越差；而依赖性越强，会导致可替代性越差。而知识产权的这两个属性完全不同于知识产权的价值，这个逻辑也完全区别于依赖价值得到补偿的信贷学说。

科技型企业对知识产权的依赖性，也会影响该知识产权作为抵押品控制道德风险的效果。如果企业高度依赖某项技术，而这项技术的知识产权又被作为抵押品抵押给银行进行融资，这时尽管该知识产权的市场价值不及融资的金额，但是失去该项技术将会对科技型企业造成致命的打击，这时候企业的经营团队就会尽职尽责，做好相应的投资项目，这样一来道德风险得以缓解。当然，如果科技型企业对某项技术依赖性很弱，这项技术的知识产权抵押融资只能依靠其市场价值来控制道德风险。

当然，化解道德风险的机制设计，也不只有实施抵押策略一种。比如，严格的贷后管理能够在一定程度上降低信息不对称的程度；如果能够通过声誉效应机制约束债务人的行为也是积极有效的办法；还有就是以"投贷联动"的方式介入，使银行变成了股东，就可以影响企业经营和管理，这也不失为一个好办法。

## 第四节　控制道德风险的案例研究——交通银行知识产权融资的机制设计

该案例是交通银行为武汉的一家建筑节能技术有限公司提供的知识产权质押融资服务。交通银行以公司的专利权质押，以及用公司设备及房产为担保措施，并且由武汉某担保有限公司提供连带责任担保，对其提供流动资金贷款500万元。500万元的信贷资金虽然数量相对不是很大，但是却解了科技型中小企业的燃眉之急。案例的特别之处在于利用知识产权进行贷后管理，最大限度地降低了违约风险。

### 一　某节能技术公司的基本情况

某建筑节能技术有限公司是湖北武汉的一家高新技术企业，企业研发能力很强，但是规模不大，公司一直稳步发展，资金实力也有限。公司的总经理一直致力于外墙保温研究，经过多年艰苦研究发明了聚氨酯外墙保温技术并申报专利。但是公司经营一直很保守，从未在银行融资，因为公司资产捉襟见肘，所以没考虑过在银行获取资金支持。事情在2009年发生转机，该公司中标了国家发改委认定的湖北省十大重点支持建设项目——聚氨酯硬泡外墙外保温系统及施工产业化示范项目。与此同时，公司接到了3000多万元的订单。这对于企业来讲，无疑是一个重大的发展机遇，然而公司却没有足够的资金进行技术成果的产业化，提供相应的产品和服务。

### 二　交通银行的知识产权质押融资

交通银行是最早在国内推行知识产权质押融资服务的金融机构之一，在这一领域一直走在前列。作为国有大型金融机构、百年民族金融品牌，交通银行始终高度重视知识产权金融服务体系建设，并致力于加快推进科技金融改革创新。交通银行北京分行于2006年年底在全国率先推出了知识产权质押贷款这样一种全新的金融模式。交通银行总结科技型小微企业授信的痛点、难点，创新研发了知识产权质押融资新模式，努力推动知识产权商用化、产业化和金融化，竭力提供全链条的金融产品和服务，让处于不同发展阶段的科技企业都能享受到称心的服务，提升交通银行普惠金融服务竞争力。至2007年年底，仅仅一年时间，就有28个客户通过这种模式取得了2亿元左右的贷款。

交通银行的知识产权质押融资体系共有四大方面：一是交通银行自建"专利评价指标体系"，通过在法律政策风险、经营市场风险、技术风险等维度设立的多项指标，对企业拥有的知识产权进行评价，帮助客户经理筛选出有市场的专利、有成长性的科技型小微企业。二是交通银行结合自建的"专利评价指标体系"中的评价指标结果，对专利在未来一定时间内为借款企业带来的收益进行测算，用测算结果取代传统的专利价值评估，为授信额度审批提供参考。三是交通银行通过担保公司担保或政府风险分担等方式组合知识产权质押增信，可以打消金融机构的展业顾虑。四是交通银行引入担保公司与借款企业签订"反向许可协议"。当企业出现经营困难，担保公司代偿交通银行贷款后取得专利所有权，反向许可给企业使用，企业定期向担保公司支付专利费，避免直接处置专利、加速企业死亡。知识产权处置方式的变革，真正为企业解决了后顾之忧，让高科技企业能够放心大胆地去融资。

### 三　知识产权质押融资的决策和实施

眼看合同即将开始执行，资金问题仍不能有效落实。这家建筑节能公司领导开始向各大银行求助，试图通过一些特别的金融创新解决资金问题。这一企业的融资需求引起了交通银行的注意。交通银行小企业客户经理在走访园区时获取了部分资料，经过详细深入的调查，在仔细分析了公司前景及财务状况后，初步决定为该客户提供流动资金贷款，鉴于公司处于起步发展阶段抵押物价值不足，采取传统的操作方式并不能满足公司的资金需求，关键时刻交通银行小企业客户经理团队为此反复讨论制订了一套最快最优的解决方案：以公司的专利权质押及设备和公司老总黄某个人名下的房产为担保措施，由武汉某担保有限公司提供连带责任担保，提供流动资金贷款 500 万元。

随着公司壮大，国家发改委 260 万元扶持资金到位，同时加上地方政府的扶持，公司决定构建厂房。2010 年是该公司较快发展的一年，在交通银行贷款支持下，公司解决了流动资金难题，同时国家发改委及地方配套资金扶持，公司购置了 26 亩土地并建设了 2 万平方米厂房，已经成为武汉市节能保温材料的龙头企业，产品先后被富士康集团、高铁项目部、武汉市大型楼盘订购。根据客户的实际情况设计适合企业自身的担保方式，创新联合担保公司采用知识产权质押模式，解决了高新技术企业抵质押物不充足的难题，同时不定期实地察看企业，及时发现企业生产销售环节中的不足，给客户提出合理有效的建议。

### 四　该案例的经验启示

无形资产质押、有形资产担保、担保公司担保，多项举措使得该项目的风险已经降到了最低。武汉某担保有限公司由武汉市科技局发起成立，重点支持武汉市高新技术企业，并有一定的政策扶持。为了节省时间，交通银行与武汉某担保有限公司沟通后同步拟订调查报告，确保该授信在最短时间内获得审批。在银行和担保公司的共同努力下，该笔贷款在 10 天内顺利发放，解了公司的燃眉之急。

这笔贷款还有不容忽视的几点是：该公司还是起步发展阶段，公司内部管理和运营还不规范，公司的知识产权和项目也存在技术风险，公司下一步的动向仍然是不明确的，这些都有可能导致公司发展会偏离原有的轨道，甚至有可能遭受投资失败。假如项目失败，担保也可能会不起作用。担保公司连带破产的例子数不胜数。因此，交通银行以谨慎为原则，加强了贷款监管的工作。

交通银行在贷后主要采取了如下监管措施，以解决贷后由于信息不对称所引发的道德风险问题：

第一，采取知识产权质押的方式来实现激励相容，控制信贷过程中的道德风险。聚氨酯外墙保温技术专利拥有广阔的市场，并且获得了国家重点建设项目的订单。专利权就是企业的生命，没有专利就没有市场。所以该专利权质押能够有效制约借贷人，采取积极有效稳妥的方法进行经营，并尽最大努力来偿还银行贷款。如果不能够按时偿还，银行将专利处置，售卖给其他企业进行经营，那么该借款人将遭受巨大损失。

第二，关注知识产权的技术风险。交通银行关注所质押的知识产权市场动态，如果这些专利出现了技术风险，失去了市场的价值，那么贷款就会面临违约的风险。同时知识产权也失去了控制该企业贷后道德风险的作用。只有这些专利对于该企业有充分的重要性，企业才会小心谨慎地进行经营，努力还清银行的贷款。

第三，规范企业内部运营。贷款发放后交通银行客户经理不断跟踪公司运营情况，说服该公司高薪聘请了会计师事务所的注册会计师担任公司财务经理，制定了规范的财务制度，在资金使用上合理开支，节省的财务成本足以支付财务人员工资，一举两得。鉴于公司在项目建设时期，交通银行客户经理向公司建议果断舍弃一些附加值不高的外墙保温工程，仅提供保温材料，做到资金快速周转，以免资金占压。

第四，监督企业资金用途。公司在取得国家扶持资金后，为防止贷款挪用到项目建设上，交通银行客户经理要求公司财务将流动资金和建设资金分设，保证项目资金不进入流动资金，流动资金不进入项目建设，并要求客户使用10万元以上资金先汇报后使用，提供相应的销售合同及增值税发票，对不能提供增值税发票的要求客户提供购货清单及材料入库清单并实地抽查，后来这两项举措在发改委审计项目建设资金的时候得到了项目检查小组的肯定。

# 第五章 不完全信息条件下知识产权与风险信贷的机会主义行为问题研究

除了逆向选择和道德风险问题，信息不完全还会带来机会主义的问题，这一问题在知识产权信贷融资当中显得尤为特殊和重要。低执法水平造成了中国弱知识产权保护的背景，商业银行等金融机构可能存在的机会主义行为，即窃取发明者的核心机密，导致企业在事前就会放弃利用知识产权进行风险信贷。本章研究在不完全信息条件下借贷双方的博弈行为，以及采取何种方法来制约这种机会主义行为。

## 第一节 知识产权债权融资中的机会主义问题

何为机会主义行为？这一问题有何危害？信贷融资市场存在机会主义行为问题吗？专门针对知识产权的信贷融资市场，存在这样的问题吗？应该如何解决这一问题？本章节结合前人的研究，对上述这些问题进行逐一的回答。

### 一 信息经济学中的机会主义行为

机会主义行为一般指短期取利而不顾长远，获得个人利益而损害整体利益，以及不惜违法犯罪而获取好处的投机行为。机会主义行为通常是在信息不完全的情况下发生，因为人们不了解其中的信息，所以才无法事先杜绝这些隐患。在经济活动中，机会主义行为能够给经济主体带来短期甚至是长期的利益，所以屡见不鲜。正如新制度经济学家威廉姆森（1985）所说：人们在经济活动中总是尽最大努力保护和增加自己的利益。自私且不惜损人，只要有机会，就会损人利己。例如，在追求私利的时候，"附带地"损害了他人的利益，例如化工厂排出的废水污染了河流；还有通过坑蒙拐骗、偷窃等行为，损害他人的利益，如果侥幸不被发现，实施者就可以从中获利。机会主义行为使各种社会经济活动处于混乱无序状态，造成资源极大浪费，给社会带来难以估计的损失，阻碍了社会的发展。具体到管理活动中，机会主义行为会降低管理绩效，使管理目标难以达成。

机会主义行为存在的根本原因是信息不完全和人的有限理性。古典经济学和新古典经济学认为，信息是完全充分的，并且人是完全理性的。由于信息的完全，所有可能的隐患都会被杜绝。由于人具有完全理性能洞察现在和未来，以说谎、欺骗和毁约来谋取私利的行为都无从得逞。而新制度经济学认为，信息是不完全的，并且人是有限理性的，这种观点更贴近现实。正因为人是有限理性的，他不可能对复杂和不确定的环境一览无余，不可能获得关于环境现在和将来变化的所有信息，在这种情况下，一些人就可能利用信息不对称，向对方说谎和欺骗，或者其他手段，要挟对方以谋取私利。现代的商业竞争使人们为了各自的利益进行着殊死搏斗，往往采取各种手段来获取经济利益。一旦事情变得有利可图，机会主义行为便开始滋生蔓延。

机会主义则是指交易各方在签约之后利用信息不对称与信息优势，通过减少自己的要素投入或采取机会主义行为，违背合同，钻制度、政策及合同的空子，采取隐蔽行动的方法以达到自我效用最大化。机会主义行为的表现形式有很多种。从广义上来看，事前的逆向选择和事后的道德风险都属于机会主义行为。从狭义上来看，"搭便车"行为、"敲竹杠"行为、短期化行为等借助各种不正当的手段谋取自身利益、不惜损人利己的行为被称作机会主义行为。

### 二　信贷融资中的机会主义行为

在信贷融资中，机会主义行为时常出现，成为了融资的重要障碍。机会主义行为被视为在借贷过程中，由于信息不对称所产生的问题。一旦中小企业与商业银行达成融资合约之后，就释放了中小企业自由选择行动策略的空间，部分企业很可能利用自身的信息优势实施利己的投机行为。银行在资金发放出去之后，一切就会变得很被动，需要实时警惕企业的各种机会主义行为。

最简单的情形，对于企业而言，可能过度使用或者恶意损毁抵押物，导致抵押物不正常的贬值。如果抵押物是一些设备，企业在还款无望的情况下，会尽量去使用这些设备，令这些设备快速地贬值，从而获取更多的利益。然后承认无力还债，将抵押的设备丢给银行，银行此时才发现，设备的价值因为过度使用早已不足以抵偿借贷资金。如果抵押物是房产，相关企业可能在银行不知情的情况下，随意对抵押物进行售卖，导致这些抵押物流失，即便银行最终使用法律武器进行维权，也难以追回损失。企业从机会主义行为中获利，而银行在无法监督这些行为的情况下，只能坐以待毙。

再有，企业还可能通过恶意破产清算的方式逃债。当企业项目运行不利，经营出现困境的时候，就会萌生赖账的想法。于是乎，一些企业在银行不知情的情况下对资产进行清算，然后将清算后的资金转移，最后将企业破产的消息再告知银行。银行由于信息不对称一直被蒙在鼓里，银行债权对抵押资产清偿的优先权得不到保障，最终遭受巨大损失。

此外，信贷融资过程中，如果有担保机构参与，担保机构也可能采取机会主义行为。担保机构在项目出现问题的时候，以宣告破产的方式逃避担保责任。企业将借贷的资金用于项目投资，如果项目失败，这时候企业抵押物不足以偿还贷款，需要担保人或者担保公司承担部分还款的义务，担保公司趋利避害，对于收保费很欣然，但是到承担相应连带损失的时候，就心如刀绞。如果这种连带损失额度很大，担保公司就会逃避责任，采取机会主义行为，以宣告破产的方式，让银行的不良资产处置走入绝境。

最后，为了逃废银行债务，企业还可能不择手段，混淆是非，在司法诉讼环节制造各种麻烦和障碍，阻止银行追讨债务。一些信贷合同较为复杂，可能会结合其他各种事项的权利和义务，所以一时难以判定责任。再加上，某些情况下企业会编造事实、混淆是非。这会导致银行在利用司法进行维权的时候，付出极大的成本，在诉讼过程中会遇到各种各样的干扰，有时还会因为各方面的原因而败诉，银行正当权益得不到保护。

### 三　知识产权信贷融资中的机会主义行为

在以知识资产作为抵押品获取信贷的过程中，也不例外。为了获取银行的贷款，就必须让银行充分地了解知识产权的商业价值，企业家就不可避免地将技术知识传递给银行，将技术秘密暴露给银行，在有些时候甚至倾其所有毫无保留。然而，银行也是理性的经济人，如果技术成果的商业价值巨大，就不能排除银行会将这种技术成果卖给科技型企业的竞争对手，来获取利益。由于知识具有公共物品属性，很容易复制，即使银行窃密并将其出售获利，对这种犯罪行为调查取证也是相当困难的。即便是银行信守承诺，不干这些不法勾当，但是也不能保证其员工不采取窃密的行为，对于银行来讲，这是一种操作风险。巴塞尔银行监管委员会对操作风险的正式定义是：由于内部程序、人员和系统的不完备或失效，或由于外部事件造成损失的风险。因为即便是银行有严格的管控措施，也很难避免各种操作风险的发生。就目前来讲，知识产权质押融资中银行内部关于保护客户秘密的体系还不够健全。

除了银行等金融机构会采取机会主义行为以外，在知识产权质押融资过程中科技型企业也会采取机会主义行为。由于知识产权所具有的技术是无形的知识资产，很容易复制。在质押期间，科技型企业也同时掌握着这些知识产权，出质人出于自身利益考虑，经常会出现有偿或无偿转让，许可或者默许他人使用其专利权、商标专用权、著作权，这势必导致知识产权贬值的风险加大，从而不利于担保债权的实现。甚至还会发生恶意骗贷的情况：一方面，科技型企业将知识产权质押给银行，获取贷款资金，将这些资金以关联交易等方式转移，最后自己的项目失败，企业用宣告破产的方法赖掉债务。另一方面，科技型企业将所质押的知识产权有偿转给其他企业使用，但是却获得了知识产权转让的收益，使得银行在处置知识产权时，所获得的清偿价值大幅度地降低。因此，商业银行应该采取对质权的风险隔断和资金池处理，使得质物本身免受出质方破产或者诚信缺失所造成的损失。

在知识产权质押融资中，如果有担保机构加入，进行风险分担，那么，担保机构也同样存在着机会主义行为的倾向。在大额的知识产权质押融资贷款中，如果科技型企业投资的项目失败，贷款发生违约。同时，清偿知识资产又不能够收回本金，此时银行就会要求担保公司按照事先约定的比例承担风险，对违约损失进行补偿。此时的担保公司就会非常痛苦，不像当初收取保费那样豪言壮语。由于担保公司无力赔偿违约的损失，或者是其主观上不愿意赔偿这个损失，就会采取破产的方式逃避。甚至还会以"跑路"的方式处理需要偿付的大笔保单，这是某些金融机构一贯的做法和套路。

## 第二节　知识产权债权融资中机会主义行为的博弈过程

从经济学的角度来看，机会主义行为的发生最重要的还是取决于参与者的成本和收益。经济主体在动态的过程中进行决策和交互作用，最终形成稳定的均衡状态，如果采取机会主义行为是有利的策略，那么毫无疑问这个事件将会发生。在知识产权融资过程中，企业家获取了融资的收益，而银行获取贷款的利息收益。银行发放贷款获取收益是一个或有事件，如果项目顺利，银行可能收回本金并获取利息。如果项目失败，银行将血本无归。当然，银行会提前计算各种情况发生的概率，以及给银行造成的损益，然后计算期望收益。只要总的期望收益为正，并且分散风险，贷款活动就是有利可图的。所以，简单的博弈结果是，大家都获利，银行愿意发放贷款，而科技型企业愿意拿出知识产权进行质押融资。

真实的情况远远超出上述简单的描述。需要考虑的情况是，银行自身会窃取知识产权的成果，然后将其转卖给企业的竞争者，从而获得除了利息收入之外的更多收益。企业家可能会骗贷，对质押的知识产权进行非法出让。

银行和科技型企业基于各自的主观计算，做出最有利于自己的决策。如果银行窃取知识产权的机密，并将其转让而没有相应的惩罚，那么这种行为就是对银行有利的，就会发生。如果企业家融资的利益远远大于被窃密带来的损失，企业家可能会睁一只眼闭一只眼，容许这些机会主义行为的发生。如果企业家融资的利益远远小于被窃密带来的损失，那么事先就不会进行知识产权质押融资。如果企业将质押的知识产权再次进行转让售卖，并且通过关联交易转移银行贷款进行骗贷，最后以宣告破产的方式逃避债务，这些行为能够让企业受益，如果没有相应惩罚的话，那么企业将毫不犹豫地采取这种做法。而银行如果事先预料到这种情况会发生，也就不会再开展知识产权质押融资的相关业务了。

不难发现，机会主义行为也是造成知识产权信贷融资失败的关键。所以，必须对机会主义行为加以控制，融资才能够顺利地进行。为了控制机会主义行为，银行和企业就必须达成融资的契约，在这个契约中，交易双方都需付出很大的努力以防"日后不测"。如果付出的这个成本太大，超过了融资给企业带来的好处，或者超过了银行提供服务带来的收益，那么知识产权质押融资将无法顺利进行。如果给各方带来收益大大超过了这个成本，则知识产权质押融资可以开展。

## 第三节　知识产权质押融资中机会主义行为的制约

前文提及了制约机会主义的一种笨方法，就是考虑到各种"日后不测"，达成一个较为完备的契约。这种做法之所以称为是一种笨方法，就在于它所付出的成本实在太大，详尽的契约需要双方反复沟通博弈，这就耗费了很大精力，最重要的是执行契约有时候需要花费很大的成本，在一些情况下，根本无法执行。这就涉及机制优化和制度建设的问题。本节将阐述何种方式方法对于制约机会主义行为是有效的，这些方法需要何种制度保障。

### 一　"囚徒困境"中机会主义行为的治理

著名的"囚徒困境"就是一个典型的机会主义行为。两个共谋犯罪的人被关入监狱，不能互相沟通情况。若两个人都不揭发对方，则由于证据不确定，每个人都坐牢一年；若一人揭发，而另一人沉默，则揭发者因为立功而立即获释，沉默者因不合作而入狱十年；若互相揭发，则因证据确凿，二者都判刑八年。由于囚徒无法信任对方，因此倾向于互相揭发，而不是同守沉默。最终导致纳什均衡仅落在非合作点上的博弈模型。

"囚徒困境"中相互揭发是一个短期化行为，背离了双方合作共赢的良性机制。在一次博弈过程中，人们是不会为了集体的利益而有所奉献的，相反会不遗余力地追求自身的利益最大化。尽管在一些情况下博弈的结果对于集体来说往往不是最佳状态。

那么"囚徒困境"这种短视化的行为应该如何制约呢？第一，采取多次重复博弈的机制。多次重复博弈中，"囚徒困境"才有被打破的可能，在无限次重复博弈当中，每个囚徒都有惩罚另一个的方法，都能对对方上次的背叛做出惩罚，这时均衡将会无限接近抵赖，因此，威慑是解决"囚徒困境"的一种机制设计，即每个人都可以提出并实行一种有效可行的威慑。第二，达成契约实现共谋。囚徒困境在于信息不对称导致囚徒双方无法监考到对方的行为，而采取的机会主义做法。当然，如果双方能够有效沟通信息，达成合谋的协议，如果某一方违反协议，就要受到更严厉的惩罚，这样所谓的"囚徒困境"将不攻自破。第三，采取声誉效应也可以很好地破解"囚徒困境"。假定两个囚徒都是隶属一个黑社会组织，如果某一个招供，这个人被视为出卖"兄弟"，或者不讲义气，自己的声誉受损，就会受到其他的人抵制，因此，两个囚徒为了声誉带来的长远利益，而都采取抵赖的做法。

## 二　机会主义行为制约的方法

通过上述这个经典的博弈模型，可以看出机会主义行为存在多种制约的方法。总结发现，机会主义的治理机制主要包括三种方式：机制设计、契约治理与制度约束。

机制设计就是在一定的制度支持的基础上，通过采取一些必要的措施，去监督、控制或者打击机会主义行为。例如，多次重复博弈的机制。当参与人之间只进行一次性交易时，参与人采取机会主义行为的可能性更高，通过欺骗等手段追求自身效用最大化目标，其结果只能是非合作均衡。但当参与人之间存在重复多次交易时，为了获取长期利益，参与人通常需要建立自己的声誉，一定时期内合作均衡能够实现。作为动态博弈的交易过程，交易环境的稳定与否，对交易者而言非常重要。如果说在长期的重复博弈交易与契约执行过程中，还存在着相互适应、改变策略的许多机会，采取动态跟随策略，参照对方不断调整自己的战略和策略以获得"双赢"博弈结果的机会，而在即将结束的交易或为数有限的利益互换的交易中，参与者则更有可能采取"一锤子买卖"的方式，以"先下手为强"的策略防止"后下手遭殃"的结局。

契约治理是指通过契约条款界定合作方的权责关系与履约程序，旨在遏制个体在签约后的机会主义行为。有限理性、不完备与不对称信息、机会主义行为的存在，需要签订契约去处理，契约将各种机会主义行为纳入其中，明文规定加以防范，但是不确定性和复杂性也降低了契约解决机会主义行为问题的能力。此外，契约的签订和实施不再是无代价的。如何低成本、高效率地防范契约关系中各种形式的机会主义行为，成为组织与合同中对经济主体进行激励、监督的出发点。由于有限理性的存在，使得法律制度不可能十分完善，契约的设计也不可能估计到所有问题，法律制度的不完善给契约的执行造成了困难，因此，诸多契约的执行都依赖于交易双方的合作性交易关系和法律之外的"人质、抵押、触发策略、声誉"等这些保障机制。

制度的一个非常重要的功能就是约束人的机会主义行为，当违反了相关的规定，就要受到相应的惩罚，这个规定就是制度。如果违反制度约定，实施相应的惩罚就是制度执行。人类的经济生活在制度下井井有条，形成所谓的秩序。当今的经济环境和经济行为复杂多变，在各种情形下机会主义行为都有滋生的土壤，这就要求制度进一步精细化，在此基础上的机制设计也更加复杂。如果对某些机会主义行为没有相应的规则或条例予以规范，从而使人们的某些行为得不到有效的约束，这时我们就认为制度中存在漏洞。制度漏洞会导致机会主义行为失控，给社会造成危害，比如某些干部的腐败问题、经营行为的规范问题、社会诚信问题等。在当前知识经济环境条件下，由于人们知识水平和能力的普遍提高，他们的需求进一步提高和多样化，期望效用的内涵更加丰富，进而导致机会主义行为也更加复杂多样，从而对制度的要求更高，也因此增大了制度设计的难度。

### 三　知识产权质押融资中机会主义行为的制约

对于商业银行在知识产权融资过程中的机会主义行为而言，可以采取机制设计、契约协定和制度约束这三个方面进行治理。

银行与保险业监督委员会也要对银行等金融机构在知识产权抵押融资过程中的窃密行为加以约束和惩戒，建立和健全相应的机制。将知识产权质押融资中的知识产权纠纷列为银行的风险管理评价和声誉评价指标，让银行重视自身的声誉。国家和地方知识产权局也要呼吁严格落实知识产权保护的政策，维护科技型企业合法正当的权益。中央和地方执法部门也要设立专门的知识产权侵权调查机构、知识产权法院和知识产权纠纷仲裁机构等，降低科技型企业知识产权维权的成本。

此外，也可以通过发挥声誉效应机制的作用制约金融机构的机会主义行为，声誉日益成为我国银行等金融业生存竞争的重要因素，中国又处于转型时期，社会情绪有易变性和脆弱性，所以声誉风险相对于市场风险、操作风险而言又是一种非常特殊的风险，任何负面的事件都在社会上容易产生一定的共鸣，从而对金融机构构成致命的打击。如果商业银行等金融机构在知识产权信贷融资过程中采取窃密等机会主义行为，或者由于内部控制问题而出现窃密的情况，都会对其声誉造成严重的伤害，进而影响相应的业务。

通过签订保密协议，来防止商业银行在知识产权融资过程中泄露企业的技术机密。法律对商业秘密的概念做了明文规定，在具体实施中，某一信息是不是商业秘密，权利人、侵权人和法院可能会有不同的理解。但是把技术、工艺诀窍和产品配方等认定为商业秘密，一般人还比较容易接受。如果权利人和侵权人在事前签有保密协议，明确商业秘密的名称、范围及其他条款，并且这些条款与现行的法律法规没有抵触，权利人仅凭协议就能证明特定的信息是自己的商业秘密，使自己在诉讼中处于非常有利的地位。因此，保密协议的签订是商业秘密保护中的最重要环节。

通过完善专利法等强化知识产权保护是对机会主义行为的有力制约。知识产权保护包括立法和执法两大部分。如果银行等金融机构在知识产权质押融资过程中侵犯了科技型企业的知识产权，并且给其造成了损失，科技型企业能够有法可依，通过执法部门的执法，维护自身正当的合法权益，对侵权者进行必要的惩罚。知识产权法律制定严格，专利保护宽度足够，执法部门执法有力，调查取证的成本能够接受，并且惩罚的力度足够大，这些都能够在一定程度上杜绝知识产权信贷融资过程中的机会主义行为。

对于科技型企业在知识产权融资过程中的机会主义行为而言，也可以采取机制设计、契约协定和制度约束这三个方法进行治理。

首先，可以采取机制设计来制约科技型企业的机会主义行为。通过建立企业家个人信用体系以及企业信用体系来实现。如果企业在知识产权质押融资过程中恶意逃债，非法转让出卖抵押品，这样的不良行为应该被记录到企业家个人信用体系当中。当这些人在创办企业的时候，这些不良的信用记录会让这些企业家寸步难行。如果相关的科技型企业发生逾期或者违约等不良行为，这些记录也会让企业后续的发展面临诸多的掣肘。这就是社会信用体系建设的作用。信用体系就是一个典型的将短期行为决策长期化的机制，可以较好地杜绝短期利益导致的机会主义行为，能够极大地提升融资的水平。

其次，银行可以通过订立详尽的契约来制约科技型企业的机会主义行为。在契约中，规定企业资金使用的用途，防止企业通过关联交易转移资金；在契约中，规定使用有较高价值的知识产权抵押品进行抵押，并且要求企业不得将该知识产权转让或者出卖，只能自己使用，如果企业采取违反约定的行为，银行将依法追究其责任；在契约中，采取连带担保的方式，防止企业以破产的形式逃债，或者直接"跑路"，担保机构要有相当的资质，这样可以防止担保机构也采取机会主义行为。

最后，可以通过建立相应的制度来约束科技型企业的机会主义行为。例如，可以规定在知识产权质押融资过程中，企业无权转让和变卖该知识产权，企业如果采取这种行为，需要进行赔偿，如果无力赔偿，需要负刑事责任。可以规定企业通过关联交易恶意骗贷是违法行为，需要负相关的责任。周全疏密的法律，会考虑到知识产权质押融资过程中的各种机会主义行为。严厉地惩罚和有效地执行这些法律，会对机会主义行为者产生震慑的效果，能够较好地解决在融资过程中出现的各种类似问题。

## 第四节　窃取知识产权的机会主义行为案例
### ——光达化工的窃密事件

公司的业务骨干出走，带走公司大量商业机密和客户资源，然后另立公司与老东家竞争，这样的例子数不胜数。但是，依据现在的《反不正当竞争法》，这样属于侵犯原公司的商业秘密，是违法行为。不仅公司员工能够接触并掌握公司的机密信息，商业银行等金融机构在知识产权质押融资过程中，也能够接触并掌握这些信息。科技型企业在游说商业银行等金融机构进行知识产权质押融资的时候，就必然会将一些关键的信息传递给它们。因此，不能排除商业银行等金融机构采取窃密的机会主义行为。

## 一 潜入公司内部，接触核心机密

该案例讲述了张某利用在高新技术企业担任总经理助理、研发中心主任的职务便利窃取商业机密的经过。这家高新技术企业叫作光达化工，公司成立于2007年，是一家专门从事载冷剂研制和生产的国家高新技术企业。2009年12月，光达化工就盐水缓蚀剂研发项目进行立项研发。2009年至2011年，光达化工组织相关技术人员对该项目开展了长达两年的研发工作，最终于2011年6月成功结项。

而在2010年4月，张某与光达化工签订劳动合同，被聘任为该公司总经理助理、研发中心主任，负责公司管理和产品技术研发工作，张某与光达化工签订了保密协议。张某任职期间，光达化工研发抑制碳钢盐水腐蚀的环保高效缓蚀剂，张某在工作中接触并掌握了盐水缓蚀剂配方信息、技术数据等。

## 二 窃取商业机密，另立公司

2010年，张某尚在光达化工任职期间便开始筹备成立思曼泰化工，并对外将思曼泰化工以"SMT"为简称进行系列产品宣传。2010年11月，张某对外宣称光达化工的"盐水"与思曼泰化工的"碳钢盐水腐蚀的环保高效缓蚀剂"产品属于同一技术领域实现同一功能的同一种商品，具有高度涵盖性。

张某为了获取该项技术的知识产权，抢先进行公正检测，抢先进行专利申请。2010年12月，张某以思曼泰化工的名义向上海材料研究所检测中心送检"SMT"产品，将盐水添加剂进行腐蚀浸泡试验并获得检测报告。2012年，张某以思曼泰化工为申请人提交"抑制碳钢盐水腐蚀的环保高效缓蚀剂及其制备和使用方法"发明专利申请，2014年1月该发明专利申请被公开。

2011年4月，张某从光达化工离职后，于同年6月与其妻子王某共同出资50万元成立思曼泰化工，经营与光达化工相同的业务，并违反与光达化工签订的保密协议，利用在光达化工所掌握的技术信息、经营信息，公开销售与光达化工相同及类似产品，抢占光达化工的已有市场和客户。

## 三 窃密事件败露，诉讼维权

光达化工很快发现市场上出现了自己的同类产品，意识到了自己的技术秘密已经外泄，经过一番调查，也弄清楚张某的思曼泰化工是主要的侵权法人。因此，光达化工拿起了法律的武器，维护自己的正当利益。

针对张某提交的上述发明专利申请，光达化工向上海知识产权法院提起诉讼，请求法院判令该发明专利的申请权归该公司所有。经审理，法院一审判决上述发明专利申请是张某在光达化工工作期间执行该公司任务时所完成的职务发明创造，据此一审判决确认该发明专利的申请权属于光达化工。思曼泰化工不服一审判决，向上海市高级人民法院提起上诉，但法院于 2016 年 9 月终审驳回其上诉。至此，张某通过提交发明专利申请的方式披露技术秘密"抑制碳钢盐水腐蚀的环保高效缓蚀剂及其制备和使用方法"的事实，被法院终审确认。

在知识产权案胜诉后，光达化工认为张某通过不正当手段获取该公司的商业秘密，披露、使用并允许他人使用该商业秘密，主观上存在故意，对光达化工造成了巨大的经济损失与经营危机，构成侵犯商业秘密罪。因此，光达化工又以侵犯商业秘密罪向公安机关报案，要求公安机关进行调查，并起诉。

2015 年 2 月，张某因涉嫌侵犯商业秘密罪被朝阳市公安局刑事拘留，同年 3 月经朝阳市人民检察院批准被依法逮捕。同年 6 月，张某涉嫌侵犯商业秘密罪一案由朝阳市公安局移送至朝阳市双塔区人民检察院审查起诉。经审理，双塔区人民法院认为，张某在经营思曼泰化工的过程中，利用其在光达化工工作期间所掌握的该公司经营信息，抢占光达化工的已有市场和客户，给光达化工造成经济损失 279 万余元，后果特别严重，其行为已构成侵犯商业秘密罪。据此，法院判处张某有期徒刑 3 年 6 个月，并处罚金 100 万元，赔偿光达化工经济损失 279 万余元。据悉，光达化工此前已通过上海市高级人民法院的终审判决，于 2017 年 7 月从张某控股的上海思曼泰化工科技有限公司拿回相关发明专利。

**四　该案例的经验启示**

光达化工对于商业秘密的保护，既没有采取相关的机制设计制约内部人员，也没有采取防范措施加以保护，另外，也没有订立有效的保密契约去约束关键的研发人员，这最终导致公司的核心机密被窃取，企业的商业利益因此而受损。还好我国的相关法律制度完备，在一定程度上明令禁止了该行为，并且窃密事实比较清晰，证据充足，所以相应的执法也比较顺利，没有花费企业太多的成本。最终，企业的合法权益得到了有力的保障。

上述这个案例是一个惨痛的教训，告诫了那些为了商业利益而采取机会主义行为的人，法网恢恢，疏而不漏。同时，也警示了人们，窃取商业机密的机会主义行为随时有可能发生。商业秘密、技术秘密、研发成果是高新技术企业的"生命"，已经成为企业核心竞争优势的重要组成部分。从该案可以看出，通过各种便利，能够相对容易获取这些机密的信息，不法之徒在巨大利益的诱惑下，往往采取各种冒险手段窃取这些机密。

在知识产权信贷融资过程中，商业银行等金融机构也有很多的机会去充分接触其至获取这些机密，如果不加以约束，很有可能通过各种方式和各种手段，侵犯科技型企业的利益。我国对科技创新成果及企业商业秘密等知识产权的保护力度正在不断加大，这也给高新技术企业的技术秘密管理、商业秘密保护敲响了警钟，需要引起企业高度重视。

# 第六章 不完全信息条件下知识产权与
# 风险信贷的整体效果研究

从经济实践来看，知识产权的信贷融资业务开展得如火如荼，世界各国的政府都在此处着力，各国科技型企业的融资约束因此不断得到缓解。本章将介绍知识产权信贷融资的整体情况，包含世界的发展状况和我国的发展状况。同时，也介绍国内外的相关学者对于知识产权信贷融资的经验研究，重点介绍基于克服信息不对称而使得知识产权信贷融资取得进展的经验证据。

## 第一节 我国知识产权信贷融资的基本情况

国内知识产权融资的较早实践可追溯到 2006 年华谊兄弟的《集结号》电影版权质押融资。华谊兄弟的《集结号》是国内第一个无实产抵押，也没有第三方担保机构，仅用版权做质押的融资案例。在该案例中，除了电影版权，华谊兄弟的掌门人王中军抵押了自己的全部身家，出让演员核定权及财务控制权，采取循环报账制，在拍摄完工后以全球放映的票房收益权质押替换版权质押，以便华谊方面可以进行片花预售和公开放映。在该融资结构下，获得了招商银行 5000 万元贷款。影片上映之后，根据双方的协定，票房收入的回款陆续打入招行的专项账户，并且偿还招行贷款。第一笔贷款从 2006 年 8 月开始发放，利率在央行的基准利率基础上上浮了 10%。至 2008 年第一季度整个项目结束时，华谊兄弟连本带利归还了招商银行 5500 万元左右。

国家知识产权局知识产权发展研究中心的《中国知识产权发展状况评价报告》显示：从 1996 年开始到 2007 年，我国知识产权质押融资金额合计不足 60 亿元，各地虽然有零星的专利权质押融资业务，但市场整体热情不高。2014 年以后，知识产权质押融资有了长足的进步。2015 年全年专利权质押融资金额 556 亿元，同比增长 13.06%。2016 年全年专利权质押融资金额 433 亿元，同比下降 22.2%；专利权质押融资项目数 3605 项，同比增长 22.1%；在质押项目金额突破 1 千亿元。全年商标专用权质押登记申请 1410 件，同比增长 20%，融资金额 650 亿元。2017 年，全年专利申请权与专利权转让数量 19.5 万件，同比增长 41.3%；专利权质押融资金额 720 亿元，同比增长

65%；全国共办理著作权质压登记299件，涉及主债务金额29.74亿元。全年专利实施许可合同金额33.6亿元，同比增长16.1%。2018年专利权、商标权质押融资总额达到1224亿元，同比增长12.3%。2019年，我国专利权、商标权质押融资总额达到1515亿元，同比增长23.8%。其中，专利权质押融资金额达1105亿元，同比增长24.8%，质押项目7060项，同比增长30.5%。

我国幅员辽阔，地区差异显著，不同区域知识产权质押融资的情况也有很大区别。根据2014—2018年的《中国知识产权发展状况评价报告》，专利权质押融资作为知识产权运用效益指标对知识产权发展状况进行评价。从区域和局部来看，东部沿海的发达省份知识产权质押融资的金额总体偏多。2018年度，经济发达的省市广东知识产权质押融资的金额最多，达到了200亿元；浙江省和北京市紧随其后，为100亿元左右；安徽、福建和山东等经济大省在50亿元左右；天津、河北、内蒙古、陕西、湖南次之，大概在25亿元左右；而我国东北和西部的省份知识产权质押融资金额不多，大多数不足10亿元。

## 第二节　世界各国知识产权信贷融资的基本情况

美、欧、日等发达国家的知识产权质押融资体制已日臻成熟，知识产权融资已成为发达国家科技型中小企业融资的重要形式。在美国涉及专利诉讼的庭审案件中，企业破产需要清偿债务，专利作为质押融资处置的一种手段，也逐渐发展成熟起来。传统财务模式对于无形资产抵押的怀疑态度，随着庭审权威实践与参考判例的丰富，也逐渐消除。

美国的知识产权质押融资制度历史悠久，具有明确的法律依据，是知识产权质押融资实践中最为成功的国家之一。早在100多年前，大发明家爱迪生利用他的专利作为抵押品借钱创办通用电气公司，这是较早的使用专利作为抵押品的做法。2008年，美国的Dyax公司以其生物医药专利"噬菌体展示技术授权项目"向Cowen公司贷款5000万美元，紧接着双方依然围绕该项目达成第二笔8000万美元的贷款项目（丁锦希等，2012）。一方面，美国出台《中小企业投资法》《机会均等法》等多部法律，为企业创新提供了项目支持与税收优惠，为质押融资提供了良好的培育土壤。另一方面，配套的金融服务为知识产权质押融资制度的风险控制，提供了完备的分担与处置通道。如美国中小企业管理局（SBA）以提供再担保服务的方式，和担保机构共同为中小企业的知识产权质押融资提供担保，目前在中国也得到了一定程度推广。美国的知识产权增信公司通过与商业银行签订回购协议，对申请专利权质押融资的企业提供信用增强服务，并完善了知识产权的处置通道，专利权质押融资的覆盖面上具有相当的广泛性。

到 2013 年，已有 38% 的美国专利持有公司申请了专利权质押融资。在 2009 年，硅谷科技银行通过知识产权抵押和担保的方式，每年为初创企业提供超过 50 亿美元的风险信贷。从当年的数据来看，美国仅在硅谷这一地区的知识产权信贷金额就超过了我国全年的总金额。Robb & Robinson（2014）的调查显示，在美国 200 家初创的科技型企业中，以知识产权进行抵押、质押及担保进行的风险信贷占启动资金的 25%。总体上，美、日等发达国家的科技型中小企业知识产权融资额占动产担保融资的比例就达 50% 以上，充分地为这些新生企业提供了资金支持。

日本主要通过信用保证协会与政策投资银行为企业提供知识产权质押融资支持及服务。其中，日本全国的 52 家地方信用保证协会为中小企业贷款或发债提供担保，协作银行中小企业贷款本金的 80% 提供担保，银行自担贷款本金 20% 的风险。从 1995 年到 2007 年，日本开发银行分配了大约 250 项由知识产权资产支持的贷款。

韩国政府一直在积极推行与知识产权融资有关的政策，近年来该国的知识产权市场一直在快速发展。韩国将利用众筹来帮助企业进行直接知识产权投资，并鼓励金融机构将知识产权转换为抵押品为企业进一步提供资金来完成"输血"。韩国将不断完善与专利货币化有关的法律和制度，以允许金融机构（不仅仅是企业）直接拥有专利。2020 年 7 月，韩国知识产权局（KIPO）表示，韩国计划到 2024 年将其知识产权金融投资市场的规模扩大到 1.3 万亿韩元（约合 10.8 亿美元），以帮助企业应对新型冠状病毒肺炎疫情所引发的流动性问题。

## 第三节　对知识产权信贷融资的经验研究

用统计与经济计量的方法，实际检验理论观点和推导逻辑，是经济研究和管理研究必不可少的环节。如果光有理论而缺乏实践检验，就犯了形而上学的错误。因此，对于知识产权信贷融资的研究，也涌现出很多优秀的实证研究。学者们从不同的视角、不同的层面和不同的区域等对于知识产权与风险信贷的关系进行了检验。

Fischer & Rassenfosse（2011）在一个开创性的研究工作中，讨论了涉及专利作为抵押品的金融机构决策。他们对银行的调查表明，科技型企业持有关键的专利增加了其获得风险贷款的可能性，但只有当借款人的财务业绩证明是合理时，专利才会取代有形资产作为抵押品。但是，该研究并未考虑有关专利评估价值的影响。因此，它无法揭示哪些特征使专利可以作为抵押品。

Fischer & Ringler（2014）进行了一项研究，揭示了专利的哪些特征会增加其作为抵押品借款的可能性。通过将抵押专利作为实验组与随机抽样的专利作为控制组进行比较，他们发现具有高价值的专利，并且这种专利并非专用性资产，对获取贷款而言至关重要。另外，他们将质押的专利与整个随机的样本进行比较发现，具有专用性特征的专利价值往往被低估使用，所以知识产权的专用性不利于融资。此外，该研究还认为，质押专利本身所具有的特征可能是企业选择寻求专利权质押贷款的内生动因。

Shleifer & Vishny（1992）研究发现，具有高度通用性的专利应该比其他专利更具流动性，也更适合进行知识产权质押融资。在替代使用方面，在创新研究中讨论的"通用技术"有资格称为"可重新部署的资产"，因为它们在不同领域有广泛的应用。"通用技术"可以在多个终端市场获得许可，而不会加剧许可证持有者之间的竞争，并且可以为每个许可证设置较低的版税，从而增加成功交易的可能性。因此，这种"通用技术"具有高度的流动性，同时也具有很高的市场价值。这样的专利更适合拿来进行知识产权质押融资，因为银行不用担心贷后的处置问题。

Shleifer & Vishny（1992）还提出，专利资产的价值来源于两个方面：第一，专利具有固定期限。当其到期时，其价值将显著下降。因此，专利资产的清算应及时执行。第二，专利的预期价值可以合理地与通过诸如贴现现金流量等方法评估的内在价值相关联。因此，专利流动性可以定义为专利可以以合同价格清算的概率，清算价值可以很容易地解释为内在价值乘以流动性。

Sun & Hu（2009）的研究提出了一个重要的问题：传统的风险控制理论认为，抵押品的基本功能是作为违约风险的抵消，因此即使项目失败，银行将抵押资产清算也能够保证本金的收回。为了控制风险，传统的贷款对抵押品的"内在价值"有很高的要求，所发放的信贷资金一般不超过抵押物价值的50%，但是知识资产有时会获得更高比例的资金支持，这显然是传统的风险控制理论所不能够解释的。

Fischer 和 Rassenfosse（2011）研究认为，企业持有关键专利增加了获得风险贷款的可能性，但只有当企业的财务业绩证明贷款合理时，知识产权才会取代有形资产作为抵押。Fischer 和 Ringler（2014）通过将抵押专利与随机样本控制组进行比较，发现专利质量对贷方而言至关重要，并且发现知识产权的特征是企业选择寻求专利支持贷款的内生因素。

Alimov（2019）对48个国家的中小企业贷款进行了研究，发现在这些国家内，大量的企业通过知识产权筹集了债务资本，此外，这些国家知识产权制度的改进会影响它们国内科技型企业的整体信贷，包括融资金额、融资期限和融资成本。这个研究说明知识产权制度已经构成了科技型企业债权融资所需环境的一部分。

Fischer & Ringler（2014）使用一个新的数据集对美国专利权质押进行了相应的研究，结果表明，属于基础技术的专利最容易实现质押融资，而专利的其他相关特征起到的作用微乎其微。这意味着放款人利用专利为高质量的技术提供担保，在违约的情况下，这些技术可以被重新部署到类似技术领域的企业中。而 Dang Jianwei & Kazuyuki 认为该研究中的内生性没有得到很好的解决，可能会导致估计结果有偏。

## 第四节　基于信息不对称理论的经验研究

尽管不完全信息的测度十分困难，很多学者还是从不完全信息的视角对知识产权的信贷融资进行了经验研究。其中，一些学者采取分析师盈利预测的差异、知情交易的概率、股票买卖价差等指标作为不完全信息的测度指标，直接对知识产权融资过程中的信息不对称问题进行研究。也有学者采取间接的方式检验知识产权信贷融资市场的信息不对称问题。譬如，他们探究了专利的质量、企业情况、政府揭示信息的政策等因素对于知识产权信贷融资的影响。

郑莹和张庆垒（2019）认为，专利作为一种信号可以帮助企业进行融资，特别是利用专利权质押进行债权融资，能够解决融资过程中的信息不对称问题。他们着重探讨了中国情境下的信号环境对专利权质押融资的影响，所谓的中国情境的信号环境，就是指各地推行的专利权质押政策。该文章采取广义双重差分法进行检验，结论认为只有发明专利有助于企业融资，并且这种正向作用依赖于推行相关政策的经济环境。该结果意味着政策效果的发挥还依赖于市场完善度，投资者对信号的认可度受到制度和市场环境的共同影响。

中国专利权质押融资数量的激增引起了人们的好奇和关注。尽管信息不完全的问题严重存在，专业评估和风险控制能力严重缺失，中国的金融机构如何做到这些成绩，是一个有趣的问题。Dang Jianwei & Kazuyuki（2015）利用中国抵押专利的新数据集，探讨了哪些因素会促成科技型企业利用知识产权进行债权融资。他们使用倾向得分匹配方法控制公司申请专利抵押贷款的意愿，建立 Logit 模型进行了检验。研究发现，具有更大专利家族、更广泛的索赔范围、更多异议记录和更简单但广泛适用的专利更容易接受作为抵押。由于金融机构和专利持有人之间的信息不对称，该实证研究结果至少可以部分消除由于专利抵押贷款可能成为"柠檬市场"的持续担忧。

龚瑶嘉和张莉（2019）研究了新三板科技型企业专利权质押贷款的决定因素。从专利特征、企业经营特征和外部环境三个维度对专利权质押的决定因素进行了研究。她们认为现有专利权质押价值评估指标体系不完善、指标量化难度大、主观性较强等问题制约了质押专利评估的准确性，能够在一定程度上解决信息不对称的专利特征更有利于融资。在企业经营特征方面，中小企业缺乏大型企业信贷融资所必需的信息优势，她们认为与信息成本相关的企业经营特征有助于融资。在外部环境中，金融环境、市场环境、政府激励政策等影响融资。她们的研究结果表明，专利属性是影响专利权质押融资额度最重要的影响因素，专利权质押数量越高，质押发明专利占比越高、权利要求数越多、专利文献页数越多，企业专利权质押融资额度越高。在企业属性中，银行更看重企业的规模、年龄、偿债能力。企业研发投入高，有时反而会在短期内拖累企业现金流。在质押过程中，有第三方参与担保的质押模式会为企业和银行分担更多的风险，从而有助于专利权质押贷款的获得。

# 第七章  基于生命周期视角的知识产权与风险信贷的效果研究

处于不同生命周期的企业信息不完全的程度是不一样的。初创企业的特征是在未来一定时间内拥有一定的知识资产和存在较少的现金流，股权投资者的先行介入缓解了信息不对称程度，促成了风险信贷的发生。成长期的科技型企业的特征是不仅存在一定知识资产也存在一定的现金流。根据信息经济学模型，揭示知识产权特征（市场价值、流动性、专用性和依赖性等）对缓解科技型企业风险信贷信息问题的作用。另外，成熟的上市公司面临的信息不对称问题相对较小，知识产权信贷融资相对透明一些。

## 第一节  企业不同生命周期中不完全信息的克服

企业的发展都会经历一定的阶段，这些阶段有大致相同的特征。一些学者就将这些企业的历程看作企业的生命周期。企业在不同的生命周期，所产生的信息不完全程度不一样，这决定了企业的融资结构、融资方式和融资风险也不一样。

### 一  企业不同生命周期的不同融资需求

企业生命周期的研究始于 20 世纪 50 年代，Mason Haire（1959）就用生物学中的"生命周期"观点来看待企业，认为企业发展过程中会出现停滞、消亡等现象。Adizes（1989）指出，企业生命周期是指企业产生、发展和成长的动态轨迹，一般可分为初创期、成长期、成熟期和衰退期四个阶段。每一个阶段都有着不同的特点，企业的经营活动和状态都不太一样。初创期的企业主要是求生存，成长期的企业主要是求发展，成熟期的企业主要是求稳定，而衰退期的企业主要是求转型。企业在不同的生命周期所采取的融资方式也不一样，初创期的企业主要依赖内部融资、天使投资和风险投资基金的支持，成长期的企业主要依赖私募股权基金和银行信贷支持，成熟期的企业主要依赖上市股权融资和银行信贷支持，而衰退期的企业主要靠股权转让和银行信贷支持。

## 二　企业不同生命周期的信息不完全程度

企业所处的每一个生命周期是企业综合情况的体现，是企业从无到有整个生命历程中特定时期特殊的生存状态。那么，如何判定企业处于哪一个生命周期呢？一般情况下，简单地判断企业的生命周期可以从现金流角度入手。不同生命周期，企业的目标、企业的规模、企业的经营状态和企业的生存环境都存在着显著的差异。

不同生命周期的企业与银行等金融机构之间的信息不对称程度是存在很大差别的。不难理解，市场对不同生命周期的企业的验证程度是不一样的。如果是初创企业，显然还需要不断地经受市场各方面的考验；如果是成熟期的企业，企业提供的产品与服务已经被市场所接受，并且已经经受住了竞争对手的冲击。如果是未上市的企业，在很多方面都无须向社会披露；而如果是上市企业，就得将企业绝大部分信息对外公布。

此外，在知识资产的价值评定方面，信息不完全也有显著的差异。初创期的科技型企业由于所具有的知识产权本身也是在尝试，它们探索这些技术和服务是否能够成功地产业化，是否能够成功地被市场认可实现商业化。对于银行等金融机构而言，这些知识资产的市场价值有极大的不确定性，因此它们不敢贸然提供风险信贷。对于成长期的科技型企业而言，它们拥有的技术和服务已经成功地在市场上商业化，能够为这些企业带来稳定的现金流，所以这些知识资产的价值一般较容易得到认可。而处于成熟期和衰退期的企业，它们所拥有的技术和服务，是否是企业拥有的核心技术和服务，这些技术和服务能否在市场中长期保持竞争优势，这些都是需要进行深入研究和专业判断的问题，这在一定程度上又引发了较大的信息不完全。

处于不同生命周期的企业，信息不完全程度也不一样，因此企业在不同生命周期的融资需求和融资途径不同，也会影响到企业资本结构的变化（安广实和丁娜娜，2020）。所谓的资本结构，是指企业各种资本的价值构成及其比例关系，是企业一定时期筹资组合的结果。企业一定时期的资本可分为债务资本和股权资本，也可分为短期资本和长期资本。资本结构的调整速度随企业成长速度的加快而变快（Drobetz & Wanzenried，2006）。

## 三　不同生命周期企业的特点

### （一）初创期—企业的特点

先来看初创期的企业。初创期的企业，往往是刚成立不久的企业，初创期的长短因企业的不同而不同。那么如何去判断企业是否处于初创期呢？从现金流来看，当科技型企业经营活动现金净流量为负数、投资活动现金净流量为负数、筹资活动现金净流量为正数时，表明该企业处于初创期。在这个阶段企业尚未形成生产能力，市场尚未开拓成功，甚至新产品尚在研发之中等，当前企业需要投入大量资金，其资金来源除了依靠自由资金的内部融资之外，主要还是靠举债、股权出让等外部融资。

初创期的企业需要大量资金，但是短期不一定有回报，是典型的烧钱阶段。拿网约车企业为例，发展初期，在没有盈利的情况下，各路资本竞相追逐这个市场，一度杀红了眼。在腾讯支持下滴滴启动打车红包，日送400万元，开启全民狂欢。背靠阿里的快的迅速跟进，网约车补贴大战就此拉开帷幕。战事迅速进入高潮，双方补贴力度惊人，打车比坐公交还便宜，甚至完全免费。4个月双方烧钱20亿元，未分胜负。最终，滴滴和快的握手言和，宣布合并。然而，事情并未就此结束，世界舞台春风得意的巨型独角兽Uber挟全球资本杀入中国，以巨量补贴推出人民优步。杀红眼的滴滴反身与Uber展开又一轮恶战。滴滴在中国市场损失100亿元人民币，Uber损失10亿美元。大战终局，滴滴收编人民优步。

处于初创期的企业，具有极大的信息不完全，主要是因为初创期的企业并没有产生实质性的收益，很多东西就连企业家自己也在探索之中。初创期的企业，生存面临极大的考验，由于所采用的新产品和新服务尚未被经济社会所验证，再加上诸多竞争对手的打压，使得这些企业面临极大的风险，所以这些企业面临着"死亡谷"，大多数企业没有渡过这个"死亡谷"。这个阶段的企业是风险资本进行投资的主要对象，风险投资者对于所投的项目做好了九死一生的准备。

既然如此，商业银行还会对初创期的企业进行债权融资吗？该阶段的企业知识产权信贷融资符合融资规律吗？源于企业的融资偏好和企业的基本情况，在这个阶段也会存在债权融资。债权融资和股权融资各有利弊，不同的企业肯定是存在不同的偏好的，这是从需求的角度来讲。初创期的企业大多数情况下，可能不得已采取股权融资，因为债权融资的条件在很多情况下是不具备的。融资的前提是能够给投资方带来预期收益，投资初创期的企业这种风险收益特点很适合股权投资，而非债权融资。但是这也不能排除初创期的企业在某些情况下可能具备债权融资的能力。拥有高价值市场潜力大的知识产权，就能够帮助初创期企业实现债权融资。

**（二）成长期企业的特点**

顾名思义，成长期的企业是企业在经历了初创期的挣扎之后，存活下来，并且开始迅速地发展壮大。从现金流来看，当科技型企业经营活动现金净流量为正数、投资活动现金净流量为负数、筹资活动现金净流量为正数时，可以判断企业处于高速发展期。在这个阶段企业已经成功跨过"死亡谷"，开始了高速增长的阶段。企业的产品和服务被社会所接受，这时产品迅速占领市场，销售呈现快速上升趋势，表现为经营活动中大量货币资金回笼；同时，企业经受住了竞争对手的打压，会进一步乘胜追击，扩大市场份额。所以企业仍需要大量追加投资，而仅靠经营活动现金流量净额可能无法满足所需投资，必须筹集必要的外部资金作为补充，表现为投资现金流依然还是负数，筹资现金流为正数。

处于成长期的企业，信息不完全在一定程度上降低，因为起初的概念设计和虚拟论证已经逐步地转化为现实。人们已经能够观察到企业在快速地发展壮大，产品和服务不断被市场认可，企业规模不断壮大，技术水平不断改进和提升，人员素质越来越高，企业利润越来越大。这一切印证了很多猜想和假设，充分证实了相关的信息。但是，这并不表明企业的发展是一帆风顺的，一定是符合人们预期的，成长期的企业也存在风险。人们期待成长期的企业快速地发展壮大。然而，这种快速地发展壮大需要很多条件，并不是每一个企业都会取得十分骄人的成绩。这就致使最终的结果会与人们的预期有所偏差。这也从侧面说明了该阶段的企业仍然存在着较大的信息不对称。

对于成长期的企业而言，也无外乎权益性融资和债务性融资两种融资方式。不同成长期的企业，融资能力较强，融资模式也多种多样。权益性融资可以进行 VC、PE、资本市场上市等，权益性融资构成企业的自有资金，投资者有权参与企业的经营决策，有权获得企业的红利，但无权撤退资金。债务性融资可以进行银行贷款、发行债券和应付票据、应付账款等。例如，利用供应链的融资就至少存在 10 种模式，包括订单融资、动产融资、仓单融资、保理、应收账款融资、保单融资、法人账户透支、保兑仓融资、金银仓融资、电子商务融资。当然，成长期的企业进行知识产权信贷融资也是其中一个债务性融资选项。债务性融资构成负债，企业要按期偿还约定的本息，债权人一般不参与企业的经营决策，对资金的运用也没有决策权。

### （三）成熟期企业的特点

成熟期的企业是指企业不再高速增长，而是步入稳定增长阶段。从现金流上来看，当科技型企业经营活动现金净流量为正数、投资活动现金净流量为正数、筹资活动现金净流量为负数时，表明企业进入成熟期。在这个阶段，企业规模已经变得比较大，产品销售市场稳定，技术也已经较为成熟，已进入投资回收期。一方面，企业会寻求稳定经营，关注着市场上的竞争者，不断采取措施维持自身的竞争优势。另一方面，企业也会寻求新的增长点，经过不断地技术创新，不断地研发新产品，使得企业有新一轮的成长。

成熟期的企业信息不完全程度整体上较低，因为企业已经实现了既定的发展目标，企业资产规模大，业务成熟，现金流稳定，企业面临的风险和不确定性相对较小。甚至一些成熟期企业已经成功地上市，受到证监会和广大投资者的监督，实时披露自己的信息。从多层资本市场可以观察到不同生命周期企业的信息不完全程度和风险，例如在新三板市场中，投资的风险最大，因为企业正处于发展的关键时期，随时可能出现问题，这些企业的股价波动异常剧烈，说明企业的不完全信息程度较大，风险也较大。在科创板市场上，股票价格的波动也令人窒息，说明企业的发展会大起大落，信息不完全程度和风险依然较大。而到了创业板市场，上市门槛相比主板市场为低，相比新三板和科创板，风险已经减弱，信息不完全程度有所降低，因此股票价格波动也较为平缓。到了主板市场，大多数是成熟期的企业，股价波动相对平缓，反映了主板市场的成熟企业风险相对较小，信息不完全程度相对较弱。当然，成熟期的企业仍然存在着一定的信息不完全，也无法完全彻底地消除风险。

大部分成熟期的企业都已经上市，那么这些企业还需要信贷融资吗？还需要进行知识产权质押融资吗？答案是肯定的。理由还是要回到资本结构，最优的资本结构要求企业的融资成本是最低的，这个构成是需要股权融资和债权融资的组合。即便是上市企业，也不可能没有债权融资，相反的是，即便是上市企业也存在高杠杆或者说是高负债率。只是这些企业可能不太愿意也没有太大必要拿出自己的核心技术，进行知识产权质押融资，因此知识产权质押融资这种手段主要还是针对初创期和成长期企业融资约束的问题。

**（四）衰退期企业的特点**

衰退期是企业在发展达到顶峰之后，开始逐步下滑，不断碰到新的挑战和新的竞争对手，自身处于衰退和萎缩的时期。从现金流上来看，当科技型企业经营活动现金净流量为负数、投资活动现金净流量为负数、筹资活动现金净流量为正数时，可以认为企业处于衰退期。在这个时期，企业经营活动步履维艰，企业的市场份额不断萎缩，产品销售的市场占有率下降，经营活动现金流入小于流出。同时企业因为经营不佳导致债务缠身，投资的收益情况不良，为了应付债务，不得不进一步融资以弥补现金的不足。面临着市场的变革和新的竞争者，企业此时生存状态不佳，随时可能被淘汰，具有较大的风险。

衰退期企业的信息不完全程度变大，主要源于新的挑战空前威胁着企业生存，面临的不确定性因素增多，很多情况下这些不确定因素因为信息不完全而难以识别。甚至在一定条件下，还会发生人为主观的弄虚作假。例如全球零售巨头沃尔玛，受到电商冲击和新进入者的竞争，不断地萎缩，2016 年在全球关闭了 269 家店，而且这一趋势还在不断地恶化。鉴于这种情况，已经公开的市场信息就不能很好地对企业进行判定，只有企业高层所知的内幕信息对于企业的状况才更为关键，而这些信息往往又是不公开的。

那么，处于衰退期的企业还会融资吗？处于衰退期的企业如何融资？是倾向于股权融资还是债权融资？只要企业还在生存，就会有融资的需求。衰退期的企业无一不想着重回昔日的荣耀。企业的生命周期根本上是产品的生命周期，只有开发出新的产品才能够遏制住这种衰退的趋势。开发新产品形成新业务就需要融资。有一个例子，就是天津一汽股份有限公司。2000 年左右，天津一汽凭借价格低廉的夏利轿车顶住了入世开发的压力，夏利轿车风靡全国。但是随着我国造车技术水平的不断提升、人民生活水平的提高和同行业竞争的加剧，夏利轿车所占有的市场份额越来越小，人们不再偏爱这种低端轿车，致使天津一汽步入衰退期。为了求生存，天津一汽转向 SUV 轿车和新能源轿车领域，但是这需要大量的资金。为了融资，企业将自己所有的资产全部拿来进行了抵押，根据该公司的财务报表，净资产一度为负值，也就是说企业的债务已经大于资产了。尽管如此，仍然没有抵住天津一汽业绩下滑和新产品开发造成的资金缺口，于是这家企业开始通过变卖股权，进行资产重组，来获取资金，争取新款车型上市能够让公司走出困境。

## 第二节　风险资本介入与初创期企业知识产权信贷融资

对于初创期的科技型企业，获得大量的启动资金是企业发展的重要因素之一。这些企业融资方式主要依赖天使投资和风险投资。这两种方法都属于股权融资，企业家在有些时候不想将能够获得暴利的技术分享给这些资本家，尽管企业家能够获得他们的资金支持。但是，由于初创期企业规模较小、起步较晚等原因，无法提供足够的动产、不动产来向银行申请足够的贷款。这也使得科技型企业的发展受到严重的桎梏。因此，国家采取多种措施号召金融机构通过融资的方式定向帮扶科技型小微企业发展，而银行等金融机构也寻求一些新的可足够信赖的抵押品来实现对科技型中小企业的融资。尽管如此，在我国这些初创期的企业获得外部资本的支持是极为困难的。

### 一　债权投资者进行知识产权信贷融资的困境

知识产权可能是初创期企业唯一有价值的资产了，如果不是采取股权融资的模式，对于这些企业而言债权抵押品只有知识产权。科技型企业的融资已别无他法，要么出让股权，要么抵押知识产权。不难发现，一些高新技术从实验室里走出来，展现了强大的商业化的潜力。有效率的金融支持是将这些技术成果成功转化的重要条件。美国硅谷的繁荣，正是由此而来。当然还涉及如何产生这些有用的技术成果问题，这也是我国目前科技体制仍然存在的重大问题，当然它并不属于本书的研究范畴。

由于初创期企业不具有足够的资产和声誉来使第三方作担保，因此银行贷款很难作为初创期企业获得融资的主要途径；同时，如果想通过发行股票和债券来获得资金，由于监管部门核查严格，周期较长，因此初创期企业也很难通过这一渠道来获取资金。硅谷成功的案例启发我们，企业成功不单单要依赖于内部融资。随着金融市场的不断发展，资本与技术的转化变得容易，也使得企业研发高新技术不再处于被动状态。初创期企业获得资金的问题得到了很好的解决。

当债权投资者介入初创期企业的融资时，遇到了难题：作为一种无形资产，专利价值到底如何呢？如何来估算这一价值呢？专利价值是决定贷款额度的第一根本，专利价值的评估办法等都是建立在专利质量的基础上。

与此同时，为了获取更多的贷款，企业也会提高专利质量和专利效率。除了抵押品自身的价格预期，抵押品价值还与以下两个因素有关：第一个因素是市场因素。例如，潜在买家的数量和寻找这些资产所需要花费的相关成本。通俗地说，专利技术市场中，需求、市场容量和供求的关系，直接制约了专利技术的市场价值。若市场的价值大，相对的评估价值也会高一些。专利产品的市场占有率越高，能够给企业带来的利润越多，技术的价值越高。第二个因素是专利是否具有特殊性。专利产品与同类产品的竞争能力、竞争性越强，价值越大。如果该专利产品仅仅是相似同类的大量产品中的一种，那么专利的价值就会远远低于仅有一项或者少量相似同类型的价值。同类产品的产量和价格、行业的平均利润以及政策都直接影响着专利的商业化发展。有些专利技术尽管很先进，但市场缺乏与之相关的互补产品或者配套产品，也会使专利的价值大打折扣。贷款人可以根据自身风险管控能力，在内部管理权限之内自行确定专利权质押贷款额度，但专利权质押贷款额度原则上最高不超过专利权评估价值的50%。

## 二　股权投资者的优势

股权投资者和债权投资者所掌握的信息不一致。两者投资的侧重点不一样，股权投资者侧重于成长性，而债权投资者侧重于偿债能力。在很多条件下，股权投资的专业化程度已经接近行业内顶尖企业家的水平，而债权投资者还在计算资产负债等情况。股权投资者倾向于承担较大风险和获取较大的收益，而债权投资者倾向于承担较小的风险和获取较小的收益。在很多情况下，股权投资者都是先行介入初创期企业的融资。龙勇和刘珂（2008）研究指出：风险投资给初创期企业带来的资金帮助仅仅是一方面，其提供的规范管理、战略定位、完善治理结构、财务顾问等增值服务更为重要。并通过论证得到了结论：风险资本提供的财务、管理、营销等方面有利于企业创新技术发展的知识越多，企业技术创新管理能力越强。而这些经验对初创期企业来说尤为重要。这是从另一个角度来说明风险投资公司作为中介对初创期企业的重要性。

前面已经介绍过由于信息不对称所导致的贷款人和债务人之间的财务不均衡。简单地讲，抵押品的全部信息只有借款人知道，而贷款人没有技术水平也缺乏相应人才对其进行评估来了解信息。因此在这种情况下，第三方中介专业而客观的评估能起到减少两者摩擦的作用。一般的贷款都需要抵押品，以此来减少借款人债务违约的动机。一般要求贷款金额不超过抵押物价值的50%。一旦借款人无法归还债务，贷款人就有权利对抵押品进行扣押、拍卖，以弥补其损失。正因为如此，抵押品的价格和预期拍卖金额能够影响贷款的成功率及贷款金额。

事实证明，风险投资机构就起着这样的中介作用。我国的长期社会资金配置严重依赖以国有商业银行为主体的银行信贷，金融业发展水平不足导致信贷资源配置效率较低。中小企业也面临着严重的信贷歧视。风险投资作为一种独特的融资渠道，在解决中小企业融资难的问题上起到了积极的作用。其中商业银行与风险投资公司合作的联动模式就是为了解决我国中小企业信贷融资较难而提出的解决方案之一。这种合作的联动模式能够使银行机构、风险投资机构和中小企业三者实现共赢。发展风险投资能够拓宽风险企业融资渠道。而风险投资公司的介入，增加了中小企业信贷融资的可获得性。在其他条件相同的情况下，相对于没有风险投资参与的中小企业，有风险投资参与的中小企业能够获得更多的银行借款、更低的银行借款成本，这说明风险投资的参与能够为中小企业信贷融资带来便利效应，提供了理论上的支持，并进一步地实证检验了风险投资参与对中小企业信贷融资作用机理的实现途径。由此可见风险投资公司作用之大。

风险投资者对企业的发展有很大的推动作用，这不仅仅体现在资金支持方面，还体现在协助企业规范经营方面，很多风险投资机构本身也是孵化器。具体而言，主要表现在以下三个方面：第一，风险投资机构持股后，可以规范企业的投资行为，使得存在过度投资行为的公司过度投资严重程度降低。而存在投资不足的公司程度也会降低。非国有背景的风险投资机构对规范企业投资行为可以起到更加显著的作用。第二，风险投资机构持股改善了上市公司的内部融资环境，从而提高了债券的融资额和权益融资额。风险投资机构非常看重声誉，声誉的损失意味着失去合作机会。因此外部资金提供者信任风险投资机构，风险投资机构持股高低可以间接反映出企业质量高低的信息。第三，风险投资机构与其他金融机构具有密切的业务关系，有效降低了企业的信息不对称程度，从而改善了企业的外部融资环境。

我国风险投资行业起步较晚，发展水平还远不及美国等发达国家。直到 1985 年，中共中央发布《关于科学技术体制改革的决定》，才拉开了我国发展风险投资行业的序幕。同年 9 月，中国新技术创业投资公司才批准成立，是我国第一家全国性的风险投资机构。截至 2013 年年底，我国各类风险投资机构数达到 1408 家，比 2012 年增加225 家。其中风险投资企业 1095 家，风险投资管理企业 313 家，均较 2012 年有所增加。截至 2013 年年底，我国风险投资机构累计投资项目达到 12149 项，其中投资高新技术企业 6779 项，占比 55.8%。累计投资金额达到 2634.1 亿元，其中投资高新技术企业 1302.1 亿元，占比 49.4%。我国风险投资金额最多的五个行业是医药保健、新材料工业、新能源与高效节能技术、金融保险业和传统制造业，累计占比 36.9%。

不同特征的风险投资机构存在异质性，其对企业投资行为产生的影响也不尽相同。主要的影响因素有三个：

第一，风险投资机构是否向风险企业派出董事参与公司治理。一般认为，风险投资机构向风险企业派出董事，可以更加全面地了解企业内部的经营情况，及时对企业进行监督，从而更好地约束风险企业管理者利用富余现金流进行过度投资的行为。另外，风险投资机构派出董事参与董事会，可以参与企业的日常经营管理活动，能够及时了解企业资金状况和投资情况，从而降低企业由于资金不足导致无法投资的可能性。

第二，风险投资机构持股比例的高低。持股比例高的投资者对企业进行监督的动机更强，且更能有效发挥其监督职能。因此我们预计其更能约束自由现金流富余的公司进行过度投资。风险投资机构持股比例高意味着风险企业质量较高，可以向外部投资者传递更多的积极信号。从而降低企业内部与外部之间信息不对称程度，吸引更多外部资金。

第三，风险投资机构是否具有国有背景。若风险投资机构的股东或合伙人中有政府部门、国有企业，则认为其有国有背景。由于国有企业背景的风险投资机构市场化运作并不完善，其代理成本相对于非国有企业风险投资机构较高。国有背景的风投机构有充足的资金，但是投资效果往往不如非国有企业。源于内部存在"预算软约束"，从而有可能不利于其抑制自由现金流过剩导致的过度投资行为、投资不足以及投资低效率等问题。国有背景的风投机构对于企业经营管理的指导，往往缺少专业性，并且缺乏高度负责的态度。

### 三　知识产权融资中"投贷联动"的内在需求

为何风险投资者会支持科技型企业进行信贷融资？换言之，投贷联动在何种条件下存在内生的动力机制？风险投资和风险信贷联动也是一个投贷借三方三赢的过程。对于贷款人来说，风险投资可以获得高额的利息。近年来由于经济下行等因素，银行贷出借款比较困难，此时的风险投资显现出优势，并且可以收取高额的利息。而对于借款人来说，风险投资的注入避免了企业的股权稀释，还增加了企业的流动资金，是一件双赢的举措。风险投资作为一种为高科技企业提供增值服务，最终通过退出投资市场以期获得高额风险收益的产业，决定了风险投资基金投入的长期性、高风险性和高收益性。风险投资项目的成功运作实施需要多方面的配套设施，包括资金及时到位、管理人才设备、技术资源丰富等。因此高额的投资费用以及诸多的投资风险往往超过了风险投资公司的承受能力。联合风险投资恰恰可以突破风险投资的资源瓶颈，实现收益分摊和风险分摊。因此，这种投资方式是一种较为实用和较为普遍的投资方式。虽然专利作为无形商品很难进行估值，但贷款人在进行贷款额度评估时还是会考虑专利的可交易价值。

为何风险投资者能够支持科技型企业进行信贷融资？换言之，风险资本投资者在促进科技型企业信贷融资过程中有什么突出的优势？调查研究表明，风险投资的加入不仅可以抑制公司对自由现金流的过度投资，而且可以增加短期内的债务融资以及对外部权益的融资，还可以缓解一部分由于现金流不足而导致的投资缺乏。同时，不同种类的风险投资机构虽然可以起到抑制现金流过度投资的问题，但事实上只有少部分的高持股、声誉良好、联合投资的风险投资机构才能明显地对外部融资环境进行改善，缓解投资不足的问题。由此可以得知，融资风险影响着企业的融资渠道，同时也在风险贷款市场的交易成功率上起着重要的作用。

为何风险资本投资者的介入能够在一定程度上缓解信息不对称？将企业价值和专利价值交由第三方评估也可以缓解借款人与贷款人之间的信息不对称问题。由于专利权质押贷款的特殊性，部分企业信用指标不同于银行开展传统固定资产抵押或者第三方担保情况下信贷业务所进行的信用等级评估。由于相关人才目前比较紧缺，因此银行有时候缺乏开展专利权质押贷款、控制贷款风险的信用评估能力。在这种情况下，如果有一个可信赖的第三方中介评估机构，能够对一个企业的信用以及专利价值做出比较系统完整的评估，就显得尤为重要。专利权质押贷款额度由贷款人或与之有业务合作关系的专业担保机构依据专利权质量、处置难度及借款人的财力和征信状况与借款人商定。设质专利权需经贷款人认可的评估机构或担保机构进行价值评估，且贷款人以评估价值与贷款人认可的市场公允价值较低者为准，确定设质专利权价值。

## 第三节　成长期企业知识产权债权融资的一些研究

科技型企业在成长期正是各方面都需要进步的关键时期，在知识产权领域也是一样，需要强化知识产权的创造、保护和运用，这对于企业的生存和发展至关重要，特别是在知识产权融资方面。

### 一　成长期企业的特点

毫无疑问，在当今科技迅猛发展的时代，知识产权将成为国家经济增长的引擎。企业的生存和发展也离不开知识产权，尤其是高新技术企业。我国在对外开放的过程中，过去由于企业不懂知识产权的运用，所以吃了不少苦头。企业要生存和发展，必须要加强知识产权的战略管理和运用，才能促进自身的创新，才能提升自身的竞争力，才能在行业中占有一席之地。成长期的企业如何利用知识产权助力企业战略发展是一个值得思考的问题。当企业进入成长期时，产品市场被成功打开，营业收入迅速增加，利润迅速增加，企业规模迅速壮大，企业创新较为活跃。与此同时，企业也会出现一系列的问题，例如经营管理滞后、人力资源失衡、融资困难、技术开发进入瓶颈等。同时，行业竞争也会加剧，真正强大的竞争对手会不断涌现出来。

徐瑞和郑兴东（2020）研究发现，成长期的企业通常使用间接融资的方式来缓解短期内的经济压力。例如，处于成长期的华为，总借款数量呈不断上涨的趋势，华为主要是通过借款来进行融资，选择了成本较低的融资方式来为企业减少融资压力，使自身能够获得更多的利润。通过借款的融资方式，减轻了华为技术方面大量的研发支出，以及各种投资支出等经济压力。

由于市场需求的增加，带来了大量的利润，当具有某种主导性的技术或产品面世时，便会有很多企业蜂拥而至，这时具有主导性技术产品的企业除了面临市场需求这一问题外，还有随之而来的"复制品"或者"改造品"不断涌现，侵权问题也随之而来。与此同时，同行业的竞争者也会强化专利战，以专利为竞争武器，与之进行商业对抗。这些手段包括抢先研发相关技术并申请专利，设置专利丛林，生产流氓专利和垃圾专利，等等。而企业知识产权经过创业期的积累与发展后，企业的产业结构与盈利模式也出现了新的变化，这时企业的知识产权进入了侵权风险与控制阶段。

## 二　成长期企业知识产权战略

处于成长期的企业应在知识产权的创造、管理、运用和保护的理念上构建知识产权战略，用以指导企业生产和经营。例如，这些企业应结合自身情况，开通专利文献检索渠道，提高专利信息运用能力，逐步形成企业内部的专利信息利用机制。在欧洲、日本和北美，都存在知识产权网络资源，这些网络资源在全球范围内共享。目前，中国科协在推进这些专利网络资源的普及应用。企业为保障自身对技术发明成果的有效控制和充分利用，可以借鉴美国企业的技术发明文字记录制度。技术发明文字记录制度是指将企业内部的技术开发过程予以记录，形成实验记录、研发文档、技术交底书等书面材料。在发生知识产权纠纷时，前述书面材料可以作为初步证据使用。企业可以选择性地就核心技术进行海外专利布局，减少或停止对技术含量不高的发明创造进行专利保护和资金投入。对于产业未来发展方向等技术，企业可以投入适当的成本加以预先研发，主动从更高的格局上参与竞争。

需要在国际范围获得保护的，可以通过国家知识产权局按照《专利合作条约》途径递交国际专利申请，向多个国家申请专利。本企业需要在某国尽早获得专利授权的，也可直接向该国的专利管理部门提出专利申请，可免去《专利合作条约》国际申请较长的时间成本，有利于尽早获得专利授权。企业可以建立专利保护应急和预警机制，全面了解现有技术的发展动态，掌握国内外专利信息，对可能发生的专利事件提前发布警告，并有针对性地制定应急方案。企业可以通过协议等方式与本行业内的其他企业组建技术联盟合作开发特定技术。在技术联盟内，成员企业可以约定信息共享、共同开发、共同使用技术成果及权利归属等有关事项。中小企业应当关注竞争对手在重点市场国的专利申请情况，并可以借助专利异议、专利无效等制度主动挑战竞争对手的专利申请或专利权，以争取获得知识产权许可等方面的便利条件。

2019 年，美国以国家安全为由，对华为进行制裁。冯晓青教授（2019）指出，美国政府是"司马昭之心，路人皆知"，其真实的目的是通过打压在全球通讯关键技术领域占优势的华为，防止其国内技术被赶超、市场被占领，失去在全球通讯产业中的战略地位。那么华为为什么有充足的信心抵御强大的压力呢？正是由于其成功地实施了知识产权战略，在全球 6 万多件 5G 标准必要专利中，华为占据 15%，居第一位，约占中国企业的 40%。特别是华为拥有 5G 与微波结合的关键专利技术。正是占优势的技术及其有效的专利布局，才使华为获得了竞争优势。

### 三　成长期企业的知识产权融资

在知识产权的运用上，运用知识产权融资对于成长期的企业来讲也非常的重要。企业在成长期还会面临融资难和融资贵的问题，这个时候考虑知识产权融资或许可以帮助企业度过资金艰难的时期。当然，知识产权作为具有重要价值的无形资产，融资的模式多种多样，例如知识产权质押融资、知识产权作价入股、知识产权融资租赁、信托以及证券化等。

对于成长期的科技型企业而言，知识产权质押融资的好处就是不会稀释其股权，因此受到很多企业家的青睐。股权过分地流失，就会造成企业控制权的流失。此时的知识产权质押融资有很多新特点：企业有稳定的现金流，企业有一定的实物资产，企业存在应收账款，企业存在稳定的上下游供应链。这些特点为该阶段的知识产权质押提供了大量的金融创新模式。既然有稳定的现金流，就可以采取"知识产权质押 + 信用贷款"的模式，知识产权起到信息甄别的作用，道德风险的控制作用，而非作为违约清偿的一种手段。既然有实物资产，就可以采取"知识资产 + 实物资产"共同抵押的方式，这样的资产互补能够更充分地体现出资产的价值，避免了因为资产专用性而导致的价值贬值问题。既然存在应收账款，就可以采取"知识产权 + 应收账款"的模式，进而加大融资额度。既然存在稳定的上下游关系，就可以采取"知识产权质押 + 供应链担保"的模式，为知识产权质押融资增信，进而获得更多的贷款。供应链的相关方由于存在大量的往来关系，所以掌握着大量的信息，由上下游企业提供担保可以在一定程度上缓解融资双方的信息不对称问题。

### 四　关于成长期企业知识产权融资的经验研究

大量的学术研究也围绕成长期企业的知识产权质押融资展开。例如，Bezant（1997）研究企业生命周期中的融资行为，特别指出处于成长期的中小企业可以运用专利权融资工具进行融资，并剖析了专利权、版权和商标权作为融资抵押的可行性。

朱明君（2017）对我国科技型中小企业的融资问题进行了研究，发现反映企业经营状况的财务指标对于企业的债权融资有重要影响。企业规模、企业成长性、有形资产比率、股权流通性均有助于企业获得贷款；而企业的盈利能力、内部积累水平、非债务避税、偿债能力与企业的信贷融资呈现负相关关系。

陈战运等（2014）以中小板上市的企业为样本，分析了中小企业融资能力的影响因素。结果表明：企业规模、企业资金周转能力和企业所提供的资产担保价值与企业的融资能力之间是正相关关系；企业盈利能力、抵御风险方面能力以及企业成长性，与企业融资能力之间存在负相关关系。

张超和陶一桃（2019）采取多期 DID 估计了专利权质押融资对企业的新产品产值、出口规模、流动资产的净效应，认为专利权质押融资会促进中小企业经营绩效的提升，但是该文并没有对促进作用的机理进行深入分析。结合其他学者的研究成果，说明了科技型企业的经营状况与知识资产质押融资是一个双向强化的过程。

## 第四节　成熟期企业知识产权债权融资的一些研究

较为成熟的企业信息不完全程度较小，特别是已经上市的公司。大量的上市公司必须要按照证监会的要求披露大量的信息，这些信息已经相对较为充分，常见的包括财务报表、企业战略、股本结构、经营团队、重大项目等。通过这些信息的披露，金融机构和股权投资者能够迅速地了解企业的基本情况，而这些信息也将会通过市场交易最终体现在股票价格之中。我国已经建立了较为完善的多层资本市场，企业发展上规模后就可以选择上市，比如超过 2000 万元营业收入的科技型企业大多数都已经具备了在新三板上市的条件。

成熟期企业的主要目的就是采用多元化发展策略，发现并规避潜在的风险，因此处于该阶段企业其风险相较于成长期偏低。企业在成长期的资产负债率比成熟期更高（孙茂竹等，2008）。因为是较为成熟的企业，企业本身占据着一定的市场份额，有较为稳定的营业收入和利润，稳定的现金流为债权行为提供了强大的后盾。尽管面临着激烈的竞争和复杂的市场环境，但这些成熟的科技型企业本身破产的风险相对较小，相比初创期企业而言，成熟期企业经过了较长时期的发展，其产品或者服务已经被市场认可和接受，企业在市场中处于稳定的地位，存在一定的先发优势。此外，这些成熟期的科技型企业也会从长远的角度考虑问题，建立和维护自身的声誉，注重自身的信用状况。欺诈、赖账、转嫁风险等机会主义行为和道德风险行为在长远利益的考量下，都会得到一定的遏制。这些特点让成熟期的科技型企业更容易获得商业银行等金融机构的信贷资金。

知识产权对于上市公司来讲，有什么意义呢？一般来说，投资者会普遍认为上市公司拥有专利等知识产权数量的多少，决定了上市公司的核心竞争力。专利是创新成果的保存形式之一，拥有越多的专利，特别是高质量的专利，企业的创新能力就越强。企业可以通过专利来实现经济利益，有助于带来更多的销售收入和利润。反过来说，上市公司的专利是进行"市值管理"的工具，公司研发出专利技术还可以向外部投资者传递公司具有高投资价值的信号，在很多研究中，首次公开募股的企业，由于具有较多数量的专利，因此获得了更高的溢价。李诗、洪涛和吴超鹏（2012）的研究指出，上市公司的专利拥有量越多，公司的托宾 Q 值越高，上市公司专利每增加一项，公司市值将增加 223 万元。龙小宁、易巍和林志帆（2018）使用 Griliches "知识资本" 价值评估模型定量测算了知识产权保护的价值，研究发现专利对于上市公司来说的平均价值约为 685 万元/件。

对于较为成熟企业的知识产权债权融资来讲，知识产权特征和企业经营特征两方面相互作用决定了其融资效果。商业银行等金融机构并不一定以专利价值作为贷款的唯一标准，可以结合这些成熟企业的经营特征来进行金融设计。一般来说，对处于成熟期的科技型企业，进行知识产权质押融资会有更多的风险，融资的效果也会更好。

例如，上市公司的声誉非常重要，声誉会影响市值，如果上市公司知识产权质押贷款出现违约，那这对公司声誉来讲无疑是一个糟糕的消息。试问如果一个公司连自己的核心技术都保不住，又怎么会让大家相信投资这家公司毫无问题呢？公司稳定的盈利能力也是知识产权质押融资的保障，如果因为知识产权的专用性，导致知识产权的市场公允价值较低，那么按照价值抵押的原则，成熟期的企业通过知识产权质押只能获得较少的贷款。

商业银行等金融机构可以按照行为制衡的思路，考虑到如果企业失去知识产权抵押品，造成的损失可能会很大，就可以适当地增加贷款额度，甚至可以远远超出知识产权的市场公允价值。因此，企业的经营特征，包括创新能力、项目风险、企业规模、资产结构、盈利能力、偿债能力、成长能力等，都会对知识产权质押融资产生影响。

# 第八章　基于产业异质性视角的知识产权与风险信贷的效果研究

对于不同的产业，专利的申请动机不同，专利的价值、专利的流动性、专用性和依赖性等专利特征也不尽相同，每一个产业带来的信息不完全程度也不尽相同。因此，专利在解决信息不对称的过程中发挥的作用，必然会存在产业的异质性，最终也必然会导致以知识产权进行质押融资的效果不同。

## 第一节　专利密集型产业与产业专利的异质性

如果想要从产业层面探讨知识产权的相关问题，就必须寻找到知识产权相关活动较为活跃的产业，那么国家知识产权局就做了这方面的工作，界定了专利密集型产业，并且提供了一些相关的数据。本节就结合这些产业对专利的产业异质性进行分析。

### 一　专利密集型产业的定义与贡献

从产业的视角来探讨知识产权的融资效果，首先需要借助一个概念，叫作"专利密集型产业"。如果一个产业缺乏创新，或者缺乏以专利为主的知识资产，在这里就比较难以讨论。专利密集型产业不仅专利众多，而且还具有专利的异质性，这种专利的异质性在产业层面来看是非常明显的。国家知识产权局研究制定了《专利密集型产业目录（2016）（试行）》。该《目录》包括 8 大产业，涵盖 48 个国民经济中类行业。其中，信息基础产业包含 5 个中类行业，软件和信息技术服务业包含 6 个中类行业，现代交通装备产业包含 4 个中类行业，智能制造装备产业包含 7 个中类行业，生物医药产业包含 7 个中类行业，新型功能材料产业包含 6 个中类行业，高效节能环保产业包含 10 个中类行业，资源循环利用产业包含 3 个中类行业。《目录》对应国民经济行业分类（GB/T 4754—2011）的中类条目（三位码），其中的农药制造（263）涉及稀土农药（稀土生物功能材料），通用仪器仪表制造（401）和专用仪器仪表制造（402）涉及节能控制装置、环保监测设备等的制造，金属表面处理及热处理加工（336）涉及表面处理废液综合利用等。

这些专利密集型产业具备较为明显的专利优势，依赖技术创新与知识产权参与市场竞争。发布《目录》是《国务院关于新形势下加快知识产权强国建设的若干意见》任务要求的细化落实，有利于更好地引导社会资源的投向，并可作为有关部门及地方开展专利密集型产业培育工作的重要依据。根据《中国专利密集型产业主要统计数据报告（2015）》，我国专利密集型产业经济拉动能力强，极具创新活力和市场竞争优势。2010—2014 年，我国专利密集型产业增加值合计为 26.7 万亿元，占 GDP 的比重为 11.0%，年均实际增长 16.6%，是同期 GDP 年均实际增长速度（8%）的两倍以上；专利密集型产业平均每年提供 2631 万个就业机会，以占全社会 3.4% 的就业人员创造了超过全国 1/10 的 GDP，劳动者报酬占比为 9.4%；从盈利能力来看，专利密集型产业总资产贡献率五年平均为 15.4%，比非专利密集型产业高出 1.2 个百分点；从产品竞争力来看，专利密集型产业新产品销售收入占主营业务收入的比重为 20.7%，出口交货值占销售产值的比重是 19.3%，分别是同期所有工业产业平均水平的 1.8 倍和 1.7 倍；从创新投入来看，专利密集型产业研发经费投入强度（R&D 经费内部支出与主营业务收入的比重）达到 1.3%，远高于所有工业产业 0.7% 的平均水平。

### 二　专利密集型产业的专利异质性

首先，不同的专利密集型产业内部专利的动机整体不同。科技型企业通过创新获得技术成果，有多种方式可以维持竞争优势获取收益，并不一定采取专利申请的方式，还可以利用先动优势、互补性资产制约和保密等手段。就采取申请专利的方式而论，影响企业专利保护动机的因素有很多，在不同的行业中表现也不尽相同。每一个产业内部的企业申请知识产权保护的动机不同。企业申请专利的动机多种多样，主要包括获取垄断利润、增加谈判地位、封锁竞争对手、寻求金融资本、获取政策支持等。Cohen et al.（2003）的研究均表明，专利保护的效力有明显的行业差异。同样，专利保护动机也存在行业差异。如 Arundel et al.（1995）的研究结果表明，谈判和阻止第三方侵权在计算机和电信行业是最重要的动机；谈判动机在电子技术行业比在制造部门更重要。Cohen et al.（2003）认为，在"离散"产品行业如化学，企业通常运用专利来阻碍竞争对手开发替代产品，而在"复杂"产品行业如电信设备或半导体，企业更愿意运用专利迫使竞争对手进行谈判。

其次，不同的专利密集型产业内部专利的专利特性存在显著差异。产业被定义为具有某种同类属性的企业经济活动的集合（苏东水，2015），专利申请动机的归类大致可以依据产业进行划分。不同的产业有不同属性的知识产权，知识产权的特性可以大致以产业进行归类，这就是产业专利的异质性。产业专利的异质性是指不同产业中专利的总体特征不同，包括专利的数量、价值、通用性、流动性、重要性、关联性等。一些产业的专利数量巨大，比如在电子信息行业和高端制造行业；而另一些产业专利数量稀少，比如在采矿业和金融服务业。一些产业的专利质量非常高，并且易于识别，比如生物医药行业；而另一些产业的专利质量则相对较差，并且难于分辨，比如化学化工行业。一些产业的专利主要围绕产业政策进行申请，比如专用设备制造业；而另一些行业的专利主要用来进行技术封锁，比如通信技术行业。

最后，不同的专利密集型产业信息不完全程度不同。很显然，不同产业之间存在着差异，因为不同产业涉及不同类别产品的生产。而生产这些产品所用的设备、技术、工艺、组织形式等都存在着差别。这也就决定了不同产业的信息不完全程度肯定是不一样的。有些产业比较透明，而另外一些产业让外行人很难看懂，即便是内行人也会有太多的信息不能够掌握。此外，产业所处的生命周期不同，导致产业的信息不对称程度也不一致。Gort & Klepper（1982）对产品的生命周期进行划分，得出产品要经过引入、大量引入、稳定、淘汰、成熟五个阶段。不同生命周期的产业信息不完全程度不同。

对于我国的战略新兴产业而言，产业所处的生命周期不一致，信息不完全的问题也有差异。例如，对于我国的战略新兴产业而言，新能源产业、节能环保产业和高端装备制造业的产业规模、市场占有率和技术成熟度都已达到了一定的水平，并且产业中的多数公司已经上市，因此信息不对称问题较小。生物医药产业和新能源汽车产业既有成熟期产业的部分特征，又有成长期产业的诸多痕迹。这些产业信息不对称问题较大。而新材料产业和新一代信息技术产业从技术成熟度、产业规模和市场占有率等指标来看，仍然处于产业发展初期阶段，这些行业信息不对称问题最为严重。

## 第二节　专利密集型产业、信息不完全程度与信贷融资

目前，我国各个专利密集型产业的信息不完全程度还没有人进行过测度。这是一个比较复杂的问题，产业本身的属性特征和产业所处生命周期都有重要的影响，这也就说明了产业的信息不完全是随着不同产业的不同而不同，是随着时间的变化而变化。现有的研究对产业的专利特征也缺少关注，人们还不能明晰这些产业专利的差异。因此，对于产业异质性视角下利用知识产权克服信息不对称只能做出一个大致的阐述。

### 一　信息基础产业

信息基础产业是现代经济竞争中兵家必争之地。所谓的信息基础产业，是指运用信息手段和技术，收集、整理、储存、传递信息情报，提供信息服务，并提供相应的信息手段、信息技术等服务的产业。在大众的印象中，提起信息基础产业，相信很多人第一时间想到的是跻身于全球移动终端市场的华为、中兴和大唐电信等通信企业，

而忽略其产业链背后的上下游产业。其实，我国的这些企业只是在信息基础产业的一环获得了相对的竞争优势，产业链其余部分还是由美国等发达国家所占据和把控着。例如，在集成电路领域，高通、联发科和英特尔占据着垄断地位；在存储器领域，三星和海力半导体占据着领先地位；在传感领域，MEAS 公司和霍尼韦尔具有竞争优势。

信息基础产业的特点是创新活跃，技术复杂，不确定性和风险性极高。一个新技术可能会改变全世界，也可能被快速地淘汰。企业也在残酷的竞争中求生存，技术开发成本极高，小企业不断地被淘汰。技术的复杂性使得非专业人士很难真正了解这个产业，技术信息和商业信息无法充分暴露，即使有相关的消息，在大多数情况下也难辨真伪。因此，产业本身应该具有相对较高的信息不完全特性。

基于产业具有高度的信息不完全特性，这个产业的融资也较为困难。但是该产业的发展又需要大量的资金。按照三星、台积电的说法，预计在 2022 年芯片制造进入 3nm 阶段，3nm 芯片的设计费用约为 5 亿—15 亿美元，而兴建一条 3nm 生产线的成本约为 150 亿—200 亿美元，这是基于掌握相关技术储备和工艺的前提。我国的芯片制造水平最好的是中芯国际，已经实现了 14nm 的量产，但离 3nm 还有很大的差距，但接下来要想持续前进，需要的投资可能真的是一笔天文数字。如此巨大的研发费用，该如何融资呢？除了传统的股权融资和债权融资的手段之外，可能还需要政府提供政策性的融资，采取相应的产业政策来扶持该产业的发展。

当然，信息基础产业的产业链不光是芯片制造，还有其他重要的组成部分。利用知识产权进行商业化的融资，也是重要的融资渠道。信息基础产业是知识产权运用最为活跃的产业，这个产业的特点在于底层基础架构和技术标准的确立，因此很多企业往往在此展开激烈的专利竞争，如果在这些领域能够成功地实现专利布局，这些专利的价值是极高的。所以知识产权融资在该产业是可行和必要的。然而，该产业的知识产权融资也会面临较大的困难，知识产权的价值难以评估、产业技术较为复杂、市场环境较为多变。可谓机遇与挑战并存。

## 二　软件和信息技术服务业

软件和信息技术服务业在服务经济社会中发挥了重要的作用。软件与信息技术服务业是指利用计算机、通信网络等技术对信息进行生产、收集、处理、加工、存储、运输、检索和利用，并提供信息服务的产业。这个产业的特点是创新活跃，涉及的范围广，能够直接推动生产效率的提升，产生较为稳定的收益。大型的软件服务到一个国家的金融系统、电力系统和军事系统，中型的软件服务到企业和科研机构的研发系统、生产系统和财务系统，小型的软件服务到人们的日常生活起居、社交和休闲娱乐，可以说软件和信息服务业已经无所不在了。

软件和信息技术服务的应用价值和应用前景相对可观察，因此，该产业的信息不完全程度较低。但是，软件与信息服务业仍然存在着信息不完全的问题。软件企业属于知识密集型行业，所拥有的资产主要表现为软件开发人员的知识、技术、经验以及企业经营者的管理水平等，这些看不见摸不着的专业技能的价值很难进行准确评估。另外，最主要的问题是这个行业的核心竞争力是人才，软件的开发、改进、售后服务和运营管理是企业获得竞争力的关键。信息时代人力资本的高流动性也使软件企业的无形资产价值具有较高的不确定性。因此，软件与信息技术服务业的信息不对称问题比较特殊。

软件与信息技术服务业是风险资本最喜爱追逐的行业之一。大量的软件企业获得了资金，实现了自身的发展，成功地服务了社会。这些案例数不胜数，抖音、快手、淘宝、腾讯、58同城、奇虎360、滴滴出行、美团等，这些都属于生活性服务业软件，在生产性服务业软件或者说是工业软件方面，我国还有待提升，工业软件领域对经济发展来说，更具有战略意义。软件与信息服务业大多以股权融资为主，债权融资为辅，这也是由行业本身的特性所决定的。因为如果以债权的方式，这些行业的资产不足以获得所需要的大量资金，只能够靠未来的预期收益来获得股权资金的介入。

软件与信息服务业的知识产权包含着多种形态，专利、软件著作权、商标和商业秘密。该产业存在大量的软件著作权，软件著作权是指软件的开发者或者其他权利人依据有关著作权法律的规定，对于软件作品所享有的各项专有权利。一些软件著作权能够产生稳定现金流，其价值清晰可辨。因此，该产业的知识产权信贷融资相对来说较为容易，相应的知识产权也能够较好地克服信息不完全的问题。

### 三 现代交通装备产业

现代交通装备产业是国民经济的支柱产业。一般来说，交通运输由海运、陆运和空运三方面构成，现代交通装备产业是指为在海陆空建设交通基础设施提供相关设备和运载工具的产业。我国在这个行业处于世界领先地位，航空航天、轨道交通、船舶制造和车辆工程等占据了我国很大的经济份额，为国民经济的发展做出了较大的贡献。知名企业有中国中车、中船重工、中联重科、徐工集团、上海振华、上汽集团、中国一汽等。目前，我国正通过"一带一路"倡议为这些企业走出去创造条件，以便服务更多的发展中国家。

现代交通装备产业的不完全信息程度相对较低。这源于这些产业发展较为稳定，大多数企业都处于成熟期，市场变化相对较小，新技术涌现采取渐进的方式改变整个行业，很少出现颠覆性的技术创新。因为涉及的技术较为广泛和复杂，所以该产业也会带来信息不对称，可能人们短时间内无法辨别哪些技术是具有高价值的核心技术，而哪些技术是不太重要的附属技术。

现代交通装备产业在债权融资方面比较突出。因为该产业内的企业有大量的实物资产，包括土地、厂房、设备，甚至是产品，这些都可以拿来抵押。交通装备产业的产品，具有通用性，具有流动性较强的市场，银行等金融机构随时可以将其在市场变卖来兑现。很多大型的交通装备企业，甚至自己以附带融资便利的方式进行产品销售，来争取更大的市场份额。比如，采取提供贷款，或者分期付款，或者融资租赁的方式。这些都需要这些交通装备制造企业有足够的债权融资能力。

中小型的交通装备制造企业，可以采取知识产权融资，但是效果不是太好。这些产业大部分核心技术都是以机密的形式保存的，而非以专利的形式，因为这些技术诀窍最好的保存方式就是保密。除非这些技术容易通过逆向工程而被模仿，或者有必要采取非核心技术的专利布局来封锁竞争对手，企业才会申请专利。否则，企业不愿意将最核心技术拿出来暴露。因此，这些产业的多数专利相对拥有较低的价值，该产业的知识产权信贷融资相对较少。

### 四　智能制造装备产业

智能制造装备产业是未来制造业发展的方向和发展的基础。智能制造装备是指具有感知、分析、推理、决策、控制功能的制造装备，它是先进制造技术、信息技术和智能技术的集成和深度融合，能够极高地提升制造的工艺和效率，体现了制造业的智能化、数字化和网络化的发展要求。智能制造装备的水平已成为当今衡量一个国家工业化水平的重要标志。而一个国家的工业化水平，又是一个国家立国的根本。一个国家的工业化水平和信息化水平决定了这个国家的经济安全程度和国防安全程度。全球范围来看，除了美国、德国和日本走在全球智能制造前列，其余国家也在积极布局智能制造发展。而我国虽然是制造业大国，但是并非制造业强国，所以，将智能制造装备产业列为战略性产业进一步发展壮大是非常必要的。

智能制造装备产业具有较高的信息不完全程度。智能制造装备产业具有较高的技术门槛，产业系统集成度较高，科技创新活跃。因此，想要搞清楚智能装备制造产业是不太容易的，这导致该产业给人一种神秘感。除了技术方面的信息不完全以外，在商业运作上也存在着信息不对称。现在制造业向智能化发展成为了趋势潮流，很多企业都在采取高投入进行智能化改造。对于其中的商业算计，很多人也是表示难以理解，投入如此巨大的资金，将企业进行智能化改造后，能否创造出更大的效应来弥补成本。

智能制造装备产业的发展离不开大量的资金投入，而该产业同时又具有较大的信息不对称，那么产业发展到底是如何实现融资的呢？答案是，外部融资有所局限，而内部融资发挥作用。银行等金融机构因为对项目的理解不到位，在很多情况下，智能装备制造企业又不肯将很多具有重要价值的信息透露，再加上融资的规模巨大，创新或者是智能化改造的风险较高，就导致无论是股权融资还是债权融资都面临着一些困难。除了股权融资和债权融资这两种外部融资的方式之外，智能制造装备产业融资的特别之处是，还依赖于自有资金和收益留存的积累。不难发现，世界上最有实力的那些智能制造公司，都是具有优势的大型制造企业逐步演化而来，这说明它们的资金获取有很大一部分是内部融资。

智能制造装备产业的知识产权融资也主要集中在一些中小企业，并且效果不是太好。这些小企业的技术水平往往不够高，可能在产业链非重要的环节上找到了相关的机会。知识产权特征是以非核心技术的专利为主，没有人希望将尖端技术申请专利公之于世，而纷杂众多的专利只是所有技术里面外围的部分。因此，该产业进行知识产权信贷融资也较为困难。需要说明的是，知识产权质押融资，特别是专利权质押融资，所针对的知识产权大多数是核心技术专利。这些核心技术专利难以通过保密的形式保护，只能通过法律确认的方式进行保护，不怕公开，即公开的秘密。而智能制造产业的技术特点，是不怕逆向工程和仿制，这些技术诀窍很难通过这些手段摸索出来。

### 五　生物医药产业

生物医药产业在国民经济中占有重要地位，关系到国民的福祉。从 2019 年年底开始，新冠病毒导致的疫情，截至本书完稿时还在世界范围肆虐，境外的一些国家失去了对疫情的控制能力，寄希望于疫苗的成功研发和量产，而我国是率先成功研制并进行临床实验的国家。由此可见，生物医药行业对于国民健康和福祉的作用。生物医药产业由生物技术产业与医药产业共同组成。生物技术产业主要内容包括酶工程、生物芯片技术、基因测序技术、组织工程技术、生物信息技术等。医药产业包括制药产业与生物医学工程产业。制药产业包括生物制药、化学制药和中药制药。生物医药工程是指利用生物技术进行防病、治病和人体功能辅助等。

生物医药产业虽然有一定的门槛，但是整体较为透明，信息不完全程度相对较低。从技术上来看，该产业的知识产权大多是核心技术，因为这些产业所开发出来的新技术和新产品很容易被模仿，所以只有依靠知识产权才能收回开发成本。从商业性上来看，人们关注的是疗效和经济效益，开发出来新药、新技术和新服务，只要能够很好地解决现实中的问题，就能够实现其经济效益。这一点也很容易得到验证。譬如，如果有人能够研制出治疗艾滋病的药物或者预防艾滋病的疫苗，这就足够说明其存在的重大价值。所以，整体来看，生物医药产业的信息不完全程度相对较低。

源于信息不对称程度较低，生物医药产业的融资较为顺利。无论是股权融资，还是债权融资，只要存在着可能性和可行性，都能够帮助这些企业获取资金。企业拥有稳定的现金流，拥有一定规模的资产，拥有相应的知识产权，这些都是企业融资可利用的基础条件。尽管资本市场遭遇坎坷，但生物制药行业在融资方面并没有遇到什么困难。BioWorld 的数据显示，2018 年全球生物医药公司从公众和私人方面筹集的资金为 671 亿美元，仅略低于 2015 年的 684 亿美元，在 2013—2018 年的五年里，全球生物制药业融资金额达 2620 亿美元，金额之大令人难以置信。

生物医药产业也是专利发挥巨大作用的产业。如果成功研发出一款新药，并且在全球范围内申请专利保护，就会有数倍乃至数十倍的高额收益回报。相反，如果不申请专利，仿制药将会很快出现，会大大影响企业的收益。如果拥有相关的专利，而缺少资金进行投产、市场开发或者启动新的研发项目的话，知识产权质押融资就是一个不错的选择。银行等金融机构对这类医药产品的辨别，应该不会太困难。然而，生物医药产业的债权融资，还是需要不断地推广，因为债权融资的比例仍然很低。

## 六 新型功能材料产业

新型功能材料产业是新材料产业的一个重要分支。新型功能材料是对于高新技术产业的形成和发展，具有决定意义的新材料。主要包括电子信息材料、功能陶瓷材料、能源材料、生物医药材料、生态环境材料、超导材料、智能材料、功能高分子材料、先进复合材料、梯度材料等。在美国的《国家关键技术》报告中，特种功能材料占有很大的篇幅。日本第七次未来技术前瞻报告，列出的 100 多项课题中有一半以上的课题涉及新材料的研发。欧盟的第六框架计划对新型功能材料关键技术加以支持。

新型功能材料产业相对来说信息不完全程度较低。从技术上来看，该产业也属于功能导向和效果导向，技术成果的效果便于观察，容易消除信息不完全。但是，在技术开发过程中，可能面临较大的风险，因为高水平的创新，不是光靠资金投入就能完全搞定的，创新研发的投入产出是一个非线性的过程。此外，新型功能材料的研发是基础科学转化为尖端科技的过程，项目的研发并非一般人所能够理解，所以存在巨大的信息不完全。从商业化的角度来看，新型功能材料产业的市场也较为明确，相关的技术成果、应用前景和经济效果容易辨别，所以该产业面临的风险较小。综合来看，主要不涉及新型材料的研发过程，其他环节的信息不完全程度还是相对较低的。

那么新型功能材料是如何实现融资的呢？新材料产业的融资需求也很大。在材料研发的阶段，一般是由国家进行投入或者资助，而到了商业化阶段，一般是由商业性的金融机构来提供资金。这就使得这个产业能够合理地获得所需要的资金。国家通过自身的大学和科研机构进行研发，给予资金支持，因为这些机构聚集了国家最优秀最主要的科研人才。如果研发成功，国家鼓励其商业化。例如，中南大学研发的新型铝镁合金、高温涂层材料、密封环材料在多用途飞船缩比返回舱和液氧煤油发动机上得到成功应用。

新型功能材料产业最核心的技术往往也是通过机密的形式存在，当然在一些情况下也会申请专利，而这些专利产品很多也具有较高的商业价值，这是因为这些材料的制造方法和配比很容易通过逆向工程破译，因此相关机构或者企业不得不申请专利保护来实现其商业利益。基于这种情况，该产业的知识产权信贷融资相对容易实现。该产业知识产权信贷融资，关键是区分出抵押的专利是否具有不易变的商业价值。

### 七　高效节能环保产业和资源循环利用产业

高效节能环保产业和资源循环利用产业是指为节约能源资源、发展循环经济、保护生态环境提供物质基础和技术保障的产业，是国家加快培育和发展的七大战略性新兴产业之一。加快发展节能环保产业，是调整经济结构、转变经济发展方式的内在要求，是推动节能减排，发展绿色经济和循环经济，建设资源节约型环境友好型社会，抢占未来竞争制高点的战略选择。在经济发展的过程中，我国环境污染严重，生态破坏严重，所付出的代价惨痛，是时候重视生存环境的保护了。在这个产业中，发达国家对我国的技术支持还是比较积极的，尤其是欧盟国家与我国进行了广泛的技术合作和技术转让，因为环境保护是全球性的问题，与它们息息相关。

高效节能环保产业和资源循环利用产业的信息不透明程度较低。尽管现有的相关技术日趋复杂，包括大数据、互联网和人工智能的应用，以及新技术和新型工艺的层出不穷，技术创新成果也会让人眼花缭乱，但是不管技术如何复杂，关键在于这些技术能不能够很好地解决问题，能不能够填补市场的空白，能不能够改进服务的效果。只要相关企业运用相关技术能够解决相关的问题，实现了相应的经济利润，就证明了技术的价值。此外，该产业中的企业运营具有一定的稳定性，市场需求稳定、竞争者的情况稳定、技术创新颠覆性的较少，并且随着人们对资源和环境越来越重视，市场空间在逐步变大。所以综合来看，高效节能环保产业和资源循环利用产业的信息不透明程度较低，企业的不确定性和风险相对较小。

鉴于不完全信息程度较低，高效节能环保产业和资源循环利用产业的融资相对容易。举一个例子来说，为了鼓励该产业的技术引进，金融机构采取一种叫作融资租赁的模式。融资租赁的条件已经相当宽松了，只要相关企业能够开展相关的业务，金融租赁公司可以为这些企业购买相关的技术和设备，然后租赁给这些企业使用，这些企业分期偿还租金。在市场资金缺口大且产业以中小企业为主的大背景下，融资租赁作为一个新兴的第三方资产投资和资产管理的现代服务业，凭借其首期支付少、付款方式较灵活、资信审查务实等优点在节能环保领域不断应用实践，为解决我国中小节能环保企业融资问题提出了很好的解决思路。

对于高效节能环保产业和资源循环利用产业来说，知识产权质押融资也是一个不错的选择。这些产业的知识产权在一定程度上能够反映其核心技术。产业的目标是维护好生态环境和节约能源利用，相关技术也没有那么复杂和敏感，从技术保护的角度来讲，完全没有必要进行隐藏，完全可以通过专利权的形式来保障发明者的权益。所以，总体上来看，该产业的专利价值相对较高，再加上整个行业的信息不完全程度较低，如果这些企业愿意，完全可以凭借这些知识产权获得资金。因此，知识产权债权融资在该产业中容易实现，并且具有很大的发展潜力。

## 第三节　产业异质性与知识产权债权融资的经验研究

华荷锋和鲍艳利（2016）的研究指出，根据产业知识产权的不同特征，应该采取不同方式的知识产权融资。在高端制造业方面，由于产业科技含量高、资本投入大，可以采用专利权质押融资、商标质押融资、知识产权加个人信用融资、知识产权加固定资产融资等形式。在文化创意产业方面，产业知识性高、融合性强，可以采用版权融资、商标融资、文化产业投资基金等形式。在信息技术等战略性新兴产业方面，根据产业发展状况采用不同知识产权金融支持模式，可以采用知识产权质押贷款、创投贷、集合融通等金融产品；在节能环保和新材料产业方面，开发科技投资和贷款结合机制，形成跟投和跟贷服务模式。

Cockbum & MacGarvie（2009）研究了产业专利丛林对于知识产权融资的影响。所谓的专利丛林，是指使很多公司在某个技术领域里面拥有众多专利，有可能形成足够密集的专利网络，对于那些在该技术领域内推出产品的公司而言，这一网络无疑会设置专利障碍，增加其产品投入市场的侵权风险。他们的研究发现，存在专利丛林的行业中，专利密集且相互关联度高，企业潜在的侵权风险更大。形成"专利丛林"的这些知识产权也具有相当的价值，可以证明企业在该产业具有一定的影响力，进而协助企业进行更多的融资。

丁锦希等（2013）研究了生物医药产业的知识产权质押融资。生物医药核心专利较难在短时间内被取代，一经实施或者许可，其收益将大大超过方法专利和用途专利。生物医药物质专利的价值稳定性决定了其担保价值。因此，金融机构更倾向于接纳生物医药产业的专利作为融资担保物。我国生物医药产业专利权质押贷款项目数量稳步增长，但是专利权质押贷款还尚未成为生物医药产业主要融资渠道。在生物医药专利权质押融资实际运作过程中，融资额度也不尽如人意。据15家已开展专利权质押贷款的生物医药企业的数据统计，平均贷款金额为798万元。如此数量的资金对于产业整体10亿美元以上的新药研发投入只是杯水车薪，远不能满足日益严峻的医药创新研发需求。

张晓艳（2012）选取137家信息技术类上市公司作为研究样本，收集2009—2010年样本公司公布的年报以及相关报告数据，对知识产权融资能力和企业绩效关系进行了实证研究，研究发现信息技术产业的知识产权融资能力还不是很强，但是已经对企业绩效产生了明显的正向影响。

整体来看，关于知识产权质押融资在不同产业中的作用机理和作用效果，现有的研究还不够充分。产业的异质性使得企业专利申请的动机不尽相同，所以知识产权的特征也有很大区别。根据前文的理论分析可以得知：知识产权的价值、知识产权的流动性、知识产权的可替代性和知识产权的依赖性等都会影响知识产权质押融资的效果，因为知识产权的这些特征导致其在克服各种信息不对称问题的时候表现不同。然而，现有的研究仍然没有区分出不同产业知识产权融资的基本特性，也就不能给予具体指引。

一些工作有必要在未来展开。首先，应该明确产业内部企业申请专利的动机，譬如信息技术产业以技术封锁为主、制药产业以获取垄断收益为主、食品产业以获取政策支持为主等，让银行等金融机构能够大致了解具体某个产业专利的基本动机，进而对专利的整体情况有所了解。其次，应该对产业整体知识产权的基本特征做出研判。譬如，某个产业知识产权价值大致都在什么范围内？这个产业的知识产权的流动性大致如何？这些知识产权的可替代性和依赖性大致如何？最后，应该对具体产业知识产权融资的可行性进行评估，显然因为产业内知识产权特征的独特性会造成不同产业具有不同的知识产权融资能力。这些研究对于知识产权质押融资的实践来讲，具有十分重要的价值。

## 第四节　文化创意产业知识产权质押融资的案例

不仅是专利密集型产业，还存在以其他形式的知识产权为主的产业，例如版权和著作权。这里有一个典型的例子，就是文化创意产业。在这个产业中，版权和著作权的知识产权质押融资为产业发展提供了强有力的支撑。

### 一　文化创意产业的内涵与特点

文化创意产业是指依靠创意人的智慧、技能和天赋，借助高科技对文化资源进行创造与提升，通过知识产权的开发和运用，生产出高附加值产品，具有创造财富和就业潜力的产业。文化创意产业主要包括广播影视、动漫、音像、传媒、视觉艺术、表演艺术、工艺与设计、雕塑、环境艺术、广告装潢、服装设计、软件和计算机服务等方面的创意群体。文化创意产业是一个新兴产业，是人类生活不可或缺的部分，拥有较高的战略地位。可以从以下几个方面来看：

第一，产业的市场空间巨大。文化创意产业的全球产值达到 2.25 万亿美元，占世界 GDP 的 4%，超过了电信服务（全球产值为 1.57 万亿美元）和印度的 GDP（1.9 万亿美元）。该产业在全球范围内创造了 2950 万个工作岗位，雇用的人数占世界总人口的 1%。

第二，产业具有高附加值。文化创意产业处于技术创新和研发等产业价值链的高端环节，是一种高附加值的产业。文化创意产品价值中，科技和文化的附加值比例明显高于普通的产品和服务。文化创意产业主要依赖于人力资本，没有机器和工厂，不存在任何耗能和环保的问题。当前，各个地方政府都希望发展文化创意产业。

第三，产业具有高知识性。文化创意产品一般是以文化、创意理念为核心，是人的知识、智慧和灵感在特定行业的物化表现。文化创意产业与信息技术、传播技术和自动化技术等的广泛应用密切相关，呈现出高知识性、智能化的特征，如电影、电视等产品的创作是通过与光电技术、计算机仿真技术、传媒等相结合而完成的。

第四，产业具有强融合性。文化创意产业作为一种新兴的产业，它是经济、文化、技术等相互融合的产物，具有高度的融合性、较强的渗透性和辐射力，为发展新兴产业及其关联产业提供了良好条件。文化创意产业在带动相关产业的发展、推动区域经济发展的同时，还可以辐射到社会的各个方面，全面提升人民群众的文化素质。

**二　文化创意产业的知识产权保护**

文化创意产业的创新成果形式多样，知识产权的保护手段也多种多样（袁新忠，2020）。电影、电视和广播、电子游戏行业，图文资料、文化艺术和新闻出版等，知识成果主要以著作权来保护。建筑设计、工业设计和标识设计等，知识成果主要以外观设计专利来保护。软件和计算机服务等方面的创新成果，可以采取软件著作权来进行保护。新的存储介质、新的影片制作工艺和新的传播手段，这些技术和方法可以采取发明专利或者实用新型专利的方式进行保护。

文化创意产业的知识产权成果有非常显著的特点，就是创新创意必须要对全社会公开，创新和创意的内容直接作为消费品提供给人们进行精神享受，所以这个行业很难通过商业秘密的方式对上述创新和创意的作品进行知识产权保护，如果不采取著作权和专利等形式的知识产权保护，仿制和盗版将盛行，创意人将无法收回成本和实现利润。所以，文化创意产业要发展就离不开知识产权的保护。

**三　文化创意产业的知识产权融资**

从融资的角度来看，知识产权融资是文化创意产业最为理想的融资方式。文化创意产业中一些好的作品会产生稳定的现金流收入，这为知识产权质押融资提供了条件。银行等金融机构可以合理地估算著作权等知识产权的质押价值。如文化出版公司图书著作权中的经典作品，著作权的价值具备长期持续的市场前景，这些作品可以翻译成多国文字出版，可以改编成电影、话剧、漫画等，甚至可以应用到衍生品中。部分著作权的高回报很好地保证了其作为质押资产的合理性。此外，文化创意产业的作品估值还具有高收益性、高风险性、强衍生性等特点。例如，著作权的价值实现依赖于著作权作品的市场运营，文化产业属性、行业属性和市场属性等因素都会在很大程度上影响著作权的估值。因此，著作权的估值也是极具挑战性的。

在文化创意的相关作品开发过程中，知识产权融资起到至关重要的作用。在作品开发之前，金融资本能够对项目的运行起到巨大的支持作用，甚至没有外部金融资本的参与这些作品可能根本无法实施。在作品开发之中，金融资本能够对项目的资金短缺起到弥补的作用，能够让处于资金困难和资金紧张难以维系的项目起死回生。在作品开发成功后，金融资本能够迅速实现资金的回笼，继而投入新的项目开发之中，提高了企业的运行效率。所以知识产权融资对推动文化创意产业的发展起到至关重要的作用。

### 四　北京市文化创意产业的知识产权信贷融资

北京市在文化创意产业的知识产权融资试点工作中摸索出成功的模式，推出了知识产权质押贷款和知识产权融资租赁，支持文化创意企业信贷融资，取得了显著的成绩。经过近十年的发展，北京的文化创意产业已经成为首都经济增长的新引擎。公开数据显示，2015 年北京市文化创意产业增加值已达 3072.3 亿元，占全市 GDP 比重的13.4%，产业从业人数和公司注册资本都在大幅增加。

在发展的初期，北京市的文化创意产业也是遭受融资约束问题的困扰。受限于行业"轻资产、高风险"等特点，文创企业一直难以通过传统融资渠道获得银行贷款。银行在放贷时，为了把控风险，鲜有单凭著作权等无形资产质押而发放贷款的，常常需要以不动产为连带抵押物，导致许多文化创意企业的资金严重匮乏，信贷融资存在"市场失灵"。尽管北京有丰富的人力资源利用聪明才智进行创作，但是苦于没有资金的支持，所以在发展初期文化创意产业步履蹒跚。

为了破解北京市文化创意产业融资难题，北京市政府推动金融和产业对接，推动开展知识产权质押融资。政府的角色和作用主要体现在政策支持、引导和服务上，包括为降低企业的融资成本对申请知识产权抵押贷款的企业实行贴息政策、风险补偿基金和政府担保等。银行与中介机构、专业评估机构以及担保机构的风险共担，有效地降低了自身放贷风险，推出了大量知识产权质押的金融产品。北京银行首批加入北京市文化创意产业与金融资本对接工作，推出了"创意贷"这一特色金融产品，全面支持影视制作、设计创意、动漫网游、文艺演出、出版发行、广告会展、古玩与艺术品交易、文化旅游、文化体育休闲 9 大领域，满足不同行业文化创意企业的各项融资需求。

据统计，北京银行在两年半的时间里，累计审批通过"创意贷"944 笔，共计金额 147 亿元。典型的成功案例包括：以版权质押组合担保方式推出影视剧打包贷款，为华谊兄弟提供 1 亿元用于拍摄张纪中的《兵圣》、胡玫的《望族》、康洪雷的《我的团长我的团》等14部电视剧。北京银行上海分行与上海卿辉文化传播有限公司签约，于上海世博会期间发放200万元流动资金贷款，助力后者"牡丹亭"昆宴项目等。

### 五　北京市文化创意产业的知识产权融资租赁

为解决文化企业的融资难、融资贵等问题，北京市还成功地开展了针对文化创意产业的知识产权融资租赁业务。以往有些文创企业因为缺乏资金，只好走民间借贷，利息能高达30%，挣的钱都不够还利息的，严重伤害了企业的发展。银行不愿意批贷，是因为文创企业多是著作权、版权等无形资产，风险大。北京市政府注意到，著作权、专利权、商标权等均可试点融资租赁业务。于是，北京市明确将著作权、专利权、商标权等无形文化资产融资租赁业务纳入北京市服务业扩大开放试点政策范围，为文化无形资产融资租赁业务提供了政策依据。

北京市文化科技融资租赁股份有限公司，是国内第一家以文化资产融资租赁为主业的融资租赁公司。注册资本21.9亿元。截至本书完稿时，公司已经对118家文创企业完成了以影视剧版权、著作权、专利权等为租赁物的融资，融资额高达15.2亿元，为文创企业搭建了新的融资渠道。

大业传媒集团就是无形资产融资租赁的受益方，其持有的"洛宝贝"系列标识形象著作权作为租赁物，获得了相关的资金支持。有了资金，公司就能从容地施展拳脚，大业传媒做《奔跑吧兄弟》、拍《丝绸之路》，还引进了暑期档热播的国外动画片《海洋之歌》，业绩蒸蒸日上。北京华夏乐章文化传播有限公司以《纳斯尔丁·阿凡提》和《冰川奇缘》两部音乐剧版权为标的物，成功向文化租赁公司融资500万元。获得资金支持后，华夏乐章后续又推出了4部原创音乐剧新作，极大地丰富了市民的精神生活。

# 第九章　知识产权保护制度的改进与知识产权信贷融资

对于解决知识产权信贷融资过程中的不完全信息问题，知识产权保护制度发挥着重要的作用。知识产权的确立需要跨越一定的门槛，知识产权确立的制度，能够决定这一门槛，门槛越高，专利的价值就越高，信号作用就越明晰，就越有助于实现分离的均衡。而强有力的知识产权保护，对于商业银行等金融机构的窃密行为是一个有力的制约，企业家更愿意将一些机密信息拿来共享，进而促成融资行为。

## 第一节　中国知识产权制度的改变

知识产权制度是智力成果所有人在一定的期限内依法对其智力成果享有独占权，并受到保护的法律制度。40 年来，我国先后制定并颁布了《商标法》《专利法》《著作权法》《反不正当竞争法》等基础法律，以及《植物新品种保护条例》《集成电路布图设计保护条例》《地理标志产品保护规定》等相关法律规范，逐步建立起相对完善的知识产权法律体系，为科学技术进步和经济社会发展提供了有力的法律保障与制度支撑（吴汉东和刘鑫，2018）。

此外，从广义上来讲，还应该包括知识产权执法体系。我国的知识产权制度不是一成不变的，而是几经沧桑。经历了由无到有、由虚到实、由松到严的演化过程。其中，演化的动机在不同时期也不尽相同，经历了经济体制改革的需要、外在驱动与国际接轨、内在驱动、全面创新等发展阶段（杨延超，2018）。中国的《专利法》自1984 年立法，历经 1992 年、2000 年、2008 年三次修订。当前，伴随着新时期改革开放发展的新需要以及经济社会全面转型的发展需求，我国的知识产权制度仍然在不断演进。

### 一　计划经济时代的知识产权保护：1949—1978

新中国成立不久，我国就颁布了《保障发明权与专利权暂行条例》。由于我国实施计划经济制度，产权以国有产权和集体产权为主，个人发明等私人产权得不到确立，到了 1952 年仅审查批准了 4 项专利。所以，这个条例本身就没有起到任何作用。因为政治主张与经济制度的缘故，《保障发明权与专利权暂行条例》在 1954 年被废止，以《有关生产的发明、技术改进及合理化建议的奖励暂行条例》进行替代。这是参考苏联人民委员会批准的《关于奖励发明、技术改进及合理化建议的指示》，并吸取几年来各地区各产业在开展合理化建议工作中的实际经验而拟的。显然这一条例是想在计划经济体制下，以奖励的办法鼓励发明创造，然而到了 1963 年这一条例也被废止。

### 二　改革开放初期的专利法确立：1978—1992

改革开放以后，我国开始由计划经济向市场经济转型。基于经济发展的需求，知识产权制度的建设被提上日程。在考察了日本、德国、美国等国家的专利制度之后，认为日本的专利制度最适合我国的国情。因此，参照日本的《专利法》开始着手起草我国的《专利法》。经过四年多的起草、论证、讨论和修改，我国第一部《专利法》终于在 1984 年出台。该专利法的实施，从法律上承认了发明创造可以作为一种无形财产受到保护，推进了我国经济体制改革和科技体制改革进一步向前迈进，显示了我国改革开放、走向世界的决心和信心。据统计，从 1985 年到 1994 年，我国共受理专利申请 439529 件，其中国内申请 380431 件（占 86.6%），国外申请 59098 件（占 13.4%）。而且，平均每年按 20% 以上的速度递增。这十年期间，全球有约 70 个国家和地区来我国申请专利。在当时，专利制度对于鼓励创造、发展经济发挥了重要作用。虽然当时的专利制度还称不上十分完善，但它对于激励社会创新方面的作用已经开始凸显。

### 三　入世谈判与专利制度的国际接轨：1992—2001

20 世纪 90 年代，我国为加入 WTO 做积极准备，我国的专利制度也在寻求与国际接轨，开始了第一次《专利法》的修订。当时与美国方面的谈判最为艰难，美国有强烈的知识产权保护的诉求。1992 年中美双方签署了《中美知识产权保护备忘录》等双边条约，为了落实这一条约并为我国加入世界贸易组织创造条件，根据美方提出的要求，我国对专利制度做出了调整，主要是扩大了专利保护的范围、拓展了专利宽度、延长了专利保护的时间、取消了专利异议的程序等。

21 世纪初，我国加入世界贸易组织的准备工作进入最后阶段。此时，国际专利制度又进入了更高水平的保护阶段，它的重要标志是 TRIPs 协议的出台。因此，我国在 2000 年进行了第二次专利制度的修订，此次修订引入了 TRIPs 协议中的许多规定，进一步提升了专利权的保护水平，其中包括了诸如"许诺销售权""善意使用""专利侵权赔偿额计算方法"等新内容，这些内容与国际专利法 TRIPs 相一致。终于，我国于 2001 年 12 月 11 日正式加入世界贸易组织，成为第 143 个成员。

我国"入世"之后，大量跨国公司依据我国的专利制度，在中国进行专利布局，对我国的技术创新带来了双重影响。张瑜和蒙大斌（2015）的研究发现，随着我国经济的不断发展及技术创新能力的不断提升，加之我国专利制度改革滞后，导致外国在华专利的申请动机开始转变，其专利战略已从技术转移转变为垄断市场，从保护重大技术转变为构筑竞争优势，同时不断减少在华核心技术专利，而与国内企业的专利纠纷日益增多。蒙大斌等（2016）也进行了定量的研究，建立了时变参数的状态空间模型，采用1985—2013年的数据进行检验。研究表明，在1992年以前外国在华专利显著地促进中国全要素生产率的进步，但在1996年以后，外国在华专利显著负影响中国的全要素生产率。上述经验分析说明，中国的专利制度在企业构筑竞争优势方面对外国企业更加有利，而本国企业欠缺知识产权运用能力。

### 四 国内自主创新的内在需求：2001—2019

在这个阶段，我国自主创新实现经济转型发展的呼声日益高涨，确立完善的知识产权保护制度并严格地执行已经成了很多科技型企业的诉求。在这样的背景下，2008年我国开始了第三次《专利法》修订。此前我国《专利法》的修订更多地是为了满足加入WTO的要求，而2008年《专利法》的第三次修订则更多源于我国自身经济高速发展的需要。而且，由于我国知识产权制度的执法不足，也导致没有达到预期的经济效果，所以第三次《专利法》修订包含了提高专利授权的门槛、进一步扩大专利权利的界定、专利侵权索赔进一步完善、专利执法力度进一步强化等内容。可以说，第三次《专利法》修订及实施，使得我国真正步入基于完善法律制度保障的创新驱动国家。

### 五 中美贸易战与知识产权制度新一轮的改革：2019年至今

目前《专利法》第四次修订的草案已完成，还未审议和实施。此外，近期中美贸易战达成的协定中也涉及大量知识产权保护的条款，相信也会纳入第四次《专利法》的修订内容之中，所以这个事件还要在后期继续关注。其中，2008年《专利法》的修订涉及提高专利申请标准，扩大专利保护范围，明确了侵权索赔、加强知识产权执法等重要事项，该次修订后经历了较长时间的实施，被认为对科技创新起到了积极作用。不难发现，2008年《专利法》的修订有助于激励科技型企业将技术更多地以专利形式持有，有助于增加知识产权的价值，有助于消除企业的技术机密被对手窃取并进行模仿的风险，也有助于企业释放更多的技术细节来缓解融资中的信息不对称。在《专利法》修订的进程中，中国的专利立法逐步得到完善，执法也随之加强，整体的知识产权保护水平取得了较大的改进。当然，在这一过程中学术界和实务界也发生了专利强弱保护的争议。主张强保护的一方认为，专利的强保护原则有利于鼓励创新、实现与国际接轨，这一过程中机会大于风险；然而，主张弱保护的一方则认为，我国的科技实力与西方国家还有很大差距，不宜采用过强的保护原则。事实证明，我们及时修订

《专利法》、适时扩大对外开放的决策是正确的，不仅为我国赢得了国际商贸的发展机遇，同时对于保护国内创新也大有裨益。

## 第二节　中美贸易战的知识产权协定
## 对我国知识产权制度改革的影响

国际上技术贸易的外部压力一直是我国知识产权制度改革的重要因素，以美国为代表的西方发达国家千方百计地想要维持自身在科技方面的优势，不断地对我国施压，形成了倒逼我国知识产权制度改革的外部机制。

### 一　中美贸易摩擦中的知识产权问题

中美贸易摩擦由来已久。近些年来，美国对中国多次发起知识产权方面的特殊301调查和谈判，中美于1992年、1995年、1996年签订知识产权方面的谅解备忘，中国承诺加强知识产权保护，先后修订了《专利法》《商标法》，颁布《反不正当竞争法》等知识产权保护方面的法律法规。在针对中国的特殊301调查和谈判期间，美国针对中国也发起过几次短暂的贸易战。2017年，美国贸易代表办公室再次宣布启动对中国的301条款调查，并声称该调查的目的是确定中国在技术转让、知识产权和创新方面的法律或政策是否歧视美国企业。美国是技术领先的国家，在很多技术领域有着庞大的知识产权，美国认为中国的高新技术企业要发展，就必然会借助这些技术。美国担心失去技术领先的地位，就开始赤裸裸地对我国进行各种遏制。当我国出台《中国制造2025》战略计划时，美国感觉在科技和产业发展的制高点受到了战略威胁，迫不及待对我国发动了贸易战。

2018年301条款调查结果公布，该报告在道听途说、主观臆测和不实之词基础之上认定：中国强迫外国来华企业转让技术、通过海外投资获取高技术、通过网络入侵窃取美国企业核心技术。同时该报告也提出了加征关税、限制投资和WTO诉讼等解决措施。随后，美国总统特朗普签署备忘录，同样肯定了上述内容，并指示在15天内公布建议加征关税的产品清单。自此，中美贸易战正式爆发。

贸易战过程中，中美双方一方面展开激烈的相互制裁，另一方面也积极地展开谈判和磋商。双方都无法通过贸易制裁来彻底地打垮对方，贸易战的结果无外乎两败俱伤，所以以打促谈、边打边谈。直到2020年，中美关于贸易问题达成协议，贸易谈判代表在华盛顿签署了第一阶段经济贸易协议。该协议的签署意味着中美贸易争端终于开始走向和平解决的道路。然而，由于突如其来的新冠疫情冲击，直到本书完稿时，该协议也未彻底实施。尽管如此，该协议还是反映出美国在知识产权保护领域对我国的诉求。美国的这些诉求势必会影响我国知识产权制度未来的改革，势必会影响到我国将要进行的第四次《专利法》修订，因此，在这里做出一个前瞻性的分析。

## 二　中美贸易摩擦关于知识产权的协定及其影响

中美第一阶段经贸协议文本包括序言及八项章节，其中知识产权作为开篇章节，足见其在中美贸易战过程中的焦点地位。在知识产权章节，双方主要关注焦点在于商业秘密保护、药品注册与专利保护期延长、电商平台、地理标志、知识产权诉讼程序及执法等。

### （一）商业秘密

商业秘密相比专利拥有更广阔的边界，一些未申请专利的技术和诀窍被视为商业秘密，一些高端的科技成果往往不采取专利的形式进行保护，而是采取商业秘密的方法。因为申请专利就意味着技术方法会被社会所掌握，但是法律规定并不能够使用该专利进行获利。美国的尖端科技往往藏而不露，大多数采取商业机密的方式进行保护，因此商业秘密无疑是本协议关于知识产权规定中的重中之重。协议中提出"机密性商业信息"的概念，拓展了我国商业机密的界定对象。我国《反不正当竞争法》第十条中规定："商业秘密是指不为公众所知悉、能为权利人带来经济利益、具有实用性并经权利人采取保密措施的技术信息和经营信息。"协议中给出了"机密性商业信息"的定义："任何自然人或法人的商业秘密、流程、经营、作品风格或设备，或生产、商业交易，或物流、客户信息、库存，或收入、利润、损失或费用的金额或来源，或其他具备商业价值的信息，且披露上述信息可能对持有该信息的自然人或法人的竞争地位造成极大损害。"美方将不符合法定"商业秘密"定义的相关产品、服务、数据等信息列为"机密性商业信息"进行约定保护。协议要求中国在商业秘密保护的法律领域与美国现行规定进行对标，而美国的现行规定主要为《统一商业秘密法》《捍卫商业秘密法》以及《经济间谍法》。

协议提出了更有利于商业秘密保护的司法实践的条款。例如，协议要求中方去除商业秘密案件中以证明"实际损失"为启动刑事调查的先决条件。作为过渡步骤，中方应当认定现行规定中的"重大损失"应包含补救措施成本，诸如为减轻对企业运营、策划或重新维护计算机或其他系统的安全所付出的成本。根据相关司法解释，我国目前认定商业秘密案件"重大损失"的金额为50万元。这些规定无疑造成了我国司法实践中侵犯商业秘密罪的立案难问题。实践中，公安机关往往会要求权利人对商业秘密的认定及损失情况各出具一份《司法鉴定报告》，人为地增加了商业秘密案件刑事保护的难度，不利于我国加强知识产权保护。此外，协议要求中方在刑事法规中列举包括以盗窃、欺诈、实体或电子入侵方式达到不法目的的商业秘密侵害，以及未经许可或不正当使用计算机系统从事禁止范围内的行为。现行规定下，我国仅列举了"盗窃、利诱、胁迫或者其他不正当手段获取商业秘密""披露、使用或者允许他人使用以前项手段获取的商业秘密"以及违反保密义务披露或使用商业秘密的行为。

### （二）药品相关知识产权的协定

协议为满足上市审批条件而提交的未经披露的实验数据或其他数据纳入保护范畴，也就意味着，将来对于与药品相关的知识产权侵权或犯罪，尚未获批专利、但是为满足审批条件而提交的数据，也将与专利享有同等的保护，对此，未来《刑法》的保护范围需要适度地扩张。协议首先规定应允许药品专利申请人在专利审查程序、专利复审程序和司法程序中，依靠补充数据来满足专利性的相关要求，包括对公开充分和创造性的要求。补充实验数据规则意味着在新药尚未完全开发成功之时也能够被授予专利，当有了初步的实验数据能证明某物质具有一定的治疗效果，就可以把握专利申请时机，尽快确定申请日（优先权日），并在后续进行实验数据的完善和补充。补充实验数据规则更有利于新药的开发与专利布局，不利于通过快速仿制的方式获取药品专利。协议约定：延长专利有效期以补偿专利授权或药品上市审批过程中的不合理迟延。专利有效期的延长，也就意味着，对于专利的《刑法》法益保护时间，要在原有专利保护时间的基础上，分别就专利授权和商用上市审批的不同情形予以延长。专利授权或上市审批中对于审批过长的迟延，导致将来对每一个不同的专利，其保护的时间都可能是独一无二的。协议还规定了药品快速上市、快速救济、民事司法程序等执法事宜。

### （三）电商平台以及仿冒抄袭商品执法

协议约定：双方应减少可能存在的壁垒，使消费者及时获取合法内容，并使合法内容得到著作权保护，同时，对电商平台提供有效执法，从而减少盗版和假冒。中国应提供执法程序，使得权利人能够针对网络环境下的侵权行为采取有效、迅速的行动，包括有效的通知及下架制度，以应对侵权。共同并各自打击电子商务市场的侵权假冒行为。相关协议主要是强调了执法的相关适宜。例如，要求线上稽查、线下执法，假冒伪劣和侵权盗版行为的认定，加大惩罚力度，细化"通知—反通知"规则等。同时，要求中方增加执法透明度，在协议生效后4个月内每季度网上发布相关执法行动产生的可衡量影响的数据。

### （四）著作权

协议规定：如果没有相反的证据，以通常方式署名显示作品的作者、出版者、表演的表演者或录音制品的表演者、制作人，就是该作品、表演或录音制品的著作权人或相关权利人，而且著作权或相关权利存在于上述作品、表演、录音制品中。免除出于确立著作权或相关权的所有权、许可或侵权的目的，提交著作权或相关权的转让协议或其他文书的要求。协议明确要求我国在著作权及其相邻权的民事案件中简化权利人的证明手续，并实行举证责任倒置，由侵权人就其使用作品的合法性承担举证责任。

这项条款显著降低了著作权人就侵权行为的举证负担，将对我国即将修订的《著作权法》产生重要影响。

**（五）知识产权诉讼和执行**

协议对知识产权的诉讼及执行也进行了大幅度的规定，如果这些条款彻底落实，将对我国知识产权领域诉讼及执行产生深远影响。协议规定：如依据客观标准，存在基于清晰事实的对于知识产权刑事违法行为的"合理嫌疑"，中国应要求行政部门将案件移交刑事执法，并且双方应规定足以阻遏未来知识产权窃取或侵权的民事救济和刑事处罚。换言之，知识产权的窃取或侵权不再视为民事案件，降低了视为刑事案件的门槛。根据我国《刑法》的相关规定，目前侵犯知识产权的犯罪的普遍量刑分为两档。第一档为三年以下有期徒刑或拘役（或管制）；第二档为三年以上七年以下有期徒刑。从客观角度而言，这样的刑罚措施与侵犯知识产权犯罪的犯罪后果相比并不成比例，难以达到刑罚应有的震慑性效果。该协议明确要加大惩罚力度，直到能够遏制这些行为。

协议规定在发现存在"合理嫌疑"时应当将行政案件转移至公安机关启动刑事调查。那么何为"合理嫌疑"？执法部门根据基本情况，有充足的理由怀疑犯罪行为曾经、正在或者已经发生，执法人员有权利对嫌疑人进行当场留置和简单盘问。也就是说，公安机关可以凭借主观怀疑对案件进行取证、调查和采取强制措施。在美国，宪法规定公民不受非法搜查和非法逮捕，其刑事案件办理中对警方进行搜查、扣押以及逮捕等均制定了严格标准，"合理嫌疑"便是其中一项。但是目前我国的刑事司法程序有宽松的警察权且缺乏有效的配套制约机制，我国《刑事诉讼法》对非法证据的排除也十分有限。显然引入"合理嫌疑"也是为了加强知识产权的执法。

## 三　中美知识产权协定对我国经济发展的影响

现在中国的保护知识产权执行也是世界都承认的、公认的。因为我们建立了北京、上海、广州很多知识产权审判庭，而且外商只要权利人拿出证据，负举证责任，他都得到了公平处理。知识产权不光是解决外国人的技术成果保护的问题，也是本国技术发展的有力保障。中国的知识产权的拥有量、申请量都是走在世界前列的，所以这是中国经济发展的亮点，也是中国经济发展的一个支撑和支柱。

需要指出的是，我国是后发国家，科技创新的开展较晚，相关制度安排摸索的时间还比较短。在过去因为我国处于学习和追赶的阶段，在知识产权保护上还不够重视。这些原因，导致了我国知识产权保护制度和执行体系难免存在着一些问题。当然，我国也欢迎相关的贸易伙伴提出建设性的意见，来进一步完善我国的知识产权制度。

中美第一阶段经贸协议中从七个方面加强了对知识产权的保护。在商业秘密保护方面，明确了侵犯商业秘密责任人的范围、禁止行为范围；在药品知识产权方面，双方应为药品相关知识产权，包括专利以及为满足上市审批条件而提交的未经披露的试验数据或其他数据，提供有效保护和执法；在知识产权司法保护方面，规定了刑事案件移交、执法标准、判决执行、文书和证人证言规则等。

总体上来看，美方提出的若干知识产权方面的诉求，也是我国知识产权制度改革的必然方向，同时我国也获得了美国方面同等的对待，每一个条款后面都注明了"美国确认，美国现行措施给予与本条款规定内容同等的待遇"。所以不光是美国的技术在中国得到有效的保护，中国的技术也要在美国得到保护。

所以中美贸易协定中知识产权部分整体上观照到了美国方面的利益诉求，也有利于我国创新的长远发展。这方面的改革，美方正好提供给我们外在的动力和监督。有力的知识产权保护，不仅有利于国外的先进技术更多地进入中国，也有利于我国的自主创新，有利于建设创新型国家，符合我国推动经济高质量发展的需要。

## 第三节　知识产权制度如何解决信息不对称的问题

谈及知识产权制度，多数人都关注知识产权制度与创新的关系，而较少有人关注知识产权制度与融资的关系。其实这属于一个硬币的两个面，这两个面的作用都非常重要。既要产生新的技术成果，又要利用这些技术成果融资，最终让发明家实现商业利益。我国的知识产权制度的演进是否会对科技型企业的债权融资产生影响？如果产生了影响，那效果如何？这关系到我国下一步知识产权制度的改革方向。

### 一　知识产权制度与创新

知识产权制度的改革对创新的作用不言而喻，已经有很多学者对此进行了研究。比如，史宇鹏和顾全林（2013）的研究就指出，知识产权侵权程度对企业的研发确实具有很强的抑制作用，且负面影响并不能够通过事后查处的方式得到完全消除，因此，要想激励企业创新，对知识产权的保护不应局限于对事后侵权行为的惩罚，还应包括对潜在侵权行为的事前防范。而李诗等（2012）的研究表明，知识产权保护程度的加强，有利于提升知识产权的价值，进而有利于知识产权的融资。张杰和芦哲（2012）认为我国知识产权保护与企业R&D投资之间呈现"倒U型"的关系，加强知识产权保护不仅能够激励企业技术创新，还能够提高竞争力强的本土企业的利润。蒙大斌（2016）对知识产权制度与创新之间的关系做了较为全面和系统的研究，通过总结专利制度有益论、有害论和无用论的相关研究，提出了"专利制度有效性的情境主义"假说，认为专利制度是否有效，取决于专利制度固有的内在矛盾与外在的经济环境相互作用。我国应该利用多个政策变量将倾向于技术扩散机制的专利制度转向倾向于技术创新机制的专利制度。同时，专利制度体系的设计与执行应该进一步精细化与差异化。

## 二 知识产权制度与信贷融资

那么，知识产权制度的改革是如何影响企业信贷融资的呢？知识产权制度改革使得知识产权保护的程度在不断地加强，这不仅体现在知识产权的权利要求层面，还体现在知识产权执法层面，主要在于强有力的知识产权保护对于融资有促进作用。

首先，企业获得的信贷金额主要取决于企业自身拥有的可抵押资产和预期的现金流收入，加强知识产权保护可以增强企业获取信贷资金的能力。为了降低融资关系中的风险，贷款人通常要求在合同条款中加入抵押担保条款（Inderst & Mueller，2007）。然而，只有少数的专利在市场上具有流动性，且未来的现金流通常很难预测，即使债权人接受专利，但由于知识资产具有较低的贷款与价值比率，债务人也很难获得较大的信贷额度。此外，科技型企业的债务人通常也不会拿出核心的专利进行抵押，从而限制其使用（Fischer & Philipp Ringler，2014）。更强有力的知识产权保护可以提高知识产权的流动性和价值，从而提高企业利用其专利发明作为担保债务抵押品的能力。加强知识产权保护增加了知识资产的价值和流动性，使得企业在破产时为知识产权拥有更强的安全利益，从而从贷方的角度增加其清算价值。随着知识产权保护的强化，最近债权人越来越愿意接受专利作为抵押品（Mann，2018）。因此，专利抵押品价值的增加和流动性的增强有利于科技型企业获得更多的贷款。

其次，金融机构往往通过缩短信用期限的方式对风险进行控制，基于安全性的考虑，银行更倾向于将资金短期出借，短期债务融资使银行可以及时、经常地获得有关贷款企业生产和经营方面的信息，从而可对企业强化监督。因为债务会随着时间的增长衍生出更多的不确定性，强化知识产权保护能够降低企业经营未来的不确定性。由于知识产权保护的加强，其他企业无法复制或者模仿该公司的专利产品，所以公司可以独享技术垄断收益，从而提高该产品在专利保护期限内的销售毛利率，合理预期未来现金流的增加，这使得技术创新成果获取收益的不确定性降低（李诗等，2012）。因此，如果债权人对未来现金流量不确定性的估计会影响借款人的信用风险，则更强的专利权应该能够延长科技型企业风险信贷的期限。

再次，信息不对称会导致金融机构对企业的主观风险评判，同时也会增加金融机构对企业的审查成本和监督成本，这是信贷成本居高不下的重要原因。知识资产包含关于企业未来前景的"软"信息属性，这些信息在贷款过程中极具价值（Petersen & Rajan，1994）。知识产权保护的增强使得公司的知识产权和技术信息得到较好的法律保护，公司更愿意披露信息给外部股东和债权人，减少信息不对称（吴超鹏和唐菂，2016）。Arrow（1962）的研究表明，在知识产权保护较强的国家，企业可能更愿意与外界分享其专利发明的技术细节，而不必担心被窃取。因此，加强知识产权保护可以提高借款人向贷款人安全披露有关其知识产权的私人"软"信息的能力，从而减少对公司未来前景的不确定性。

复次，知识产权制度改革能够降低融资成本。知识产权质押贷款的融资成本是融资过程中发生的各种费用，从绝对量上表现为筹资费和使用费的集合；从相对量上表现为实际使用费与实际使用资金量之间的比率。总之，这些费用包括评估费用、手续费、公证费、相关税费、利息等显性成本及机会成本、风险成本、代理成本等隐性成本。知识产权制度可以发挥直接作用影响融资成本，也可以发挥间接作用。像申请专利的费用、专利维持费用，这些费用的降低，直接为企业利用专利进行融资减轻了负担。知识产权制度的有效执行，可以减少融资过程中的一些不必要的程序，降低手续费。所以，在知识产权质押融资中，将法律因素作为变量，可以分析出法律因素对质押融资成本的影响。

最后，还需要进行说明的是，这几种机制对风险信贷的金额、期限和成本还存在着一定的交互影响。例如，知识产权价值的增加，可以在一定程度上缓释风险，从而降低债务的成本；知识产权保护带来预期现金流不确定性的降低，这也可以在一定程度上增加企业的盈利能力，提升企业的信用等级，从而增加贷款金额；科技型企业通过申请专利提供更多的信息，也可以减少银行对企业未来前景不确定性的担忧，从而延长贷款期限。

## 第四节　知识产权制度改进的融资效果

随着知识产权制度的变迁，企业的融资情况受到影响了吗？这个问题包含两个层次：其一，针对企业依靠实物资产和现金流进行的债权融资和股权融资，随着知识产权制度的变迁是否发生变化；其二，针对企业依靠知识资产和现金流进行的债权融资和股权融资，随着知识产权制度的变迁是否受到影响。学者们围绕这两个层面的问题进行了相关的研究。

Azizjon（2019）探讨了知识产权保护对成本的作用。本文提供了强有力的证据，证明借款人经历了知识产权改革的国家的银行成本大幅降低。重要的是，知识产权改革对贷款利率的影响在知识产权更加密集的工业区明显更大。额外的分析表明，在改革之后，农民获得了更大规模的贷款，这表明与知识产权的改善相关联的是提供更高的信用额度。知识产权改革还增加了外国贷款机构参与贷款集团。总的来说，这些发现表明法律保护知识产权对企业借款成本和借款能力有重大影响。

蒙大斌（2020）认为，知识产权不仅能够直接用来质押融资，也可以间接地影响企业信贷融资的金额、成本和期限。文章研究了科技型企业知识产权和风险信贷的关系，并且重点关注知识产权制度的改进带来的知识产权保护水平的提升对于科技型企业风险信贷的影响。文章将 2008 年年底中国《专利法》的第三次修订视为一项准自然实验，利用中国创业板及中小企业板的微观数据，进行了实证检验。研究发现，知识产权保护水平的强弱对科技型企业的信贷融资金额及成本有显著影响。知识产权保护水平越高，商业银行等金融机构愿意给企业提供越多的风险信贷，同时这些信贷融资的成本越低，但是对信贷融资期限的影响不显著。文章的贡献在于：证明了知识产权对于科技型企业信贷融资的重要性，证明了知识产权保护水平的提升改善了科技型企业的债权融资情况。

李莉、闫斌和顾春霞（2014）证明了随着我国知识产权保护水平不断提高，科技型企业内外部信息不对称程度会不断降低，能够促进科技型企业利用知识产权进行融资，其中信息不对称水平是知识产权影响高科技企业融资结构的中介变量。此外，他们还研究了知识产权保护水平、信息不对称、科技型企业融资结构三者的关系，研究认为：知识产权保护水平越高，企业内外部信息不对称程度越低，企业越倾向于股权融资，而非债权融资。

褚杉尔和高长春（2018）实证研究知识产权保护对文化创意企业融资约束的影响。研究发现，我国民营文化创意上市公司普遍面临融资约束，资产越轻、有形资产抵押越少的文化创意企业面临的融资约束问题越严重。知识产权制度的改革使得知识产权保护程度提高，通过两个方面作用于融资：一方面，文化创意企业的版权、著作权等知识产权的市场价值能得到一定保证，对知识产权的价值评估能更好地进行，无形资产的抵押也能更好地开展；另一方面，知识产权的复制、侵占行为会得到控制，企业会愿意披露自己知识产权方面的信息，更倾向于向国家申请知识产权认定，降低公众关于企业价值、盈利能力等信息上的不对称。因此，加强知识产权保护能有效缓解该民营文化创意上市公司的融资约束。

张晓月和张鑫（2019）研究表明，知识产权保护水平能协助企业缓解外部融资约束，使企业提高研发投入。具体的作用机制如下：研发投入的提高将有利于专利数量的增加，专利数量增加有助于企业获取政府奖励，政府专利奖励缓解企业融资约束，并且将会促进企业知识产权成果的转化，同时，知识产权保护的加强将减少侵权行为的出现，最后企业获取利润。如此，形成一个知识产权保护与政府资助螺旋反馈的机制。

黄宏斌和苑泽明（2011）指出，知识产权制度体系会影响知识产权融资的效果。尽管我国政府正在努力完善与知识产权融资有关的法律制度，但诸多方面的不健全仍旧困扰着知识产权融资的整个体系。例如，著作权的登记、交易和转移缺乏相应的公示机制。知识产权的融资实践是一个非常复杂而又具体的问题，因此，只有强化知识产权制度体系的建设，才能够更好地推动知识产权融资的发展。

Dang Jianwei & Kazuyuki（2014）的研究指出，中国是一个独特的案例。在 2006 年之前，知识产权债权融资在中国发展缓慢，不仅是由于知识产权本身的特征不适合融资，更糟糕的是还因为知识产权执法不力。在 2010 年，由于知识产权执法力度加大，政府推动中小企业融资和银行改革，专利支持的债务融资发展非常迅速。

吴超鹏和唐菂（2016）基于我国知识产权执法体系，构建各省知识产权保护执法指数，进而实证检验政府加强知识产权保护执法将对企业的创新融资产生影响。研究发现，知识产权保护的增强使得公司的知识产权和技术信息得到较好的法律保护，公司更愿意披露信息给外部股东和债权人，减少信息不对称。此外，外部投资者预料到所投资的研发项目的创新成果可以得到较好的法律保护，不至于因被侵权而造成投资损失，因此其投资意愿更强。由此推知，当政府加强知识产权保护时，外部投资者更可能为企业提供创新融资，进而促进企业创新。

# 第十章　政府担保、风险补偿基金与
# 知识产权信贷融资

还有一个问题必须要进行讨论，那就是政府可以在解决信息不对称的问题中发挥作用吗？如果能发挥作用，应该具体采取什么措施？此外，政府应该如何鼓励、引导和推动大范围的知识产权信贷融资？本章探讨一些政府的政策在解决信息不对称中的作用，特别是政府直接参与担保和提供风险补偿基金后，政府的行为变得更加积极和主动。而政府所具有的独特的信息优势和处置手段也促使相关问题得到一定程度的解决。

## 第一节　政府担保与风险补偿基金

知识产权的信贷融资具有典型的风险大、收益低的特点，特别是对资质较差的科技型中小企业来说，更是有违风险收益的处置原则。商业银行花费了很大的精力去克服知识产权信贷融资的信息不完全，而且冒着相比实物资产抵押融资更大的风险，但是整体收益却没有得到相应的提升。在现行的利率定价机制下，银行也无法通过从少数取得成功、高速成长的小企业身上获得超额利润，以此来弥补其他小企业造成的损失，知识产权信贷融资远不及股权投资的收益大。因此，如果没有风险分担机制和风险补偿机制的支持，单纯地基于风险和收益进行决策，商业银行等金融机构普遍不愿介入。

### 一　政府担保

融资担保机构从性质来看，有政策性、商业性、互助性三种基本类型（张承慧，2019）。寻求商业性担保机构的参与能够分担风险，促进知识产权债权融资吗？答案是：在我国就债权融资而言，商业银行处置的风险，大多数情况下其他金融机构也力所不及。而担保公司则更缺乏抗风险能力，可能因一笔贷款的代偿而导致全年无收益，影响其可持续发展，所以更是慎之又慎。担保机构自身资金使用效率低和规模效应不足。另外，担保机构普遍实力不强，进一步制约了其作用的发挥，机构众多、业务分散，使得任何一家担保机构都难以承担较大的风险，风险和收益的不对称也制约了担保机构的发展。

商业性担保机构的本质是取代银行风险控制的职能，在一定程度上弥补银行在一些业务上的能力不足。不同的是，商业性担保机构并不是以直接放贷或者转贷的方式为企业或者个人融资，而是以担保的形式促成商业银行发放贷款。在这个过程中，商业性担保机构起主导作用，银行处于被动和配合的地位。商业性担保实质是金融深化的一环，是非银行类金融机构协助银行业务拓展的重要方式。

我国的担保行业起步较晚，在国家的大力推动下，逐步形成了较为成熟的行业体系，在融资中发挥重要作用。其中很明显的特点是，我国的担保机构国有控股比例较高，大部分融资担保机构规模偏小，市场化还不是特别的充分。此外，银行对担保机构准入门槛高、银行对担保机构收取保证金导致担保机构的杠杆功能严重受阻，直接导致了我国担保机构担保能力偏弱，担保放大倍数不足。此外担保风险分担、再担保机制不完善限制了我国担保行业的发展。

尽管我国融资担保体系为科技型中小企业融资困难问题提供了不少帮助，但是仍然没有发挥其应有的作用。长期以来，我国科技型中小企业都面临着一系列的发展障碍，其中遏制科技型中小企业发展的最主要的障碍是融资困难。担保机构在其中扮演着重要的角色，然而单纯从市场的角度来讲，大多数商业性担保机构不愿意给科技型中小企业融资进行担保。一方面，这源于担保机构也没有足够的信息和能力处置其中的风险；另一方面，中小企业本身收益与风险的不对称性，势必导致融资担保市场供给不足（李庚南，2017）。如此一来，只能寄希望于政策性担保机构或者政府直接进行担保。

政府利用自身的信用可以很好地为科技型企业增信，协助科技型企业进行知识产权的融资。因此，政府如果参与担保，作为风险最后的兜底人，能够在很大程度上推动知识产权信贷融资。政府融资担保公司正在面临更加复杂化的风险（曾年华，2019）。但是科技型中小企业大多数都从事高风险高收益的投资项目，因此为科技型中小企业提供担保的政府机构经营的都是高风险业务，政府要考虑在何种程度上承担这些损失，并且如何最大限度地控制和转移风险。政府担保让政府变成了利益相关方，如何控制、转移、分担或者承担知识产权信贷融资的风险，对于政府整个财政和金融系统的安全至关重要。自从我国实施财政分权制度以来，地方政府自负盈亏，让其资金的使用也开始追求效益指标。因此，政府有动机对其担保行为实施更有效率的管理。

## 二 风险补偿基金

除了建立政策性担保机构之外，政府支持金融机构对科技型企业进行信贷融资的另一个政策工具是风险补偿基金。余丹和范晓宇（2010）指出，银行承担融资过程的高风险，需要对其进行相关的风险补偿，才能激励银行的参与热情。政府风险补偿基金贷是指以政府风险补偿基金作为主要风险缓释措施，由银行向特定科技型企业客户群体提供配套信贷资金支持的融资业务。科技型企业的信贷风险补偿基金是信用保障资金，是面向科技型企业的专项基金，主要用于推动和加大银行对科技型企业的贷款，对放贷银行为科技型企业贷款所产生的损失进行补偿，为科技型企业承担有限代偿责任。

风险补偿基金有独特的作用和优势：与政府优惠贷款相比，风险补偿能让企业获得更多的资金。由于政府优惠贷款资金规模有限，能够获得贷款的企业数量非常少，所以政府优惠贷款并不能解决大范围的科技型企业融资约束的问题。与建立政策性担保公司相比，贷款企业的筛选要经过政府科技部门、担保公司和银行的三层审核，从而延长了知识产权信贷融资的审批时间。建立贷款风险补偿资金后，贷款企业就只由银行筛选，从而提高了审批效率，缩短了审批时间。与贷款贴息相比，风险补偿能有效降低银行的风险，贷款贴息是为了直接降低知识产权信贷融资的融资成本，对于降低银行风险的作用不大，风险补偿基金是在风险爆发后起到补偿的作用，因此直接降低了银行参与知识产权信贷融资的风险。

我国各地方政府对科技型企业贷款融资有两种风险补偿的办法：第一种是如果银行给中小企业发放贷款形成了不良贷款，政府科技部门要承担不良贷款的20%—40%，以减轻银行的风险。第二种是如果担保公司愿意为中小企业进行担保，政府给担保公司1%的风险奖励。政府实施风险补偿建立专门的基金，让专业人士进行管理。风险补偿基金将积极扩大服务覆盖面，最大限度地发挥杠杆放大作用。对基金规模十倍杠杆的知识产权质押贷款业务纳入风险补偿池。风险补偿基金能够弥补商业银行因为信息不完全所造成的损失，通过风险分担的方式提高知识产权质押贷款代偿容忍度。风险补偿基金主要解决的是如何通过成本补偿等方式，优化知识产权质押融资模式，属于促进模式，其最终目的是促进知识产权质押融资发展。

## 第二节　政府担保和风险补偿基金缓解信息不对称的作用

银行基于风险和收益进行信贷决策。风险是银行充分实施了事前和事后的控制手段后，仍然存在的能给自身带来损失的可能性。而收益则是期望净收益，总收入扣除了相关成本，并考虑到了失败的情形和成功的情形，及其发生的概率。如果期望收益和风险水平银行能够接受，他们采取大量而分散的贷款项目，让这个期望的收益转化为真正的收益。当然，如果项目少且集中，就无法保障最终的盈利是正，因为概率事件要遵循大数定律。

科技型企业的知识产权质押信贷融资与传统企业的实物抵押贷款有更大的不同。风险相对较大，但是收益却没有成比例地提升。科技型企业采取技术创新活动，遭遇到的不确定性更大。尤其是科技型中小企业，在技术尚未成熟且处于探索阶段的时候，更容易遭受失败。而所有贷款的利率却又都遵循市场上的基准利率。而且国家的贷款利率有上限，超过10%就被视为高利贷，所以科技型企业的贷款利率一般与传统企业的贷款利率并无太大差别。风险和收益的不成正比，令科技型企业的知识产权信贷融资更加艰难。

### 一　政府担保对缓解信息不对称的作用

对于知识产权信贷融资，科技型企业和银行之间存在着信息不对称。有时候凭借商业银行的能力和资源，还不能够很好地解决这些问题。因此，需要借助有信息优势的第三方来减少银企双方的信息不对称。此外，科技型中小企业的信用也不足，需要借助社会信用资源来打破中小企业经常陷入的信用与交易的恶性循环"陷阱"，使有发展潜力的中小企业得到发展的资源，并得以积累自己的信用。由于社会信用资源具有准公共产品的性质，政府有责任参与其生产和供给（喻均林和刘和平，2006）。

信息经济学将担保看作对事前信息不对称的补偿或是减少事后代理问题的手段（Berger et al.，2011），从而形成了担保的逆向选择理论和道德风险理论。

逆向选择理论强调担保能够解决事前的信息不对称。张雪莹和焦健（2017）指出，担保本身就可以作为反映债务人低风险水平的信号，这些低风险的高质量债务人采取担保后可以降低借款的综合成本，获取较低的利率，而高风险的债务人因为担保后的综合成本高反而暴露了自身的实力，高融资成本使得它们不选择担保，因此实现了分离的均衡。

道德风险理论则强调担保有助于解决事后的信息不对称。高风险低信用的债务人在获得贷款以后，道德风险问题更严重，银行从处置担保品中得到的价值将远远低于借款者贷款的价值（Barro，1976），因此银行希望担保机构能够分担其中的风险，而担保机构的介入，也加强了对借款人的事后监督，因此能够在一定程度上缓解该问题。

政府作为第三方保证人来参与银行与企业之间的交易，通过降低银行所面临的信贷风险和企业所面临的贷款条件，促使贷款交易能够顺利实现。从信用担保机构的产生过程看，信用担保机构能够在一定程度上解决银企之间的信息不对称问题。

钱龙和张桥云（2008）的研究指出，政府担保能够解决信贷市场由于信息不对称引发逆向选择和道德风险问题。其逻辑如下：一方面，政府担保的信用增强功能降低了融资成本，这使得低风险者寻求低利率的情况能够实现，那么低风险者就不会被挤出市场，逆向选择不会发生；另一方面，政府担保能够在事后制约企业的道德风险行为，企业不仅仅对银行负责，也要对实施担保的政府负责。

### 二　风险补偿基金对缓解信息不对称的作用

风险补偿基金和风险贷款贴息的作用就是在一定程度上纠正风险和收益的失衡。两者作用的主体不同。风险补偿基金令银行在信贷项目违约后，形成不良资产，在清算这些不良资产的时候得到补偿。虽然风险补偿基金不能改变风险事件的发生，但是它却在一定程度上改变了银行的期望净收益。这在一定程度上能够促进银行发放更多的贷款给科技型企业。而风险贴息贷款作用的是科技型企业，科技型企业在从事科技研发、技术商业化过程中，资金使用的成本较高，为了降低它们的融资成本，采取贴息的方式。这会进一步激发它们的创新动机，有利于科技型企业的发展。

从金融机构方面看，风险补偿基金可以有效分担风险，让金融机构吃下"定心丸"，强化金融机构对新型经营主体的授信意愿。金融机构也可以借助政府部门的信息优势，充分了解新型经营主体的经营状况，减少由于信息不对称而导致的逆向选择问题和道德风险问题。通过这种方式，可以让金融机构在大中型企业贷款需求被直接融资分流的情况下，扩展客户和业务范围，获取新的业务增长点。

风险补偿基金和政府担保是政府财税进行外部介入的政策。政策的初衷是改变银行知识产权债权融资的决策，解决该领域信贷资金投放不足的局面。政府采取风险补偿基金的方式，首先要筛选出其中有能力进行知识产权债权融资业务的银行，因为没有能力的这种银行会造成风险补偿基金的巨大损失。政府将这些银行向社会公布，就能够令相关企业迅速地进行对接。

随着大数据和信息化的发展，政府在信息方面有了独特的优势（安小米等，2019），一些数据政府自身能够掌握和运用，而且在一定条件下也能向银行和企业开放。更重要的是，政府在一些重要的信贷项目上进行把关，结合自身对企业信息的独特了解，给予银行相应的建议。政府财税的外部介入，并不等于不干预银行具体的放贷活动，而是在一定程度上监督和协助银行开展相应的业务，尤其是在对接相应的企业和提供相关信息方面，政府依据自身独特的信息数据，能够在一定程度上帮助银行解决其中的信息不对称问题。

## 第三节　政府担保和风险补偿基金的实际运行

### 一　政府担保的实际运行

美国很早就注意到科技型中小企业存在的融资约束问题，采取多种政策促进银行等金融机构对这些企业进行融资。例如，美国出台的《中小企业投资法》《机会均等法》等多部法律，为企业创新提供了项目支持与税收优惠，为知识产权质押融资提供了良好的培育土壤。另外，美国建立了完善的配套服务体系，为知识产权质押融资制度的风险控制提供了完备的分担与处置通道。

1952 年，美国筹划成立了一个中小企业帮扶机构，这个帮扶机构就是美国中小企业管理局（SBA），它是美国政府的一个独立机构，职能是"竭尽所能援助、咨询、协助和保护中小企业的利益"。SBA 以提供再担保服务的方式，和担保机构共同为中小企业的知识产权质押融资提供担保。自成立至今，SBA 已经为中小企业提供了数以百万计的贷款。SBA 并不直接向中小企业发放贷款，它其实是一个中介者，沟通贷款方和放贷方。中小企业向放贷者提出贷款要求。放贷者决定它们是直接贷款还是因申请存在瑕疵需要 SBA 提供担保才能贷款。SBA 向放贷者保证，如果贷款人到期不履行还款义务或者拖欠，政府将补偿其损失，上限是 SBA 的担保比率。根据这一项目，贷款人仍然为全部债务承担责任。所以从本质上来说，SBA 即为政府担保机构。

我国也有很多类似的担保机构。上海市中小微企业政策性融资担保基金管理中心就是其中之一。该中心挂牌成立于 2016 年 6 月，是上海中小微企业政策性融资担保基金的管理运营机构。上海中小微企业政策性融资担保基金由上海市人民政府批准设立，初始规模为人民币 50 亿元，来源以财政出资为主，接受银行捐赠或赞助等资金参与。担保基金坚持政策性定位，体现政策性导向，不以营利为目的，为符合国家和本市政策导向的中小微企业提供融资担保服务。上海中小微企业政策性融资担保基金和上海银行联合上海安信农业保险公司，共同推出"知识产权融资保"，该产品专门面向轻资产科技型中小企业，将企业知识产权从原来的"软资产""软担保"转化为融资中切实有用的"硬资产""硬担保"，解决了制约科技型中小企业快速发展的融资难题。

所谓的"知识产权融资保"，是指针对科技型小微企业拥有无形资产而缺乏固定资产的特点，上海银行和安信农保指定专业的知识产权评估公司进行知识产权评估，借款企业将自身的发明专利、实用新型专利等无形资产质押给安信农保公司。同时，该产品的风险共担机制如下：一是由安信农保为贷款本金的 90% 部分提供保证保险，上海银行承担剩余 10% 敞口风险，借款企业无须提供房地产抵押等其他担保措施。二是由合作的区政府提供政府风险代偿资金引导扶持，对保险公司给予一定的风险补偿。三是引入上海中小微企业政策性融资担保基金，对保险公司形成的最终损失进行再担保，凸显市担保基金政策性、公益性定位，进一步为保险公司提供风险分担，使保险公司提高风险容忍度。

目前，"知识产权融资保"在上海市奉贤区已成功实现了业务落地，并获得良好反响。某头盔生产公司是上海市高新技术企业，具有多项发明、实用新型和外观专利，多个品牌在美国和欧洲等发达国家进行了注册。此前，和众多中小型科创企业一样，该企业一直面临缺乏抵押、求贷无门、融资困难的窘境，融资成为企业发展的瓶颈。依托上海银行"知识产权融资保"产品，该公司仅通过知识产权质押，就获得了一年期流动资金贷款 300 万元，着实解决了企业发展的"燃眉之急"。上海银行表示将在上海全市进行复制推广。同时，上海银行也将进一步配套投行业务、以优先认股权为核心的投贷联动业务、远期共赢利息业务等创新产品，为科技型中小企业快速发展、拓展融资渠道、开展股权激励等，提供全方位的金融服务。

### 二　风险补偿基金的实际运行

风险补偿基金是我国缓解科技型中小微企业融资难的一项创新性举措，旨在为银行知识产权质押融资损失和风险提供政策性补偿。自 2015 年年底，国家知识产权局已在四个省份开展风险补偿基金试点工作：四川、山东、辽宁、广东。四川省出台《四川省知识产权质押融资风险补偿基金管理暂行办法》，山东省出台《山东省知识产权质押融资风险补偿基金管理办法》，辽宁省下发《关于设立辽宁省知识产权质押融资风险补偿基金的实施方案》，广东省下发《广东省知识产权质押融资风险补偿基金实施方案》。

从当前试点地区实际出资情况看，风险补偿基金是由中央和地方财政共同出资设立的。一般而言，地方会以 1：2 或 1：3 的比例对中央财政资金拨付配套资金，建立风险补偿基金的资金池。从资金来源可以看出，风险补偿基金属于政府引导性专项资金。由于知识产权在权利归属、估值、侵权和变现等方面存在风险，需要政府通过财政力量提供国家层面的担保机制，鼓励和引导金融机构对知识产权质押融资加强支持。

按照经济实践，风险补偿基金有几种常见的运作模式，这些模式有不同的参与者，参与者的风险分担也不一样。杨帆等（2017）学者总结了三种模式：第一，风险补偿基金＋保险＋银行。风险补偿基金对于质押贷款本金损失按照一定比例偿付。企业购买履约保证保险和专利保险产生的保费，风险补偿基金可以在一定范围内适当补贴。由银行和保险公司负责不良贷款的处置，处置后追回资金按照事先风险分担的比例进行分配。第二，风险补偿基金＋担保＋银行。风险补偿基金对于质押贷款本金损失按照一定比例偿付。对于担保过程中产生的担保费用，风险补偿基金可以在一定范围内适当补贴。由银行和担保公司负责不良贷款的处置，处置后追回资金按照事先风险分担的比例进行分配。第三，风险补偿基金＋银行。风险补偿基金对于质押贷款本金损失按照一定比例偿付。对于未能收回的贷款损失，由银行进行追偿，追回资金归属银行；另外，也可根据质押贷款的不良率发放。当不良率高于银行其他各项贷款不良率的年度目标时，仅对高出的比例进行补偿。

风险补偿基金是具有产业引导性的政府专项资金，其发起和管理部门一般都是地区的科技、财政主管部门，但在各地区基金运营过程中，形成了政府主导型和市场主导型两种主要模式。政府主导型的风险补偿基金，顾名思义，该基金由政府发起成立，由政府运营和管理，由政府出资并承担风险。该补偿基金属于一种政策支持，政府拥有自主决策权。该运营模式以山东省为代表。山东省知识产权局和科技厅成立了风险补偿基金，鼓励银行对科技型中小企业进行知识产权质押融资。该基金有专门的运作机构，机构内部人员由相关政府部门的人员构成。如果银行的一些融资项目失败，形成呆账和坏账，银行需要向基金提交相关凭证和资料，提出补偿申请，基金对相关材料进行审查后，按照事先约定的风险承担比例进行补偿。政府主导型的风险补偿基金不以营利为目的，也不进行商业化运作。

市场主导型的风险补偿基金。与该基金的名称有些出入，该基金仍然是由政府发起成立，仍然是由政府出资并承担风险，不同的是该基金由市场主体运营。政府主要职责限于确定合作银行，审议确定基金管理重大事项，以及对基金使用情况进行监督考核。但是并不干预基金的日常运营。如受理企业贷款、贷后跟踪管理、办理基金补偿以及贷款损失核销等，均由基金管理人负责。该运营模式以广州市为代表。该运营模式下，由基金管理人负责风险补偿基金的日常管理，并且与银行、担保公司等金融机构以协议的形式明确授信额度以及优惠利率，以市场化的方式开展基金运营。以市场为主导的风险补偿基金可以实现盈利，盈利的来源有两个：一是基金的主体资金进行投资理财；二是风险补偿的合作银行交纳的风险金。这两个盈利的来源如果覆盖了风险补偿的金额，就实现了盈利。

风险补偿基金是地方政府促进知识产权质押融资的重要手段，构成了企业生存和发展所需环境的重要组成部分。地方政府利用这个政策可以促使更多的初创企业入驻，有利于招商工作，同时也实实在在地促进了中小微企业的成长。目前，各地的风险补偿基金结构和运作模式基本都遵循政府引导、市场运作、风险共担、合理容错原则展开。从实务运作上看，风险补偿基金发展需要保证基金的稳定性和成长性，争取更多社会资金的参与，扩大基金规模；另外，需要优化基金与保险、担保机构等其他市场主体间的合作模式，拓宽风险分散渠道。

## 第四节　风险共担成功的案例
### ——博昇光电融资风险的三方共担

武汉农村商业银行，在一项知识产权质押贷款业务中，充分引入了政府、担保机构和企业三方，实现风险共担，实现权责利相统一，最大限度地降低了自身的风险。成了在促进知识产权质押融资过程中政府发挥担保、贷款贴息和风险补偿的成功案例。三种机构的配合在职能上各有侧重。担保公司侧重于利用自身的专业能力进行项目评估，来弥补银行在某一特定领域专业化能力的不足，担保公司风险承担最大，收益也最大。银行的主要职责是出借资金，毕竟银行是最具资金实力的金融机构。而政府的职能是在一定程度上降低风险收益比例，让担保公司和银行能够获得更合理的回报，激励它们积极参与知识产权信贷融资。这种风险共担的架构目前在我国有典型的意义。

## 一 博昇光电的基本情况

这个案例中知识产权质押融资的相关企业叫作博昇光电，该公司在2010年成立，是一家以并行光传输为战略发展方向的高科技公司。博昇光电由于在并行光组件方面获取重大进展，成功突破并行光收发模块生产面对的阻碍，成功研制出45°Fiber array及相关衍生产品等多种优质产品。另外，公司首创模组、缆线分离生产模式，率先在全光网络领域取得关键进展，并且满足配套并行光纤跳线以及多通道并行耦合平台的需求（闫国倩，2020）。

该公司有较为严重的融资约束问题。为了维持技术领先地位，公司每年都投入很大的资金进行创新研发，此外由于公司处于发展初期，技术开发周期长，产品销售资金回笼慢，由此所产生的资金缺口非常大。又因为公司是技术密集型的企业，实物资产缺乏，所以企业只有依靠不断出让股权进行融资，对于具有良好发展前景的公司而言，股权融资相当于给自己割肉，这是企业家所不乐见的。

## 二 政保银三方知识产权信贷融资的风险分担

此时，正值湖北省大力推动知识产权融资，出台了诸多的政策促进知识产权融资。首先，湖北自贸区推出的"专利权质押融资科技贷款保证保险"——先由专业评估机构对专利权进行估值，企业将专利权质押，从保险公司获得贷款保证保险，然后凭保单申请贷款。其次，为推动中小企业专利权质押贷款，武汉片区设立风险补偿基金，保险公司、政府、银行按5∶3∶2的比例，为银行分担融资风险。最后，为了缓解中小企业资金压力，东湖高新区对知识产权质押贷款业务参与方给予利息补贴、保费补贴以及风险补偿。

在整个业务操作过程中企业会涉及三项费用：专利权评估费用、保险费用、贷款利息。对通过知识产权质押获得贷款并按期还本付息的企业，按照银行贷款基准利率的25%给予贷款贴息奖励，单个企业的年度贴息奖励总额最高60万元，贴息最高年限为三年；对为高新区企业提供知识产权质押贷款造成本金损失的金融机构给予融资补偿，融资补偿比例不高于实际发生损失的本金部分的30%，且单笔补偿最高500万元。同时对专利权质押贷款业务产生的科技保险保费补贴60%，大大降低了企业的融资成本（闫国倩，2020）。

## 三 知识产权信贷融资的决策与实施

博昇光电将其"一种新型光电复合缆"等三项实用新型专利交由北京市国宏信价

格评估有限公司武汉分公司进行评估。北京市国宏信价格评估有限公司武汉分公司于2016 年入围武汉仲裁委员会，并与武汉东湖新技术开发区发展改革局达成了涉案刑事案件物品价格鉴定的长期合作关系，为武汉农村商业银行提供知识产权质押评估的服务。北京市国宏信价格评估有限公司武汉分公司对三项实用新型专利进行评估，评估值为 438.35 万元，并出具正式评估报告。武汉人保财险东湖科技保险支公司根据专利权价值评估报告等资料，组织下户调查，进行综合评审，并出具承保意向书，最终开具保证保险保单。担保公司收到银行的贷款发放通知后，开具保证保险保单。担保公司对企业贷款实施担保，同时企业将专利反担保给保险公司，若企业无法按期偿还贷款，专利所有权将归于担保公司。武汉农村商业银行光谷支行对企业专利权价值评估报告组织下户调查、评审，出具贷款通知书，见到担保机构保险保单后发放 200 万元贷款，解决了迫在眉睫的资金难题。博昇光电科技有关负责人表示，专利权质押贷款的获得使企业摆脱了资金困境，为中小企业融资提供了新的路径。而化解资金难题之后，企业能够运用贷款加强创新，进而增加市场竞争力，取得良好的经营效益。

在整个过程中，担保公司对企业进行担保，企业同时以自身专利权作为质押物对保险公司进行反担保，一旦出现贷款坏账，专利所有权将自动归属保险公司。在该案例中，专利权质押融资过程中，保险公司、财政、银行按照 5：3：2 的比例分担风险，同时政府对于按时偿还知识产权贷款的企业，以银行贷款基准利率的 25% 作为贷款贴息奖励，而对专利权质押贷款相关的保险保费补贴 60%，由此极大减少了企业的贷款成本。

**四 该案例的经验启示**

第一，该案例充分发挥了商业性担保机构处置信息不对称问题的能力。不难发现，担保公司在这里承担主要的风险，其次是政府，最后才是银行。银行提供资金，但是银行并不承担全部的风险，仅仅承担 20% 的风险，显然这对于银行来讲是一件有利可图的事情。事实上，专利权是质押给了保险公司，担保公司虽然为企业进行担保，但是企业拿专利权质押进行反担保。保险公司虽然没有资金，但是具有风险处置的能力。所以才需要与有充足资金的银行进行合作。担保公司出具保险保单必须建立在对项目风险的完全控制上，必须拥有监控和处置知识产权的能力。政府出于政策引导目的，以风险补偿资金池承担 20% 的风险，并且分担了一大部分的融资成本费用。

第二，培育具有专业化风险处置能力的金融机构对于知识产权质押融资来说至关重要。除了构建风险分担的机制之外，这个案例也说明了知识产权质押融资中专业化风险处置能力的重要性。假如银行具备这种专业化的风控能力，就无须借助保险公司来完成这笔融资，可以节省担保费用和大量的交易成本，银行直接与政府合作即可。但是假如银行不具备这种专业化的风控能力，就只有借助第三方来开展相应的业务了。

无论如何，在知识产权融资的市场上，应该存在大量的专业化风险控制机构，或者说大量的金融机构应该具备这种专业化的风险控制能力。否则，这些业务的开展还是无从谈起。而这种风险控制能力的本质就是处理信息不对称问题的能力。

第三，政府最好是只发挥引导和辅助作用。不可否认，政府在一些方面拥有信息优势，可以协助金融机构做好决策。但是，政府如果主导知识产权质押融资服务，就可能会产生很多问题。例如，很多具有各方面优势的国有企业总是亏损或者经营效率不高，就是一个需要深入探讨的问题。再有，在这个过程中可能会出现寻租，可能会出现很多呆账和坏账。所以，政府通过发挥政策引导的作用，鼓励支持金融机构积极介入是一种正确的方式。此外，政府也应尽可能将自身所拥有的一些独特的信息提供给金融机构。

# 第十一章　知识产权交易市场的建立与知识产权信贷融资

知识产权作为抵押品前，银行弄清楚其市场价值是重要的一步。此外，如果企业发生违约，银行能够及时地通过转让或者卖出来处理这些被抵押的知识产权，来及时变现获取资金，这也是非常重要的。如果存在着一个技术交易市场或者是知识产权交易市场，这两个问题就能够迎刃而解了。因为知识产权交易市场能够起到挖掘信息和提供流动性的作用，低买高卖获取利润能够让知识产权较为真实地反映其内在价值，众多的交易对手能够提供知识产权充足流动性。

## 第一节　知识产权交易市场

知识产权交易市场是指现代市场经济发展过程中围绕知识产权这一特殊商品的交易行为而形成的交换关系和法律关系的总称。知识产权交易市场的主要交易客体包含专利权、工业外观设计、技术秘密、著作权及邻接的传播权、软件权、商标专用权、名称标记权、集成电路布图设计专有权、植物新品种、地理标志等各类知识产权，以及以这些知识产权为主要载体的有限责任公司或未上市股份有限公司的股权。知识产权交易可以采用转让许可、股权转让、抵押质押、合作研发、产业孵化、股权融资和投资入股等不同的交易模式，逐步形成以知识产权交易机构为主，产权代理机构、会计师事务所、律师事务所、风险（创业）投资公司、资产评估机构等相配合的知识产权交易市场。

### 一　知识产权交易市场的交易

由于互联网技术的成熟，大多数产品的市场被分为虚拟空间的线上市场和实际场所的线下市场。知识产权交易的市场也不例外，而且知识产权交易更加侧重于线上市场。针对版权类、专利类、商标类、综合类等不同类别的知识产权，通过买卖双方交易对接，以市场化规则运作将知识产权转化为交易商品，进行这些产品交易的实际场所和虚拟场所就构成了知识产权交易市场（薛秀娟和彭长江，2019）。

市场上存在知识产权出卖者、知识产权购买者，此外，还存在市场中介机构，以及知识产权做市商。在知识产权市场采用电子报价和汇总的交易委托方式，令做市商和投资者通过电子报价交易平台发布交易需求信息并进行交易。做市商或交易者公布买卖价格和交易信息，交易中心的技术经纪人根据客户的委托输入委托价格和委托交易量。其中，一部分委托可以在经纪人输入的委托之间成交，剩余买卖缺额可由做市商进行匹配成交。

与实物交易有很大的不同，知识产权的交易需要更复杂的准备工作和相关服务。知识产权交易平台的科技成果综合服务的门户网站，征集、筛选、加工科技成果信息和企业市场的需求信息，实现信息的快速发布与便捷的线上交易；利用专家系统建立公正权威的评价体系，为项目撮合提供有价值的评估，并将评估报告公布在信息服务平台上；开发项目交易系统，实现挂牌交易、双向撮合、项目融资交易结算等全过程服务，使技术交易规范化；利用多媒体会议系统，实现项目的远程对接、异地项目评审、协同合作等互动、交流平台；从而形成集科技成果展示、企业技术需求、融资需求、科技服务、孵化服务、技术交易等于一身的资源共享、合作共赢的综合信息服务平台，为高新技术成果转化提供全过程、全方位的服务。

**二　知识产权交易市场的作用**

知识产权交易市场的建立具有重大意义，有助于知识产权价值评估和价值实现，有助于促进科技成果转化、推动区域创新能力提升和产业结构优化，有助于为中小企业提供融资平台，推动知识产权融资。

第一，知识产权交易市场有助于知识产权价值评估和价值实现。在知识经济时代，知识产权与其他无形资产一样具有价值，拥有商品属性。首先，知识产权的价值由市场决定，其价值评估以特定市场为依据，在综合考虑其性质和特点、市场认可和接受程度等多种因素基础上进行估值；其次，知识产权的价值在市场实现，市场为知识产权供需双方提供交易平台，促使知识产权在不同权利人之间转让，从而实现资源优化配置，为交易主体互利共赢提供了有效保障。

第二，知识产权交易市场能够促进科技成果转化，推动区域创新能力提升和产业结构优化。在科技成果转化过程中，作为技术与资本结合的重要平台，知识产权交易市场可发挥聚集知识商品、风险投资、产业资本、金融资本、人力资本等资源的优势，通过市场的力量推动资源的优化组合，使知识商品尽快产业化，转变为现实生产力。知识产权交易的蓬勃发展，也为区域创新提供了良好的市场环境和制度基础。企业、高校院所等机构原本被束之高阁的知识产权，大量进入交易市场，通过对产业链上下游相关知识产权的优化组合与二次加工，实现价值提升，对于完善区域创新体系的结构与功能、引导区域经济发展方式转变和产业结构调整具有重要意义。

第三，知识产权交易市场能够为中小企业提供融资平台，推动知识产权融资。知识产权交易市场为科技型企业、成长型企业提供融资市场，拥有自主知识产权的中小企业能够以知识产权质押的形式拓展融资途径，也可以通过知识产权交易市场以出让股权的方式直接进行股权融资，优化股权结构与公司治理结构，从而促进技术与资本的高效融合。

第四，知识产权交易市场能够将抵押的知识产权进行处置和转让，为银行处理不良的知识资产提供渠道。Eggleston（2016）指出，贷款人要将专利作为抵押品，就必须了解其在违约情况下的价值，并且只有存在一个厚度足够的技术交易市场，才能体现出这种价值。

### 三　我国知识产权交易市场的基本情况

改革开放以来，我国知识产权交易市场从无到有、从小到大、从单一的市场模式发展为功能齐全、服务专业和行为规范的现代市场体系。2007年，国家发展改革委等六部委联合下发《建立和完善知识产权交易市场的指导意见》，构建了以重点区域知识产权交易市场为主导，各类分支交易市场为基础，专业知识产权市场为补充，各类专业中介组织广泛参与，充满活力的多层次知识产权交易市场体系。据公开资料不完全统计，截至2011年，我国知识产权交易机构主要有技术交易、技术产权交易、专利技术展示交易、商标交易和版权交易等类型的机构200余家，还有技术转移中心、生产力促进中心等机构也在从事与知识产权交易有关的工作。它们在服务我国知识产权产业化和商品化，推动企业自主创新，提高全社会知识产权意识，促进国际知识产权转移等方面发挥了重要作用。

经过十余年探索，我国知识产权交易市场体系已具雏形。一方面，上海知识产权交易中心、天津滨海知识产权交易所、汇桔网、高航网、盘古网、7号网、橙智网、科易网、转知汇网、中高知识产权运营交易平台等相似的知识产权交易市场陆续得以搭建；另一方面，在设立方式和业务定位上，我国知识产权交易市场总体呈现政府批准设立与企业自发成立两种形式，并具体细分为综合类、专利类、版权类、商标类四种交易业务类型。这些知识产权交易市场的运营模式大致相同，即通过在交易双方之间共享信息、建立对接，将知识产权以市场化形式转变为可以交换、流转的商品（陈蕾和徐琪，2018）。但是，目前我国的知识产权交易市场也存在市场主导力度有限、市场定位不明确、服务对象不清晰、交易方式单一、市场规模不足、竞争无序化、运营同质化、成果转化率较低等问题（陈蕾和徐琪，2019）。

目前，国内知识产权交易中心发展水平不均，建设基础较好的均位于北京、上海等少数发达地区，大多数都只是提供简单的常设简易交易场所，各中心之间尚未形成高效的业务协调机制，无法实现全国范围内的资源共享、信息互通，形成发展合力。

目前，国内的知识产权交易市场还不完善，存在着很多的问题：第一，知识产权服务体系发育程度较低。知识产权服务机构在数量、规模和类型上均相对滞后；服务水平、质量偏低，多数中介机构还未创立自主品牌，没有形成专业化分工和网络化协作的服务体系；公共信息基础设施薄弱，信息获取、信息处理能力较弱，信息的及时性、准确性和完整性都无法保障。第二，知识产权交易市场交易机制不健全。我国促进和规范中介机构发展的政策法规体系仍然不够完善，中介服务滞后，交易方式单一，导致支持转化率低下。企业自主知识产权不易被发现，技术需求方、天使投资方、金融机构等缺乏寻找质量高、潜力大的知识产权的有效途径，交易双方对接困难重重。第三，现阶段知识产权交易市场复合人才匮乏。缺乏知识产权交易专业人才培养渠道，大量知识产权人才流入知识产权管理部门而非交易市场；知识产权交易的不确定性和高风险，导致知识产权交易市场经纪人缺失；此外，随着改革开放的深入和国际经济一体化步伐的加快，知识产权交易国际化专门人才也较为缺乏。

丁涛等（2015）研究了知识产权市场发展水平的指标，主要有市场规模、市场开放度、技术外溢和国际竞争力等。他们采用技术市场交易总额这一关键变量来表示知识产权市场规模，对我国1992—2013年知识产权市场发展与经济增长关系进行了实证分析。研究结论比较遗憾，认为：虽然我国知识产权市场有了长足的发展，但该阶段我国知识产权市场发展与经济增长之间不存在明显的因果关系，知识产权市场交易对经济发展的拉动还不是十分明显。当然这个结果并不能说明知识产权的交易没有作用，只能从侧面说明我国的经济增长方式，主要是资源投入的以粗放型为主，而以技术创新为主的集约型经济还未占据主导地位。

## 第二节　知识产权交易所

知识产权交易所，是知识产权证券化后进行发行和交易买卖的场所。那么何为知识产权证券化？科技型企业将其拥有的知识产权及其衍生权力拿出来作为买卖的标的，并且经过担保、增信和重新包装，将处理后的标的分割成标准化的份额，即可交易买卖流通的凭证，凭借出让这些证券进行融资的行为。作为一种重要的金融创新，知识产权证券化有助于技术成果迅速地获得金融资本的支持，进而转化为生产力，服务经济社会。相比多层资本市场，知识产权证券化更进一步，因为它并不以企业为股权交易的主体，甚至不要求相关的技术成果已经产生实质的经济利益。

### 一　知识产权证券化

知识产权证券化无论对于融资者，还是对于投资者，都非常具有挑战性。尽管证券化融资可以为融资者提供较高的融资杠杆，取得相对便宜的资金。此外，在证券化过程中，被转移到特设载体进行证券化的资产，通常是知识产权的权利人授权他人实施知识产权所取得的现有回报或将来的提成（应收账款），而非知识产权本身。融资者在取得融资的同时，也保留了对知识产权的自主性，仍可保有并且管理知识产权，能对知识产权进行进一步改良或应用，持续提升其价值。但是，融资者知识产权证券化意味着自己的技术已经完全曝光，自身已无技术秘密可言，只能诉求知识产权保护来获取收益。是否为了快速获得资金而采取这种融资方式需要慎重思考。

对于投资人而言，知识产权证券化同样太具有挑战性。对知识产权进行价值评估、风险评估和收益评估并不是一般投资者所能具备的技能。有时，融资者凭借信息的优势，利用知识产权证券化融资进行圈钱，它们编造一个虚幻的诱人的故事，让投资者相信只要购买了这种证券就能够实现高额的利润。这样的例子在金融市场上屡见不鲜。知识产权的可重复授权性是异于其他被证券化资产的重要特性。知识产权在每次授权中，都可以产生新的合同债权。这种可无限重复利用的性质，是知识产权的潜力所在。因此，这需要有关监管部门对知识产权证券化项目进行严格的把关，需要通过担保和增信等方式，进行风险缓释，能够开发出适应一般投资者的证券化产品。

另外，知识产权和企业是隔离的，这避免了一些风险。可以使投资人直接投资看好的技术或著作，而不必过于担心发起人的经营状况。使得知识产权证券化产品的风险与报酬在股票和债券之间，作为丰富资产组合的良好投资标的。与信贷资产证券化不同，如果信用贷款的某一个债务人发生违约，则这笔应收账款可能无法收回，因而将使证券化的现金流减少。但在知识产权证券化中，如果出现类似的违约事件，由于无形资产不存在被消耗或用尽的情况，所以知识产权可为新的被授权方利用，从而能产生新收益来补充现金流。例如，在美国知名运动服装品牌 Athlete's Foot 的商标权证券化案例中，发起人以商标授权合同和加盟合同产生的权利金进行证券化。证券发行后，一家主要的加盟商（被授权方）意外破产，但这个意外却未影响到投资人利益。其原因就是该破产加盟商所经营的门店，在很短时间内就被新经营者接手，而根据证券化交易各方的约定，新经营者很快就得到加盟授权，因而有新的现金流产生，弥补了因该主要加盟商破产所造成的收入短少。

知识产权证券化融资比知识产权质押融资更为普遍，其中一个原因就是知识产权证券化能够获得更高的融资杠杆。也就是说，知识产权证券化的融资额要远高于知识产权质押贷款额。一个有充分流动性的二级市场，使得投资标的从来不用担心风险资本的不足。从国际银行业的实践看，在传统的知识产权质押贷款中，知识产权的贷款与价值比一般低于65%，而知识产权证券化的融资额能达到其价值的75%。另外，通过知识产权证券化所发行的 ABS 票面利率，通常能够比向银行等金融机构支付的知识产权质押贷款利率低30%，大大降低了融资成本，提高了实际可用资金的数额。知识产权证券化能充分发挥知识产权的杠杆融资作用，最大限度地挖掘知识产权的经济价值，使知识产权所有者获得更多的资金。

### 二 知识产权证券化的交易与投资

知识产权交易所不仅要完成知识产权证券化的一级市场交易，同时也要负责构建知识产权证券化的二级交易市场。在交易模式上，开展知识产权份额化交易，让具有价值的、昂贵的知识产权可以像股票一样被众多投资者持有和交易。不难理解，一级市场是发行的市场，是知识产权所有者寻求战略投资者的过程；二级市场是流通市场，是普通投资者进行交易买卖知识产权证券的场所。只要有市场存在，就会有人通过挖掘信息进行买卖而获利，因此如果市场是一个有效的市场，它能够吸收所有的信息，准确给知识产权证券进行定价估值。另外，二级市场是一个连续不间断的交易市场，市场的功能会令实时的信息在价格中得到反映，所以二级市场是一个全程监控知识产权价值的市场。在经典的 KMV 模型中，就是充分利用股票市场实时监控的强大功能去管理信贷风险的。

## 第三节 知识产权交易市场挖掘信息和提供流动性的作用

一直以来，世界各国政府都在尝试刺激金融机构向科技型企业提供贷款的各种方法（Harhoff，1998），为了进一步探索专利抵押渠道，人们发现专利等知识资产的市场交易量增加与科技型企业获得贷款的可能性有很强的关系。一个健全的技术交易市场，能够起到信息挖掘和提供流动性的作用。信息挖掘使得专利等知识资产的价值评估更加准确，流动性的提供能够使得金融机构在债务违约时及时地把这些资产处理变现。诚然，这些对于银行等金融机构克服信息不对称，为科技型企业提供贷款有很大的帮助。

技术如果要拿来交易，首先要确立知识产权，因此技术交易市场和知识产权交易市场并无太大差别，只是知识产权比技术的内涵更宽泛一些。有效市场本身就具备信息挖掘的功能。在知识产权交易市场上，买家和卖家通过克服时间和空间的限制，实现信息的对接，所以市场本身就有搜寻的功能。此外，技术买卖双方在市场进行接触，市场的竞争机制会驱动价格反映真实的信息，这些信息包含技术的商业价值、供给情况、需求情况等。为了在市场获利，一些参与中介在了解到技术的技术源头、技术特点与技术价值等信息后，就会利用这些信息获利，进而促进交易的发生。

此外，市场的存在就是流动性的存在。当然，市场提供流动性的程度存在差异。譬如一些市场如果想要寻找到交易对手需要花费一些时间和精力，而另一些市场不间断地交易能够让人们随时出售掉自己手中的货物。金融学研究的相关文献指出了非流动性的来源，包括缺乏市场厚度、与信息不对称相关的交易成本、寻找对手的困难（搜索摩擦问题）和估值不确定性（Ang，2011；Lippman & McCall，1986；Morawski，2009）。而专利等知识资产几乎涉及了所有的事项，使其成为无可争议的非流动性资产。但是，其中有一些专利还是具有很强的交易性。从潜在买家的角度确定相对更具流动性的专利，因为大多数流动性与潜在买家的数量多少有关，这其中就包括了市场厚度、信息不对称和搜索摩擦。

技术交易市场中参与者的多元化有助于消除信息不对称。政府、行业、机构、专业服务人员构成了技术交易的服务体系，彼此分工明确，各司其职，各方都在为实现技术交易而发挥各自的功能。特别是科技中介服务机构，它们以优势信息牟利为主要手段。作为第三方参与技术交易，技术中介可以突破交易中的信息壁垒，在一定程度上消除信息不对称，弥补市场调控的局限性。中介机构可以促进信息交流和人才流通，加强企业、科研院所和高校之间的合作，通过引导激励，可以激发科研院所和高校的科研主动性、目的性和成效性。因此，需要积极培育技术中介，壮大技术经纪人队伍，促进技术转移转化市场体系与技术转移转化服务体系的融合。

技术交易以相关的大数据库为依托，能够推动技术供需双方精准对接。目前这些大数据只在区域范围内使用，还没有实现全国范围内的整合，需要建立全国性技术大数据系统，并将大数据系统对接国际、国内各大专利检索、技术成果等技术平台。由技术需求方提出技术需求，大数据平台专业人员通过大数据系统搜寻目前是否有现成的技术成果、现有的技术成果掌握在哪家机构或科研人员手中，促成技术需求方与技术所有者精准对接，达成交易。若通过大数据系统搜寻目前尚无现成的技术成果，可以搜寻当前哪家机构或科研人员在相应领域有较强的研究实力，由技术需求方精准对接技术研发机构或人员，委托开展技术研发。目前，国内就有一定实力的技术成果交易平台开发出技术成果撮合、交易担保、结算等平台系统，让技术成果交易双方轻松、便捷、可靠地完成交易活动。

技术交易平台一般具有技术交易价格测算系统，能够辅助进行技术成果定价。技术成果历史交易存在一个价格数据库，这个数据库有比对的功能，相当于利用市场法进行价格评估。当录入一项技术成果后，通过大数据分析，寻找到参照物，比对各个参数，最后评估出技术成果价值。技术交易价格测算系统还可以通过专家法进行定价，通过系统搜寻相关技术领域的科研人员或科研院所或高校，由多位专家通过价格测算系统对技术进行估价，最后再由系统计算出参考价格。最后，将系统测算的参考价格向技术交易双方公开，以系统计算的价格作为参考，双方经过协商最终确定成交价格。可以看出，在这个过程中，技术交易平台提供很多的信息和服务，公平合理地促进了交易的达成。

## 第四节  知识产权交易市场和知识产权交易所的实际运行

目前，世界发达国家都建立了完善、高效联通的知识产权交易信息网络，让技术需求方或潜在技术需求方能够尽快了解需要的技术和获得渠道，提高了交易的效率和成功率。如 Yet2. com 网络技术交易平台、美国国家技术转移中心、欧洲创新转移中心等。

### 一  Yet2. com 网络技术交易平台

Yet2. com 是全球利用网络进行虚拟技术交易的先驱，也是目前全球最大的网络技术交易平台。1999 年由宝洁、陶氏、霍尼韦尔、拜耳和西门子等 10 余家国际知名企业投资成立。平台总部设在美国波士顿，北美部布局在马萨诸塞的尼德姆和俄亥俄的哥伦布，创业投资部门设在特拉华州的威尔明顿，欧洲部设在英国利物浦，亚洲部设在日本东京。目前，平台拥有四千余条专利出售，总价值超过 100 亿美元。

Yet2. com 网络技术交易平台的主营业务包括信息服务和市场服务。平台为交易双方提供公共信息服务，包括信息发布、信息查询、信息交流等，并将客户分为技术提供者和技术需求者，分别采集发布技术成果信息（TechPak）和技术需求信息（Tech-Need），平台据此整理归纳信息资源，提供针对需求者和提供者信息的开放式检索功能，方便有意向的客户进行专业的信息查询。同时，平台重视与客户交流，对于客户兴趣点、具体信息要求，提供技术细节和问题的解决构想。针对技术提供方，平台专业团队运用数量模型挖掘最适合出售的技术组合，提炼出 TeckPak 信息，技术需求方通过查看 TeckPak，了解技术详细信息。对于技术需求方，平台通过技术需求表达吸引潜在的方案提供者并不失其机密性，将制作好的技术需求进行推广发布，联结潜在的技术提供方。

Yet2. com 网络技术交易平台的运营机制有三种：第一，以市场为导向的供需服务模式。平台以市场上存在的技术需求为服务导向，搭建完善信息平台，有效沟通供需双方的市场信息。对于需求方企业客户的具体问题，平台通过搜索技术提供方的 Teck-Pak 数据库，构建出一揽子解决方案，并付诸实施；针对技术提供方，平台通过专家团队，深入了解公司的核心竞争力，并对可供出售的技术进行概括提炼，并制成相应的便于浏览的格式，进行选择性推广，让需求方一目了然，对接需求方具体需要。第二，小微企业技术外包服务模式。对于小微企业而言，由于规模限制，往往不能集中精力进行专项研发。为改善这一状况，平台创新性地为小微企业提供非主营业务技术外包，节省小微企业的人员配置，使得小微企业能够专心研发。同时，平台通过其风险投资部门，给予小微企业融资保障。此外，平台大力拓展小微企业技术的下游购买商，实现对接收购。目前，平台已拥有小微企业下游服务商1000多家，帮助众多小微企业建立了技术优势，渡过了"死亡谷"，实现快速成长。第三，线上技术交易运行模式。Yet2.com线上交易平台拥有高效的信息服务系统和交易网络，可大大缩短技术交易的成型时间和烦琐的交易过程。用户可以通过登录平台数据库，随时随地查看技术资源，省去了通勤成本；规范的技术表述格式和强大的搜索系统可以高效地识别出用户的需求和提炼技术的实质，大大降低了识别成本；高效的交易系统保证交易双方的保密性，通过平台优秀的信用为交易担保，大大减少了交易双方的担保成本。

Yet2.com网络技术交易平台的盈利模式有三种。第一，会员会费模式。平台大量的原始技术信息库（包括一些未获专利的最新技术、保密知识和技术等），仅对会员开放。成为平台会员需要交纳500—10000美元不等的年费。同时平台对于增值服务和高级服务（例如平台用户使用行为的反馈信息）也收取相应的费用。第二，信息服务收费。平台针对信息发布收取费用，无论是技术供给方还是技术需求方，每发布一条信息需要交纳1000美元的费用，有效期一年。第三，交易提成模式。交易双方通过平台成交的每笔技术交易，Yet2.com一般抽取总交易额的15%作为佣金，至少为1万美元。

Yet2.com网络技术交易平台有很多地方值得借鉴。例如，采用在线交易模式，提升交易效率。平台利用网络服务的开放性和便捷性，结合自身开放式的思路定位，大大提升了技术交易的效率。技术需求方，仅仅需要连接到Yet2.com，就可以查询到相关领域的研究动态和技术摘要；技术的提供方，仅需在网站上注册，将闲置的技术信息交给Yet2.com来提炼和推广，便可以在全球范围内寻找买家。再有，基础服务免费，进阶服务收费结合的盈利模式。平台继承了非营利平台低准入门槛，同时又可以有资金雇用专业的运营团队，迅速拓展平台布局，为平台客户提供专业化、跨区域的增值服务。通过免费入门服务，Yet2.com吸引了大量用户，积累了大量的专利信息。重视需求沟通，增加专利利用效率，降低研发成本。再有，平台通过独创的TechPak和TechNeed数据库系统，主动给技术交易的参与者分类，针对技术需求客户和技术提供客户提供专属服务，避免了用户浏览无效信息。待有效沟通对接供需双方后，技术提供企业可以通过专利交易，交换到有用的外部专利，提升技术利用率，避免重复研发。

## 二　美国国家技术转移中心

美国国家技术转移中心（NTTC）为非营利性的独立机构，于1989年由国会同意拨款成立，成为国家技术交易市场平台，提供整合性技术交易信息网站及专业咨询服务，服务范围涵盖美国官、产、学、研各界。截至目前，美国国家技术转移中心一共进行了4000种以上的技术和市场领域的全面技术评估，为政府分配了超过4万种的技术支持包，并且为企业进行了1582种以上的技术查询，已成为美国各联邦实验室、太空总署与美国各大学对企业界提供技术转移等各项服务的重要机构。

主营业务。中心提供三大技术转让服务：一是"入门服务"，中心为有需要的客户提供"技术入门代理人"，进行技术转让咨询的相关服务，客户只需要提供需求的详细说明，代理人就会通过 NTTC 网络，对接相应机构，沟通技术转移事宜。二是"商业黄金"信息服务，中心运用"商业黄金"网络信息系统连接全美 700 多个联邦实验室、大学和私人研究机构，提供海量研究成果和专利信息。三是培训服务和出版服务，中心设有培训部门，为机构和个人客户提供有关技术转让、专利许可证、工业推广计划等事项的专门培训。另外，中心下设出版部门，向社会免费提供中心服务运作的小册子，吸引需要技术转让咨询的潜在用户。

运营机制。完善线上企业信息网，巩固传统线下交易模式。中心属于传统的线下交易平台，是美国非营利线下平台的代表。主要采用面对面的运营模式。近年来，依托互联网信息的发展，网络平台的优势日益体现，传统的线下平台开始拓展网上交易业务。网上业务充分整合了中心的客户资源，将 700 余所联邦实验室、大学和相关研究机构的专利技术成果进行梳理、分类并上网，方便了客户双方的查找和研究。针对政策或产业特殊需要，开展专项运营模式。中心推出小企业创新伙伴计划，弥合技术与产品间的差距，研发出大众认可的产品；中心设立卫生科技项目，帮助医疗机构采用先进技术，提高医疗水平和临床效果；中心积极推动军转民项目，大力开展国防技术商业化应用；中心开展矿山安全与健康项目，将新技术应用于特定地区的矿山行业，推广煤炭蓄水位置和信息系统，更好地预测煤炭储水位置，大幅提高生产安全性。

经验借鉴。半官方和第三方交易平台性质，高度整合政府、研究机构、企业资源。中心作为政府出资筹建的交易平台，部分行使了政府的政策实施、资格认定、监督保障等职能。同时，中心进行的技术交易与国家相关政策、重点产业布局高度契合。此外，中心作为国家级技术专利交易平台，连接了国家实验室技术和大学与企业的桥梁，是提供双向甚至多向技术信息服务的平台。选择性介入优势行业，充分发挥长板效应。发挥中心比较优势，聚集相关行业的联邦实验室、大学研究机构、高端人才等优势资源，从事优势领域的技术交易服务和行业平台建设工作，增强产学研融合。同时配合平台成熟的技术评估能力，提供技术扫描、技术预测、技术匹配、投资组合、市场研究、合作伙伴选择的服务。此外，依托国家级技术平台的高端定位，平台拥有特定政策性行业用户与国家机关等固定客户，通过项目积累，不断巩固行业优势。

### 三　欧洲创新转移中心

1995 年，欧洲创新转移中心（IRC）由欧盟委员会根据其"创新和中小企业计划"资助建立，欧盟提供 45%—50% 的经费支持，剩余经费由合办单位承担。平台属于非营利性质，旨在促进跨区域技术转移。IRC 总部位于卢森堡，利用遍布 30 个国家、68

个地区、超过250家技术创新中心的地理便利，提供跨国即时技术交易服务，对欧洲区域间的技术转移成效颇大。2008年，IRC并入EEN（欧洲企业信息网）。

主营业务。IRC主要业务涵盖创新合作、技术转移、成果开发咨询、当地科技需求分析、寻找合作伙伴、提供欧盟各国家促进研究成果开发和技术转移的资金支持信息、研究成果开发和技术转移的培训，以及向企业提供欧盟框架计划信息、项目申请、知识产权服务等。

运营机制。成立创新驿站机制，实现跨地区的协作。为有效管理各国的创新驿站，在欧盟各国均设有一个相应的协调机构。创新驿站的实体主要是公共机构，往往设在大学技术中心、商会、区域发展机构和国家创新机构中。各国的创新驿站通过商业公告板系统相互连接，更好地服务于欧盟，更确切地了解各国创新驿站的运作情况、项目选取和协调等方面的具体情况。采取需求导向型服务，提升交易效率。IRC代表模式是采用"企业需求—解决方案"的模式。平台以企业需求为动力去构建相应的解决方案，由研究所提供解决方案，然后有针对性地进行成果交流与专利转移。

经验借鉴。组建了跨区域创新网络，实现科研资源共享。IRC致力于促进欧洲地区的研发机构与中小企业间的技术转移，是泛欧洲的技术交易市场平台。该平台的意义在于形成了一个跨国性、跨区域的创新驿站网络，突破了传统地域限制，实现了欧盟全体成员间的技术交流。对于不同地域的研究力量，设立统一的技术专利管理标准和交易平台，克服了欧盟内部成员国间各自为政的传统弊病，避免了重复研究，提高了研发效率。同时平台整合了欧盟各成员间的研发资源，对于欧洲整体研发实力的提升起到了积极的推动作用。统分结合双层组织结构，实现资源高度整合。在组织结构上，中心采用的是统分结合双层组织结构，即总部负责拓展成员网络，执行欧洲整体层面上的政策措施，并指导各网络站点建设；各个网络站点负责技术转移个案的开展，将整体的欧洲政策、区域情况和地方政策相结合，拥有较高的自由度。通过上述双层结构，平台可以更好地服务于单个的企业需要，联结区域零散的研发力量，是基于欧洲现状的一种成功的尝试。

### 四　中国技术交易所

中国技术交易所于2009年由国务院批准，是由北京市人民政府、科技部、国家知识产权局和中科院联合共建的技术交易服务机构。中技所采取企业制，拥有技术交易服务、知识产权与科技金融、中关村服务、科技交流合作、支撑服务五个中心，以及全国7个工作站，实行区域合作分工。截至目前，中心输出成交额突破了千亿元大关，其中大部分流向北京以外的省份和国家，体现了较高的辐射带动能力。

主营业务。中技所业务覆盖电子信息、生物医药等高新技术产业，涉及作价入股、技术集成、交易咨询、集中采购、融资并购等全流程的综合服务。中技所下设六大知识共享平台：技术产权和知识产权两个平台，分别从需求方和提供方的利益出发，设立各自目标，独自运营；金融服务平台，为小企业融资提供了新的融资渠道；股权激励服务平台，为创新者提供咨询服务与制度设计，形成有效的创新制度激励；整合注册登记平台，为规范市场秩序，落实政府政策起到了巨大作用；跨区域合作平台，拓展了平台的网络，实现了技术的跨区域转移。

运营机制。开展科技金融服务，提升企业创新能力。中技所设立了金融服务部门，服务涵盖知识产权质押、知识产权转让等业务。科技金融服务积极发挥公共财政资金的杠杆和增信作用，积极吸引社会资本参与投资技术项目，解决高科技企业融资难、回报周期长的问题，从而有效提升企业的创新能力。推广股权激励计划，激发科技人员创新活力。中技所积极推广股权激励改革，通过"股权激励咨询服务中心"，为高等院校、科研院所、院所转制企业以及高新技术企业开展股权激励设计。平台采取科技成果入股、科技成果折股、股权奖励和出售、股票期权、分红激励、科技成果收益分成的方式，充分调动科技人员的积极性和创造性，促进科技成果产业化。创新在线拍卖交易模式，提高交易效率。与 Yet2.com 平台类似，中技所在线交易平台将技术信息分为需求查询（技术需求信息）和项目查询（技术提供方信息），并提供免费查询服务，采取公开竞价交易模式，提高了交易效率，减少了信息搜寻的成本。

经验借鉴。建立了技术激励制度，大幅提升社会整体创新能力。平台通过对传统盈利模式的改革，结合国家相关政策，将科技企业从按资分配酬劳的模式转变为按照技术和知识产权来确定酬劳分配。在这种制度激励下，研究人员可以更好地发挥积极性，大幅提升企业的创新能力。企业化运作兼具行政管理职能，保障稳定的客户来源。中技所坚持市场化运作，同时中心是经北京市技术市场管理办公室批准设立的技术合同登记处，具有部分行政职能，包括落实技术市场相关政策、促进技术交易、维护技术市场秩序、保障技术交易的合法权益等，为平台带来了稳定的客户与收入，并借助国家级交易平台的高起点，吸引了国际专利交易平台合作伙伴，引入先进的国际专利资源。

### 五　上海知识产权交易中心

上海知识产权交易中心于 2009 年 10 月成立，属于上海联合产权交易所的下属机构。中心设监管部和指导委员会，承担政府机构职能，负责督导平台运作。委员会成员有：金融办、国家知识产权局、版权局、经信委、财政局、市科委、工商局、银监会、国资委等。

主营业务。中心业务涵盖知识产权确权评估、挂牌上市、转让报价、交易鉴证、结算清算、托管登记、项目融资、项目推介、政策咨询等相关服务，涉及两大方面：知识产权质押贷款业务，平台审核科技企业质押申请，对企业具体的知识产权进行技术论证和担保技术论证，确定专利价值后进行审核和贷款发放，解决中小企业融资难题。知识产权转让业务，对技术需求或技术出售企业进行登记，然后对于标的技术进行估价和审查挂牌，发布上市挂牌信息，最终通过竞价签订合同，进行交易并跟踪后续服务。

运营机制。采取估价和流转合作模式，引进专业服务机构。质押知识产权业务和知识产权交易业务，都涉及知识产权的估价和流转。上海知识产权交易中心引进专业服务机构，给出标的物准确、专业的价值判断。同时，平台对交易失败或者合同签订后期跟踪有详细的规范设计，既减少了不确定性，又提高了交易效率。面向中小企业的融资模式，协助企业后续经营。中小企业具有强大的研发潜力，对其进行融资支持，可以利用好现有的研发资源。基于中心的信息资源网络，平台对企业资金需求的供给双方进行撮合。融资成功后，平台还参与相关中小企业后续经营建设，如人员培训、产品鉴定、质量认证、经营战略实施方案等，承担长期合作伙伴角色。

经验借鉴。创新知识产权金融服务，助力中小企业创新发展。中心联合专业的金融机构，为中小企业提供知识产权质押融资服务，在给予中小企业资金支持的同时，促进了知识产权的产业化。此外，中心创新性地针对初创期、成长期、成熟期企业的各自特点，推出具有针对性的融资金融服务，更好地服务企业。

## 六　天津滨海国际知识产权交易所

2011 年 3 月，天津滨海国际知识产权交易所由北方技术交易市场、新加坡知识产权交易所和天津市知识产权服务中心三方共同投资成立，是经天津市政府批准设立的，国内首家专业化、市场化、国际化的知识产权交易服务机构。平台立足于天津滨海新区科技企业的区域需要，依托国际化平台，充分整合了国内外知识产权及其相关领域的战略资源。

主营业务。天津滨海国际知识产权交易所，具备完善的常规交易品种和模式，并积极探索基于知识产权本质属性、内在需要、价值发现和金融创新的交易品种和交易模式，联合国内外有影响的专业金融机构及中介服务机构，汇集战略性新兴产业和文化创意产业优势资源，借助天津滨海新区先行先试、金融创新试点的优势和政策，对具有完全民事行为能力的特定机构、特定投资群体和合格个人投资者，开展全方位、高效率、专业化、国际化的知识产权投、融资及交易服务。平台拥有项目评估、项目整合、投融资和培训四大业务。

运营机制。搭建政府、企业、服务机构连接平台，筛选合作项目。天津滨海交易所为政府、企业、服务机构提供相互连接平台，针对合作意向领域，共同筛选合适项目。连接企业需求与政府支持，促进技术与资本高度对接。在交易过程中，天津交易所充分发挥连接企业和政府双方桥梁的作用。有技术和资金需求的企业向政府申报专项支持，由政府协助寻找支持资源，引导企业产业方向。天津滨海交易所在此过程中既承担项目申报、资金申请的报告起草工作，也承担为政府企业寻找落地项目和产业引导工作。

经验借鉴。政府主导的技术交易模式，保障技术交易质量。传统交易市场中，政府通常作为政策制定者和监督者，而在天津滨海交易所交易过程中，政府不仅在项目评估中占有主导地位，而且在具体的项目确定、需求推介过程中，作为技术提供方或者投资方存在，突出了政府在知识产权交易过程中的主导地位，凭借政府的信用和充足的资金支持，提高技术转让、引进的质量。开展国际知识产权高端链接，提升综合影响力。天津滨海交易所依托本地的金融优势，与滨海新区的创新型企业的技术需求结合密切，率先引入海外优秀投资者，进行高端对接。一方面，可以改善平台组织结构，提高人员素质，提供国际化的知识产权服务；另一方面，对接全球知识产权交易平台资源，引进国际领先的产品和技术专利，同时推广国内优秀的产品和服务。

国务院办公厅 37 号文《国务院办公厅关于清理整顿各类交易场所的实施意见》、38 号文《国务院关于清理整顿各类交易场所切实防范金融风险的决定》提出：未经国务院相关金融管理部门批准，不得设立从事保险、信贷、黄金等金融产品交易的交易场所。证监会公布《关于清理整顿违法从事证券业务活动的意见》，明确在整顿期间禁止国内开展知识产权证券化交易。天津滨海国际知识产权交易所的成立，策划的主要目标是知识产权证券化以及知识产权债券化，但是由于上述国家政策的原因，至今也未实施。目前，国内罕有省份以官方名义开展知识产权证券化活动，据了解，武汉光谷联合知识产权交易所，由湖北省领导主抓，开展相类似的业务，但是证监会几次核查。广东佛山金融高新区股权交易中心以纯民营背景，以私募股权基金的方式，开展类似业务。

## 七　国际知识产权交易所有限公司

国际知识产权交易所有限公司成立于 2011 年，是由美国和欧洲的投资者，包括芝加哥期权交易所控股公司、皇家飞利浦电子公司、Ocean Tomo 等公司的知识产权资本商人发起的，号称全球首个通过市场基准定价与标准化条款，为专利的非排他性许可与交易提供便利的金融交易场所。

国际知识产权交易所交易的是专利等知识产权的收益权，这种知识产权的收益往往通过许可的方式来实现，不断地许可可以获取市场公允的利益。当然如果一些专利只有企业自己使用，就没有办法拿来交易。国际知识产权交易所首先与知识产权的权利人订立合同，并对知识产权进行统一的托管；其次，国际知识产权交易所对被托管的知识产权进行价值评估，同时开展市场调查，分析实际的市场需求；最后，把该知识产权送到相关行业或者产业委员会进行发行评估，通过审查后，国际知识产权交易所采取与为上市公司公开发行股票类似的方式，将知识产权的收益权分割成很多标准化的单位，并且以一定的价格出售给战略投资者，投资者在二级市场再进行进一步的交易和买卖。

国际知识产权交易所进行该项业务的目的是，促进有价值的通用型专利迅速地回笼资金，然后再开展下一步的研发计划。此外，该交易也可以解决现行知识产权许可交易模式通常缺乏透明度、交易效率较低的问题。一方面知识产权潜在购买方可以便利地获知知识产权信息，降低了信息获取成本；另一方面只要是国际知识产权交易所发布的知识产权信息都是可以直接进行许可交易的，因此购买方就可以节省较多时间与金钱，不必再开展谈判与合同设计。

然而，在2015年，全球首家知识产权金融交易所——国际知识产权交易所有限公司宣布关闭。根据其官方网站通告，关闭的主要原因是无法获得足够的专利许可来支持其专利运营模式。这些源于该交易所设计理念的一些缺陷。首先，很多有价值的知识产权是专用性的，不采取广泛许可的方式获利，因此，只有那些需要广泛许可的专利才适合拿来交易，而一旦拿来作为标的交易会丧失其他的许可机会；其次，国际知识产权交易所同样遭遇了知识产权价值评估困难、尚未形成成熟的价格控制机制等现实问题，从而购买者所需单位许可权合约的价格可能超过产品销售价格或产品的合理使用费，同时还承担了专利过期、无效或诉讼后的价值为零的风险。其中，最为关键的也是导致国际知识产权交易所公司失败的原因就是如果侵权者不愿意接受许可合约，国际知识产权交易所就只能通过提起诉讼的方式应对，这就导致一旦涉及专利纠纷，国际知识产权交易所必须投入极大精力进行知识产权诉讼。

# 第十二章 投贷联动机制的实施与知识产权信贷融资

投贷联动是解决科技型企业由于信息不完全无法实现知识产权信贷融资的方法之一。在实践中已经开始摸索，并取得了初步的成效。投贷联动中的"投"是指股权投资，"贷"是指债权贷款。有时候也加上"保"，形成投贷保联动，其中"保"是指保险。为何在知识产权融资的过程中要形成投贷联动？主要是为了通过共享信息、组合多种业务以及创新机制设计等解决信息不完全过程中的逆向选择、道德风险和机会主义等问题。

## 第一节 一般意义上的投贷联动

所谓一般意义上的投贷联动，是指基于传统信贷模式的投贷联动，区别于以知识产权为基础的信贷融资。投贷联动作为金融创新之一，国家和地方正在大力地推广，目的是解决中小企业融资问题。这一金融创新的提出并不是偶然的，而是根据中小企业融资的特点，有着内在的合理性，并且衍生出多种模式。

### 一 一般意义上投贷联动的定义

那么到底何为"投贷联动"？这种融资方式应该如何操作？"投贷联动"，是指商业银行采用成立类似风险投资公司或基金的方式，对创新企业给予资金支持，并建立在严格的风险隔离基础上，以实现银行业的资本性资金早期介入。与此同时，还通过信贷投放等方式给企业提供另一种资金支持。

上述定义来源于《关于支持银行业金融机构加大创新力度开展科创企业投贷联动试点的指导意见》（以下简称《指导意见》）。2016 年 4 月，银监会、科技部、人民银行联合印发了该《指导意见》，鼓励和指导银行业金融机构开展投贷联动业务试点。《指导意见》中将投贷联动界定为：银行业金融机构以"信贷投放"与本集团设立的具有投资功能的子公司"股权投资"相结合的方式，通过相关制度安排，由投资收益抵补信贷风险，实现科创企业信贷风险和收益的匹配，为科创企业提供持续资金支持的融资模式。

上述定义实质上是一种内部联动的操作方式。内部联动是指商业银行与其具有投资功能的子公司联动开展业务。此外，商业银行也可以和风险资本投资机构合作，进行投贷联动业务的操作，形成一种外部联动的操作。外部联动是指商业银行与非本机构直接设立的、具有投资功能的实体联动开展业务。主要包括与集团控股的子公司联动、与外部风投机构合作、通过对创投机构授信间接投资科创企业、成立产业基金等模式开展。内部联动和外部联动各有利弊：内部联动因主体联系紧密，提高了业务的协调性、降低成本，但也易扩散风险，因此需要更加严格的风险和隔离机制。而外部联动模式多样，能够成功隔离风险，但因涉及的主体较多，主体间容易冲突，因此协调成本也高。

《指导意见》还公布了第一批开展投贷联动业务的试点地区，包括：北京中关村国家自主创新示范区、武汉东湖国家自主创新示范区、上海张江国家自主创新示范区、天津滨海国家自主创新示范区、西安国家自主创新示范区。开展投贷联动试点的银行包括：国家开发银行、中国银行、恒丰银行、北京银行、天津银行、上海银行、汉口银行、西安银行、上海华瑞银行、浦发硅谷银行。

**二 一般意义上投贷联动的内在需求**

投贷联动不是凭空产生的，而是符合当前我国科技型中小企业融资的特点，具有内在的规律性。由于科技型中小企业自身、金融市场供给主体和外部环境的局限，我国目前还未形成健全的科技型中小企业金融服务模式，特别是银行对于这些企业发放的信贷收益无法弥补信贷风险。种子期、初创期科创企业金融服务可获得性比较低，科技型中小企业金融服务需求未得到有效满足。

如果是金融机构进行股权投资，那么企业在多数情况下仍然面临资金不足，还需要以债权的方式进一步融资，而科技型中小企业信用不足，导致获取债权融资非常困难。这就需要股权投资机构在其中能够起到担保的作用，能够发挥中介和桥梁的作用，和经营债权的银行等金融机构很快地对接和配合，增加科技型中小企业的信用，消除银行和企业之间的信息不对称。

如果是金融机构进行债权投资，那么需要对企业的经营进行一定的监督和控制，来降低信贷风险，但是其债务人的角色使其并不一定能够很好地达到这一目标，那么在这个时候股权的介入能够起到这一作用。此外，如果金融机构对企业的债权融资发生违约，对于一些企业的情况而言，实施债务清偿可能会给银行和企业双方都带来不利，不如以债转股的方式，让企业继续经营，直到实现预期的收益，以股权的投资收益来弥补债权违约的损失，最后考虑股权的退出。

股权投资与银行信贷的联动融资的核心是，以科技型中小企业高成长所带来的投资收益来抵补银行贷款投放所可能产生的风险。政策上的放开，就为盘活这一机制创造了充分的条件。金融机构提供融资服务是为了获取收益，只要有内在的需求，银行等金融机构就会充分地利用各种措施来实现这些利益。科技型中小企业的高成长性有利于长期的股权投资带来高的溢价，不利于短期债权投资的资金回收，先前，银行不被允许涉足股权投资领域，也不允许和风险投资机构就高风险的项目进行合作。因此，当前政策的放开为"投贷联动"奠定了基础，市场有广阔的空间。

### 三　一般意义上投贷联动的模式

《指导意见》明确了投贷联动有两种业务模式：第一，"银行＋子公司"的内部投贷联动模式。商业银行通过参控子公司模式在境外设立股权投资机构后，向其推荐优质客户开展股权投资，根据客户不同发展阶段提供相应贷款和其他服务产品支持。第二，"银行＋VC/PE"的外部投贷联动模式。银行与风险投资机构合作，银行根据自己的风险偏好，与部分股权投资机构签订战略合作协议，对于股权投资机构已投资进入或即将投资的企业，给予一定比例的贷款及相关金融产品的支持，建立与股权投资机构信息共享、风险共担机制。

在国外的实践当中，商业银行"跟贷"模式、硅谷银行的投贷结合模式以及英国"中小企业成长基金"的创业投资模式较具代表性。例如，硅谷银行和传统的商业银行不同，它的资金来源不是吸收公众的存款，而是吸收投资公司和风投机构的存款，然后再将资金贷给风投机构，由风投机构对科技型中小企业进行股权投资。此外，硅谷银行自身也可以直接以股权介入的方式投资科技型中小企业，获取较高的股权收益。硅谷也可以直接以债权介入的方式对科技型中小企业融资。这样就形成了一种"股权＋债权"的服务模式，获取高额的收益。硅谷银行成功的本质在于它自身具有非常高的风险资本投资的能力，而且还充分利用了银行资本丰腴的优势。

近年来，随着国内经济转型升级的推进和金融市场的创新发展，商业银行也出现了集团化经营、产业投资基金、投贷联盟等多种方式。例如，在天津市就成立了一个规模较大的政府引导基金，即海河产业基金。清科研究中心的中国政府引导基金排行中，天津市的海河引导基金名列第五。本质上海河引导基金是一个为企业融资的打包服务，其中包括多种股权投资和债权投资，形成一个投贷联动的组合体。由政府出资200亿元，进行风险分担，成功吸引了大量社会资本的进入，引导社会资本支持实体经济，为政府发展战略新兴产业提供资金支持。

## 第二节　知识产权融资的投贷联动

区别于一般意义上的投贷联动，知识产权融资的投贷联动都是围绕知识产权展开的。那么，为何会出现知识产权融资的投贷联动？在具体操作上，知识产权融资的投贷联动应该是怎样的？有多少典型的模式？在实践层面，我国知识产权融资的投贷联动运行的效果如何？本节将探讨这些问题。

### 一　知识产权融资投贷联动的定义

知识产权融资的投贷联动，无论是股权投资还是债权投资，都应该是基于知识产权这种特殊的无形资产。知识产权与金融不断创新结合，除知识产权质押贷款外，投资基金、融资租赁、证券化、信托等新型知识产权金融形态在各地涌现，内涵不断丰富。其中，知识产权的投资基金与质押贷款形成投贷联动效应。所谓的知识产权投贷联动，是指将知识产权质押融资、股权投资基金、知识产权运营等增值服务融合为一体的业务方式，形成"知识产权运营＋股权投资＋债权投资"的运营模式。

那么，为何知识产权融资要实施投贷联动的机制？知识产权的股权融资和债权融资是两个既相互独立又相互影响的方面。相互独立是指企业通过股权融资获取的资金，不会抑制其债权融资获取资金；反过来，企业通过债权融资获取资金，也不会抑制其股权融资获取资金。通过两方面的融资手段，共同为企业提供所需要的资金，并且还不一定满足企业的融资需求。相互影响是指因为股权融资和债权融资的介入方式不一样，所以导致两种方式对企业融资过程中的信息获取、专业判断和影响控制不一样，双方面合作可以进行优势互补。尤其是依托知识产权进行的融资，在这些方面更需要双方进行密切配合，这样才能够最大限度地控制风险。

由于没有官方权威的指导性文件，对于知识产权融资的投贷联动有不同的理解。根据前文，一般意义上的投贷联动是指风投机构先投，银行对风投机构进行后贷。基于知识产权融资的投贷联动也可以指这种先投后贷的模式，不同的是风险投资主要是针对知识产权项目的投资。但是，事情好像还不只如此，知识产权融资的投贷联动也可以边投边贷，即风险资本和银行信贷两种融资方式共同服务科技型企业。另外，知识产权融资的投贷联动机制还可以先贷后投，银行先行以知识产权质押的方式提供信贷资金，待本金和利息在资金回笼过程中出现困难，再以债转股的方式介入，股权可以是直接介入，也可以是认股期权。

## 二　知识产权融资投贷联动的几种模式

知识产权融资可以采取先投后贷的模式。可以充分利用风险投资机构在知识产权项目投资上的专业性，银行贷款通过发放给风投机构贷款，成功地进行风险隔离。即使这个风投机构是银行的分支机构，这种风险隔离也是非常必要的，充分发挥了专业化分工的优势。另外，银行贷款的主体也不一定是风险资本投资机构，银行可以在风险资本投资机构对科技型企业进行投资之后，再以知识产权质押融资的方式向科技型企业发放贷款，这样企业的资金就比较充足，有利于企业的发展。这也打消了风险投资机构对企业因为融资不足导致后续无法持续发展的顾虑。银行这种"跟贷"行为，也是以风险资本投资机构的专业判断为依托，解决了知识产权融资中的信息不对称问题。

知识产权融资也可以采取先贷后投模式。对于先贷后投，一方面，这是银行等金融机构想通过股权介入来更进一步地了解和监督企业的一种手段。如果银行等进行了知识产权质押融资之后，感觉对企业的监督和控制不充分，而相关的企业又比较有投资价值，那就不妨再以股权介入方式，达到全方位了解和监控的目标。另一方面，主要是为了解决著作权和商标等质押后在产生风险时处置难的问题。银行通过知识产权质押向企业进行贷款，企业一时因为一些特殊的原因导致违约，如果此时银行将知识产权进行清偿，不仅不一定能够收回贷款本金，同时肯定会给企业造成致命的打击。如果企业还有价值，那么企业的股权也是收回成本的一种资产。这时不如采取债转股的灵活处理方式，在一些特殊的情况下，将一些不能收回的债权转化为企业的股权，待企业经营渡过难关之后，再将股权售出，获取高额的回报，来弥补前期信贷的损失。

此外，知识产权融资还存在边投边贷的方式。所谓边投边贷，是指股权投资和债权融资打包同时进行，可以一次完成，也可以多次多轮进行。对于边投边贷，风投机构的介入可以分享给商业银行有用的信息，而且在一定条件下还可以充当担保者，为科技型企业增信。银行则提供大量的资金，并且控制企业核心的知识产权。银行与风险投资机构实时地密切合作，既能够全方位地对企业进行融资，同时又能够全程掌控企业的情况，最大限度地降低投资的风险。

## 三　北京知识产权融资的投贷联动

北京中关村不断推出新的科技金融创新试点，全面开展知识产权投融资体系建设，构建集知识产权评估、金融服务、交易处置等为一体的投融资服务体系。中关村中技服务集团针对科技型企业具有轻资产、高风险、高成长、高收益的特点，以及在融资过程中经常面临的知识产权评估难、质押难、处置难问题，北京中关村中技知识产权服务集团与华软资本集团合作建立了国内首家"评—保—贷—投—易"五位一体的知识产权金融服务体系，通过"成长债"业务帮助科技型企业以"知识产权质押＋股权质押"方式获得银行贷款，成为国内债股结合、投贷联动的一个典范。

这个五位一体的知识产权金融服务体系具体如下：先由咨询公司对科技型企业进行知识产权价值评估，风险投资机构对企业股权价值进行判断，然后以公司股权＋知识产权进行质押，融资担保公司为企业提供担保，在 10 个工作日内银行为科技型企业提供利率不超过 10% 的快速贷款。其中债权业务以担保公司、保理公司为主，股权业务以投资基金为主，多个业务公司合作，这样不仅可以大幅度地降低企业的融资成本、提高融资效率，也可以解决资金使用期限和企业内部治理的问题。知识产权的后续运营由咨询公司负责，咨询公司拥有知识产权评估和处置的能力，既能够协助企业运用知识产权战略进行长远发展，又可以在企业违约的时候进行知识产权的处置。

"评—保—贷—投—易"五位一体服务模式得到市场认可，在一年多的时间里，已收集 2400 多个科技型企业项目，为 280 家企业提供融资服务，在融资用户 180 户，累计提供 53 亿元的资金支持，其中债权融资 48 亿元，股权投资 5 亿元。集团为共建共享大平台、大资源、大数据融合持续发力，与创业者和企业一道将知识产权化为有形，将创业梦想变成现实。

成长债业务为投贷联动、债股结合，使 80 多家企业获得 9 亿元银行贷款。平均借款额度 1200 万元，单笔最小金额 300 万元，单笔最大金额达 4000 万元。合作企业成立时间最短为 13 个月，企业成立时间最长为 13 年。

### 四　上海知识产权融资的投贷联动

上海浦东新区知识产权局对外宣布，全国首个知识产权投贷联动基金在浦东启动。该基金由国有资本引导、民营资本参与，规模 1.315 亿元，出资人为上海科技创业投资（集团）有限公司、上海浦东科技融资担保有限公司、嘉兴汇美投资合伙企业、上海张江火炬创业投资有限公司、中银资产管理有限公司以及上银瑞金资本管理有限公司等。基金按政府引导、市场化的原则运作。这是国内首个知识产权投贷联动基金，在上海浦东新区先行先试，基金的运行势必为国内其他地区推广该政策提供参考。

该知识产权投贷联动基金主要聚焦具备高成长潜力的科技型中小微企业，为它们探索多种形式的股权与债权结合的知识产权投融资服务方式。具体来说，基金将以先贷后投、投贷额度匹配、可转债、认股权等形式，降低战略性新兴产业领域具有核心知识产权的中小微企业的贷款和投资门槛。这对某些具有巨大的成长空间，却受困于资金周转难的企业而言，是获得"救命钱"的有效途径。投贷联动基金的设立，就是为了有力促进中小微企业的知识产权价值实现，并在知识产权"流转难"机制突破方面进行有益探索。而银行或投资机构参与知识产权投贷联动基金，可以直接分享高成长性企业的发展"红利"，获得更高的收益。

## 第三节　投贷联动解决信息不对称的作用机理

投贷联动发挥作用的本质就是克服信息不完全给融资带来的问题，无论是基于以有形资产为主的传统信贷融资，还是以无形资产为主的知识产权质押融资，股权投资的介入都能够产生一定的作用，促进信贷的发生。本节主要介绍知识产权投贷联动解决信息不对称问题的理论机制和一些经验研究。

### 一　知识产权投贷联动解决信息不对称问题的理论机制

如果是先投后贷，风险资本投资机构凭借着在某一特定领域的专业优势，率先进入企业掌握企业的基本情况，并且实时动态跟踪企业的发展，就能够将这些信息传递给银行。当然，如果风险资本投资机构能够为企业的知识产权质押融资进行担保最好不过，这就使得风险资本投资机构和银行的利益一致，都希望企业能够按期偿还贷款。风险资本投资机构还能够起到事后监督的作用。

如果是边投边贷，道理也是一样的。风险资本投资机构有专业的优势和股权介入的优势。那银行会将解决事后的信息不对称的问题寄希望于风险资本投资机构，因为风投机构能够在一定程度上参与企业的经营。这样一来，无论是事前的逆向选择问题，还是事中的机会主义行为问题，还是事后的道德风险问题，风险资本投资机构都能够在一定程度上协助银行着力解决。

如果是先贷后投，银行的贷款出现了问题，可以通过股权介入的方式，深入了解和控制企业的经营活动，进一步获取信息。股权介入可以很好地保护银行的债权利益，做出有利于银行债权的决策，避免了两眼一抹黑、什么都不知道的被动地位。例如，商业银行可以充分利用股权介入，保护质押的资产不被企业非法转让出卖，杜绝其中的机会主义问题。此外，如果发生贷款逾期或者违约，或者知识产权大幅度地贬值，债转股的方式能够为银行挽回损失。

### 二　知识产权投贷联动解决信息不对称问题的经验研究

对于知识产权投贷联动机制如何解决信息不对称问题，这是一个很好的研究素材，很多学者对此进行了研究。

Hochberg et al.（2018）的研究认为，风险投资者在企业进行知识产权信贷融资过程中起到了担保的作用，可以缓解银行和科技型企业之间的信息不对称。文章以美国的科技型中小企业为研究对象，采取了 DID 的计量方法对在 2000 年年初美国技术泡沫破灭前后企业知识产权质押融资受影响的程度进行了测度，表明了风险投资者受到经济危机的影响而投资衰减，这在一定程度上影响样本企业的知识产权质押融资。结果进一步表明，如果缺乏风险资本家和机构投资者的前期参与，那些旨在通过知识产权债务渠道刺激创业企业创新政策的经济效应将会减弱。

Holmstrom & Tirole（1997）模拟了涉及科技型企业，知情的风险投资者和不知情的外部资金提供者的贷款交易。科技型企业的借贷能力是有限的，风险投资者的资金实力也不足。企业家可能缺乏勤奋管理项目的技能或激励，虽然风险投资者可以监督和指导企业家，但它的努力对外部资金提供者来说是不可观察的，因此产生了道德风险问题。外部资金提供者对于知识产权项目、对于风投机构的有效监督和指导，仍然持怀疑态度。文章指出，只有风险投资者注入资本才能够向贷方传达可信信号。因为，风险投资者已经作为利益相关方参与其中，在寻求投资回报时，有动力参与不可观察的努力来指导和监督项目。

Nanda & Kropf（2016）最近的模型显示，风险投资的资金投入能够影响贷款人对偿还贷款的预期。这是由于科技型企业和银行等金融机构之间的信息不对称减少了。股权资本的注入改变了贷方对项目的怀疑态度，风险资本投资者的担保承诺也变得可信。贷款的成功收回取决于企业和管理工作，贷方难以进行事前和监督事后，商业化需要前期投资，项目失败的风险很高，而风险投资机构能够很好地解决贷后监督的问题。因此，银行等金融机构在知识资产价值能够支持的范围内，提供相应的信贷资金。

Hardymon et al.（2005）的研究指出，银行等贷款人将大部分尽职调查和知识产权估值外包给风险投资机构，无论是对初创公司的股权，还是其无形资产。该研究进一步表明，风险投资机构的专业声誉对于促成知识产权信贷融资至关重要。初创企业则会发现自己难以借贷，风险资本家协助这些企业运用技术、技能和专利等软资产进行融资，其股权介入后两者的激励是一致的，共同去寻求信贷资金。具有讽刺意味的是，风险投资公司也不断地通过为初创期的科技型企业提供资金来降低风险，因为风险投资机构清楚，当这些企业渡过了这个艰难的阶段后，会有很大的发展空间，届时风投机构也占有了公司的大量股权。

## 第四节　知识产权融资投贷联动案例
### ——"千鹰展翼"基金投向 LSD 微电子

该案例讲述的是招商银行通过投贷联动的方式对 LSD 微电子有限公司注入资金的融资服务。招商银行以"总公司贷＋分公司投"的模式开展业务，基于 LSD 微电子的知识产权进行风险资本的注入，从而实现金融创新。

### 一　招商银行的知识产权投贷联动

招商银行一直考虑实施差异化经营战略，形成自己独特的竞争优势。一直以来，招商银行关注和支持科技型中小企业发展，冥思苦想如何在这块市场打开局面。当国家开放投贷联动政策的时候，招商银行认为这是一个战略机会。因此，在 2010 年正式推出"千鹰展翼"计划。所谓的"千鹰"，就是千万家有发展潜力的科技型中小企业，"展翼"就是通过金融支持让这些科技型中小企业飞速发展。该计划聚焦智能制造、信息技术、新能源、新材料、节能环保、医疗健康、文化创意等新兴行业的中小企业，采取"创新债权融资产品"和"股权融资服务平台"相结合方式，为企业提供全生命周期综合服务，助力科创企业快速成长并登陆资本市场。

招商银行通过总分联动实现投贷联动的经营模式，即分公司负责股权投资，分公司的资金来源于总公司的贷款。业务形式上采用了股权直投的形式，而绝大多数银行目前仍采用认股期权形式。业务架构上完成了银行体系内的投贷联动，投资端和信贷端均在招行体系内，在总行和分行两级层面内实现投贷联动，而绝大多数银行的投资端均为外部投资机构，无法与银行实现真正的业务联动。客户识别评估上实现了投资两种风险视角的统一。国内银行投贷联动大多在投资和信贷两端对同一客户的风险评判产生较大分歧，无法达成一致。而"千鹰展翼"投贷联动的投资决策由招行总行小企业部门的专业团队负责，信贷方案由分行小企业条线发起申请，在总分行两级业务条线内完成投资和贷款的决策，基本能够就投资和贷款两种业务的风险评估达成一致。

### 二　LSD 微电子有限公司的基本情况

当时，LSD 微电子有限公司刚刚成立四年。虽然是新成立不久的公司，但是它的发展潜力却非常大。该公司的主打产品是适用于物联网领域的无线 Wi‐Fi SoC 芯片，产品应用非常广泛，包括智能家居、智能家电、无线音视频、智慧照明、医疗监护、智能 Ai/玩具、工业物联网等行业。并且，LSD 微电子具有国产自主可控完整的知识产权，该公司拥有 14 项软件著作权，9 项集成电路布图设计，3 项实用新型专利，商标 9 项，目前在申请发明专利 17 项。

但是，该公司和其他科技型中小企业一样，面临着严重的融资约束问题。科技型中小企业前期的研发活动需要投入大量的资金，并且还需要持续不断地进行跟进，而市场开发是一个缓慢的过程。这就使得它们难免资金紧张，并且财务报表的表现很差。如果没有政府政策的支持，单纯凭借市场的力量，很难在科技创新的最初阶段形成良好的局面。LSD 微电子公司也一样，由于企业成立时间较短，收入较少且处于亏损状态，在各家银行融资中碰壁。特别是在 2018 年，LSD 即将发布新产品 W600 芯片，量产需要大量资金。

### 三 "千鹰展翼"基金对 LSD 融资的决策与实施

招商银行"千鹰展翼"基金团队对企业进行了深度调研与分析。重点考察了 LSD 近三年的业绩表现，2015—2017 年的营业收入分别为 605 万元、1447 万元、2550 万元，而净利润则分别为 -376 万元、-668 万元、-1619 万元。此外，对 LSD 微电子的知识产权进行评估，对其科技研发团队进行评估，对其市场前景进行评估。最后得出结论：虽然 LSD 收入规模小且连续亏损，却有着过硬的研发能力和专业技术团队，企业发展前景可期。在深入调研下，招行将 LSD 纳入"千鹰展翼"直投项目池后于当年 9 月完成 300 万元直投资金交割。招商银行通过投贷联动方式与半导体芯片企业达成深度合作，坚定支持培育具备自主知识产权和核心技术优势的中小企业的战略方向不动摇。LSD 微电子在接受"千鹰展翼"基金投资后，又得到了更多知名投资机构的青睐。

### 四 该案例的经验启示

通过上述基于知识产权融资的投贷联动案例，可以得出几条经验：

第一，以知识产权为基础，研判项目的投资风险和收益。科技型企业的核心竞争力一定是知识资产，因此对这些知识资产的评判就异常的重要。由于技术的复杂性，现实中很多非常先进的技术由于各种原因，并不能真正地服务人们的生活。或者是因为使用这些技术成本太高昂，或者是因为有更好的技术会替代这些技术，或者是因为人们的生活需求发生了改变，等等。而该案例中的技术，是已经在服务社会，并且有巨大的需求，只需要资金进一步跟进，就可以提升技术服务水平，并且获得市场。投资项目的风险通过对知识产权的评估而得出，具有很强的专业性。

第二，通过股权介入，解决信贷过程中的信息不对称问题。如果是单纯的债权投资，企业可能不会分享更多的关于知识产权方面的信息，特别是涉及企业核心竞争力的一些机密。银行通过股权介入后，就成了公司的股东，有权利对公司的核心机密进行了解。企业不再单纯采取"应付债权人"心态面对银行，而是直陈真实经营情况并主动咨询重大事项决策意见。这一转变直接改变了多年以来银行推进小企业业务中难以解决"信息不对称"困境：银行能够在充分了解企业真实经营情况和发展趋势的前提下，对科技型企业给予长期、稳定的资源支持。

第三，通过银行的网络关系，进一步寻求更多资金的支持。只要科技型企业有足够的发展潜力，资金逐利的本质都会尽量参与其中。展翼基金的股权投资客观上给予了企业银行系股东背书，由于成长型企业获得银行系股东背书，对其开展后续股权融资及登陆资本市场均有良好的助推作用。银行的股权介入会产生示范作用，其他的投资机构会考虑跟随。通过银行庞大的网络关系，会调动各种金融机构积极参与其中，自然会对该企业进行关注，如果经过核实认为该企业真正具有较大的发展潜力，这些金融机构能够提供大量的资源，推动企业爆发式增长。

# 第十三章　第三方信息对接平台与
# 知识产权信贷融资

在前文提到了大量的金融机构，提供多种多样的金融服务。知识产权的信贷融资也不仅仅是单一形式的提供融资服务，银行也常常和其他金融机构合作，进行金融创新和构建金融工程，来对科技型企业提供知识产权的信贷融资。所以，不难发现，这里存在大量的金融集聚，形成金融生态。此外，这些金融机构要服务广大的科技型企业，形成一个跨空间跨地域的金融市场。这个市场要想有效运作，就必须要有相应的信息对接平台，将这些参与主体联系起来，因此，信息对接平台建立的必要性和重要性就不言而喻了。

## 第一节　第三方信息对接平台的基本介绍

在金融服务的诸多业务领域中，大量的中介平台涌现出来，并且由独立的第三方来运营，称之为第三方信息对接平台。这些平台有些是政府主导构建的，有些是市场自发形成的，不管来源如何，最终都是由第三方独立地运行，并获取商业利益。

### 一　第三方信息对接平台的概念内涵

第三方信息对接平台有很多称谓，例如大数据银企对接平台、金融服务超市、科技金融综合服务中心等。那么到底什么是第三方信息对接平台呢？所谓的第三方信息对接平台，就是指将大量的金融机构和大量的科技型企业汇聚到互联网上，通过共享融资供给和融资需求的信息，建立网络虚拟空间的线上合作和交易市场，同时也为线下的合作和交易提供全方位的服务。这个金融服务的互联网平台，本质上与电子商务的互联网平台一样，只不过针对的不再是具体的商业而是无形的融资服务。此外，还有鼎鼎大名的工业互联网平台，其提供的服务也不再是商品的信息对接，而是中间产品的信息对接，或者说是供应链的信息对接。

市场的运行存在交易成本，这个成本是市场是否有效率的关键。交易成本分为外生的交易成本和内生的交易成本。外生交易成本是指完成一笔交易时，交易双方在买卖前后所产生的各种与此交易相关的成本。而内生交易成本是指由于信息不完全和制度扭曲，带来的影响交易的潜在成本。第三方信息对接平台在经济学上的作用，就是降低市场的交易费用，既包括外生的交易费用，也包括内生的交易费用。平台最初建立的目的是方便金融机构和相关企业对接，降低搜寻、谈判、议价等交易成本，金融中介从中渔利。同时，平台还产生了制约各方机会主义行为的作用，降低了隐含的内生交易费用。

第三方信息对接平台大多数包含为知识产权信贷融资提供信息对接服务。有些区域是综合性的平台，包含很多融资业务；有些区域是专业化的平台，存在专门服务于知识产权质押融资的平台。总之，搭建知识产权融资对接平台，旨在发挥政府部门、金融机构的协同作用，减少融资过程中的各种交易成本，为科技型中小微企业和知识产权优势企业的知识产权融资服务。

## 二　第三方信息对接平台的功能

第三方信息对接平台通过整合各个金融机构，远远超过了单个金融机构所能提供的一些融资服务，使得这些平台在知识产权债权融资中的作用凸显。具体来说，知识产权债权融资的第三方信息对接平台，主要提供以下服务：

第一，对企业及金融机构资质进行审核。通过大数据技术，挖掘与分析金融机构的业务水平和信誉情况，挖掘与分析科技型企业的综合实力和信用水平。此外，对于知识产权质押融资，还有对专利估值情况、专利流通情况、专利交易状况、专利盈利能力进行评估。保证参与交易双方信息的公开透明。

第二，对相关信息进行筛选和分类。金融机构方面，包括提供何种类别的融资服务、资金实力、风险偏好等。企业方面包括企业类别、融资迫切性、融资成本高低等。将这些信息实时对接，促进融资供求双方的匹配，促进金融机构之间进行合作。

第三，对融资过程和贷后资金使用进行监控。在企业融资意向达成后，信息交流平台应充分利用大数据、云计算等侧重于对信息的监控和实时更新，对融资过程、资金流转情况进行动态展示，还应包括企业的贷款偿还情况及金融机构配套服务的提供情况。

第四，对成功的案例和经验进行推广。在平台上，开辟专门模块进行宣导。贷款偿还后，金融机构可以通过路演的方式，推广及分享成功的案例，及时总结失败的教训。科技型企业通过平台的案例，学习如何依据自身的条件来实现融资。

第五，对违纪的企业及金融机构进行惩罚和公示。对于投机主义者，平台进行惩处，并且应有专门板块进行信息公示，保证平台的可靠性。建立其声誉效应机制，监督和约束各方，让融资能够平稳有序地进行。

### 三 第三方信息对接平台的发展趋势

随着业务实践和大数据技术的发展，第三方信息对接平台也不断地升级，逐步衍生出信息挖掘、交易模式设计和风险管控等功能，一些尖端的科技极大地改进了这些服务。在大数据分析与应用、AI 知识产权估值和区块链技术的应用等方面，引人注目。

鉴于大数据在知识产权融资中将发挥重要作用，业界人士认为：大数据将成为企业融资的"代言人"、金融机构的"风控师"、银企对接的"加速器"。第三方信息对接平台正在充分地利用大数据提供相应的服务。以大数据信用信息作为基础，打造以大数据为支撑的小微企业信息共享平台，大数据成为科技型中小企业的"虚拟担保品"。大数据对于科技型中小企业的信用体系建设至关重要，如果经过大数据的充分分析，科技型企业的信用是有保障的，金融机构放款就不用过于担心坏账问题，也不用再要求全额抵押，就能增加对中小企业放款的意愿，能够极大地提升融资水平。

再有，AI 知识产权估值也能在一定程度上节省人力成本。人工智能应用于知识产权价值评估能够提高估值的效率。例如，北京东鹏资产评估事务所开发出一套名叫"鹏之翼"的专利价值评估 AI 系统。是在原有的评估方法"未来收益法"的基础上，结合北京东鹏资产评估事务所近 20 年的评估经验和数据积累，从技术价值、法律价值、市场价值、经济价值等多方面分析评估对象，建立数据模型和指标体系，利用计算机记录、运算，形成直观的图形、表格等，为评估师合理预测未来收益、未来风险、收益年限等提供合理依据，争取降低专利评估过程中评估师个人的主观因素，得到公平、公正、客观的评估结果。

以区块链技术进行知识产权的估值和融资。区块链技术的采用宗旨之一，就是在保证数据真实不可篡改基础上，通过对链上数据的挖掘和结构化整形，达到服务于数据需求端的目的。跟传统的数据仓库相比，区块链的分布式数据池是经过各个重要节点普遍认可、共同维护的可信数据。区块链技术还通过时间戳、私钥、签名等措施进行数据确权，从而为数据生产和量价提供了技术上的保证。其中数据确权是一把"双刃剑"，它既可以为数据生产者带来价值，也可以方便对数据生产者进行链上追责。这"一奖一惩"机制是链上节点的多方博弈造成的，它能够促成链上数据的可信度。区块链技术能够对知识产权的生成过程进行全程记录，对相关知识产权进行备案，对侵权行为加以识别。能够探讨潜在的市场流转空间，在质押的知识产权需要实际的市场退出操作时，利用公开交易平台实施流转。

## 第二节　第三方信息对接平台缓解信息不对称的作用

第三方信息对接平台对于缓解信息不对称的问题能够发挥重要作用。平台在资质认证、信息挖掘、价值评估、监督约束和机制设计等几个方面发挥着不可替代的作用，可在一定程度上解决信息不完全的问题，促进知识产权信贷融资。

### 一　资质认证缓解信息不对称

平台能够起到资质认证的作用，能够对参与主体的实力和信誉进行掌握，减少知识产权信贷融资过程中的交易成本。毫无疑问，平台的功能就是汇聚市场主体，包括众多的携带众多金融资源的金融机构以及有融资需求的企业，进而实现借贷双方的撮合交易。当然，也不是任何机构和企业都能够拥有在平台上开展业务的权利。平台的管理团队一项重要的工作就是对其资质进行认证，这样可以保证平台的声誉。一些没有资金实力和风险管理能力的金融机构就被排除在外，一些信用较差的企业也被排除在外。通过平台的认证，就在一定程度上解决了信息不完全的问题。科技型中小企业、投资机构、金融机构等市场主体，可通过平台订阅、发布自身需求或感兴趣的投融资信息，平台通过用户的融资类型、财务数据等重要信息，配合用户录入的自定义关键词，对信息进行较为准确的定位，在后台数据库中完成供需信息匹配。摆脱投融资业务较为传统的线下点对点对接模式，通过线上多对多的信息交互，解决信息不对称问题，提高投融资项目对接效率。

### 二　信息挖掘和信息披露缓解信息不对称

平台能够实现信息挖掘和信息披露。该平台通过与工商、税务、不动产登记、海关、司法、环保、医保、社保、公用事业等涉企经营和监管的信用信息实现实时共享，运用互联网、大数据、云计算和人工智能等新技术为金融机构、企业提供一站式信用大数据服务。企业通过第三方信息对接平台获得不同类型的金融服务，势必需要将企业最翔实、最可靠的财务、销售、供应商、报税等一系列核心数据向平台披露，平台通过互联网应用进行长期的汇总并不断地充实企业数据，并通过云计算系统长期汇总的信息量化为企业、行业发展状况报表，从而将报表数据提供给金融机构使用，使金融机构在知识产权信贷融资时，可获得第一手的企业资料信息，从而协助金融机构和企业做出最准确的判断。随着信息和通信技术的不断发展，大数据的采集和运用逐步地普及起来。大数据能够让信息不对称问题的困扰降到最低程度。理论上来讲，所谓的逆向选择问题、机会主义问题和道德风险问题，运用大数据技术都可以实现破解。

实践中，可能因为采用大数据技术成本还没有降到足够低的水平，因此没有被普遍采用。

### 三　信用评级和价值评估缓解信息不对称

平台能够实现信用评级和知识资产的价值评估。知识产权融资的第三方信息对接平台，本身应该是一个专业化的平台，拥有实现融资的全流程服务。平台本身不仅专注中介职能，还可以开展知识产权价值评估、科技型企业信用评级和不良知识资产处置等业务。出色的平台能够对科技型企业进行信用评级，能够评估不同信用等级的企业对应的授信额度，增强对企业信用违约预测的准确性和可靠性。同时深入企业经营的各个流程，对企业财务、销售、上游、产业链等关键环节进行有效掌控，如对企业经营和财务管理方面出现的问题实现预警和早期预防控制，优化企业资金流、物流和信息流，从而有效地降低企业在融资过程中的风险概率，提高企业的竞争能力和业务水平。更重要的是，平台还应该具有专业的知识产权价值评估能力，建立"商业大数据应用＋知识价值软件化评估"评价体系，以企业知识产权为核心，包括研发投入、人才团队、创新产品、创新服务等创新要素共同参与评价，由软件系统自动生成科技型企业的评价结果。

### 四　监督和治理的职责缓解信息不对称

平台自身拥有监督和治理的职责，也在一定程度上减少了因为信息不完全带来的诸多问题。淘宝和京东等电商平台，就会对商家的行为加以约束，在不停地打击假冒伪劣；滴滴等约车平台，通过实施将车主拉进黑名单这种惩罚，对其服务加以约束；微信等社交平台，通过封号等手段来打击违法活动。同样，融资的第三方信息对接平台与其他的互联网平台有同样的功能，就是监督和制约交易双方的行为。大多数情况下，在一个地区只存在一个第三方信息对接平台，这个地区的范围可能比较广泛，可能是一个城市，也可能是一个省份，这样才能充分发挥平台市场聚合的功能。如果该地区的某一家金融机构，在知识产权质押融资过程中，和企业之间的纠纷不断，或者出现窃密等机会主义行为，就必然会造成该金融机构的声誉受损，平台可以对其提出要求和约束。如果该地区的某一家企业，在知识产权融资过程中，出现了逆向选择和道德风险问题，造成贷款违约，那么企业的信用将会受损，平台可以终止为其提供服务。

### 五　机制设计缓解信息不对称

通过金融创新和业务组合为企业进行机制设计。因为平台拥有众多的金融机构，金融服务也多种多样，因此各种金融机构就可以便利地进行合作，通过多种业务的配合创新金融服务形式，实现知识产权信贷融资的最终目标。譬如，目前几类不同的知识产权质押融资解决方案都可以在平台上实现，包括："银行 + 企业专利权/商标专用权质押"的直接质押融资"北京模式"；"银行 + 政府基金担保 + 专利权反担保"的间接质押"浦东模式"；"银行 + 科技担保公司 + 专利权反担保"的"武汉模式"。这些知识产权质押融资模式的本质是寻找能够处理信息不对称的专业机构，采取最有力的机制设计处理信息不对称的问题。如果银行是这样的机构，银行独自承担。如果担保公司是这样的机构，担保公司介入。如果政府能够提供有用的信息，那么政府介入。这些模式有利于知识产权信贷融资过程中信息不对称问题的解决。

## 第三节　第三方信息对接平台的建设情况

在当前的发展形势下，第三方信息对接平台的建立越发显得必要，它能够在一定程度上简化融资流程，实现金融创新，提高融资的效率。信息交流平台的主要作用是提供企业融资需求信息，同时组织企业与金融机构之间的交流活动，加强沟通合作。在各地政府引导和支持下，一批优秀的知识产权金融服务平台涌现出来，这些平台作为企业和金融机构之间的桥梁和纽带，对推广和实施知识产权质押融资起到了重要作用。

### 一　北京中关村知识产权投融资服务联盟

这个服务联盟实质上就是一个服务平台，平台上汇聚了多家机构，包括北京知识产权运营管理有限公司、中国技术交易所、连城资产评估有限公司、北京中关村科技担保有限公司、北京银行中关村分行、交通银行北京市分行等。平台通过业务组合，为中关村的科技型中小企业提供全流程的服务，打造快捷的知识产权融资通道。该平台的成绩斐然。截至本书完稿时，北京中关村区域已有 400 余家企业通过专利权质押获得了融资，融资总额超过 100 亿元，占同期北京市专利权质押融资笔数和融资总额的比例均超过 85%。

北京中关村知识产权投融资服务联盟推出知识产权质押融资创新产品"智融宝"。该产品具有五大特色：一是知识产权质押为唯一担保方式，不捆绑企业其他资产和信用；二是 500 万元以内的融资项目进入快速批贷通道，15 天批贷；三是海淀区企业可获得融资成本 50% 的补贴，最高可达 100 万元；四是海淀区政府与北京知识产权运营管理有限公司共建首期规模为 4000 万元的中关村核心区知识产权质押贷款风险处置资金池，探索创新知识产权融资风险补偿新机制；五是"知识产权运营 + 投贷联动"全方位助力科技企业成长。随着产品不断优化，"智融宝"将服务更多科技型中小微企业，实现更多新突破，取得更多有益经验，有效支持和保障中小微企业创新发展，为北京乃至全国的创新驱动发展提供有力支撑。

## 二 重庆的"渝快融"知识产权融资平台

该平台的特点就是它是一个大数据平台。该平台由融资专题数据库、数据安全运行区、融资撮合平台、系统展示门户组成，实现涉企数据一库出。这些数据的来源很广泛，包括所有政府部门、金融机构和第三方服务机构上的企业信息。该平台依托"商业大数据应用 + 知识价值软件化评估"建立评价体系，以企业知识产权为核心，包括研发投入、人才团队、创新产品、创新服务等创新要素共同参与评价，由系统自动生成科技型企业的评价结果，不同的评价结果对应不同的推荐授信额度。企业进行知识产权质押融资，不需要再另外和银行接触，只需要在该平台上提出申请，平台会自动收集相关数据提供给银行，银行根据平台提供的数据和评估结果，直接判断企业是否符合它们的贷款标准，最终实现知识产权质押贷款的成功发放。这个平台的显著特点就是简单快捷。

## 三 南京"我的麦田"互联网金融服务平台

"我的麦田"互联网金融服务平台是由江苏省知识产权局、南京市知识产权局、南京江北新区、中国（南京）软件谷等多家机构共同打造。该平台的特点是通过网站和手机 App、微信公众号等为企业提供知识产权债权融资和股权融资、科技政策解读、专利检索等综合服务。该平台与多家金融机构紧密合作，以中小企业为精准服务对象，开展全国"一站式"知识产权金融智能服务。据"我的麦田"知识产权金融服务平台统计，南京市 2019 年申请知识产权质押融资的企业成功获得贷款授信审批的共 670 家，授信金额达 20 多亿元，较 2018 年增长 108%。南京市知识产权融资额度和服务企业户数均居全国同类城市前列。

## 四 广州的知识产权金融服务中心

广州开发区有一个金融服务超市，金融服务超市的业务不限于知识产权融资。将知识产权金融服务中心纳入金融服务超市中，两者共同运营。该服务中心全面整合金融和知识产权要素，为知识产权价值评估、知识产权转让交易、知识产权质押融资、知识产权资产证券化提供对接，为科技企业提供"一站式"的知识产权金融服务。该平台上也充分利用政府的政策，比如成立了风险处置资金池、政府担保的广泛介入、融资成本补贴、投贷联动等。由政府参与设立的知识产权质押融资风险补偿资金池将推动知识产权质押融资工作，发挥财政资金杠杆作用，其用于补偿合作机构开展对民营及中小企业知识产权质押融资服务时所产生的部分风险损失。

### 五　成都的区块链技术知识产权融资服务平台

区块链技术在知识产权保护和投融资中有着广阔的应用前景。所谓区块链技术，就是一个分布式的存储数据库，能够记录所有的信息。应用区块链底层技术搭建的知识产权交易平台可解决知识产权交易资源信息孤岛、提高参与机构之间的协同效率、降低交易机构运营成本等主要问题。利用区块链不可篡改、打通数据、智能合约等特性，重塑"信用"机制，可解决融资过程中的信息不对称问题。成都市政府、人民银行成都分行、四川省知识产权服务促进中心共同启动基于区块链技术的知识产权融资服务平台。平台以区块链为底层技术，以企业本身知识产权评价评估为核心，以企业经营状况为保障，包含准入管理、评估管理、运营监管、融资管理四大功能板块，旨在利用区块链技术打通知识产权与金融的通道，通过刻画分析融资方、资本方、服务方所有行为和操作，保证融资过程的公开、公平、公正，为各方创建一个可信交易环境，帮助企业获得更多融资，帮助金融机构降低风险。基于区块链技术的知识产权融资服务平台是有效连接和多元融合知识产权、金融、区块链技术的全新探索，是商业模式创新、金融工具创新的有效实践。

通过上述各个地方兴建的知识产权服务平台可知，这些平台发挥了积极的作用。通过平台的服务，能积极回应市场主体需求，不断拓展知识产权服务方式，能够高标准落实国家关于知识产权金融服务各项举措，可以不断地探索，从政策、机制、服务方面创新，为中小企业发展提供更大的金融支撑、更优的金融服务，在全国范围内输送更多可复制推广的经验。

## 第四节　第三方信息对接平台的案例
### ——上海知识产权交易中心

上海知识产权交易中心不仅是技术交易的市场，同时也将知识产权质押融资的信息服务功能纳入其中。这种做法是非常值得推广的。首先，知识产权交易买卖服务和知识产权融资服务拥有相同的服务对象，都是科技型企业。这样平台能够实现规模经济，科技型企业也能够节省交易成本。其次，知识产权交易买卖服务和知识产权融资服务拥有相同的服务内容，涉及知识产权价值评估、交易双方信息对接、大数据分析、交易结构和融资结构的设计等，两种服务功能集合在一个平台上，就避免了重复建设，节约了资源。最后，有些技术交易也是出于融资的目的，到底是直接出卖转让好，还是质押借款好，科技型企业可以很便利地进行对比，选择最有利于自己的方案。

该案例讲述一家名叫鑫众通信的公司通过上海知识产权交易中心获得知识产权质

押贷款融资。在这个过程中，上海知识产权交易所表现出了非常专业的评估能力，处理效率非常高，同时对接了多个金融服务机构，一气呵成完成了这笔知识产权质押融资。

鑫众通信向上海知识产权交易中心咨询知识产权质押融资，弄清楚基本情况后，得到答复可以进行申请。企业申请之后，上海知识产权交易中心相关窗口进行受理，为企业提供所需材料清单、表格、知识产权质押融资委托代理合同。随后，鑫众通信如实提交上述资料，并且与上海知识产权交易中心签订知识产权质押融资委托代理合同。

上海知识产权交易中心组织各专业会员单位根据企业提供的资料进行初审，并汇总各会员单位的意见，一致认为鑫众通信符合知识产权质押融资的条件，予以"通过初审"认定。担保公司、评估事务所、银行等机构到企业现场进行考察。

根据调研得到以下基本情况。鑫众通信成立于 2005 年，注册于上海市科技创业中心孵化器内，主要的业务领域是从网络规划、网络设备、专业工程服务、业务平台到终端的"一站式网络优化服务"。鑫众通信的主要产品为移动通信网络覆盖产品：直放站、干线放大器、无源器件、天线等。公司拥有多项自主知识产权，包括 7 项实用新型专利，2009 年获得"高新技企业"证书，2010 年通过 ISO 9001 质量管理体系认证、ISO 14001 环境管理体系认证。鑫众公司最大的客户是中国移动通信集团，双方有着长期紧密的业务来往。在整个业务往来的过程中，由于行业的特点，应收账款账期较长，因此，鑫众公司流动资金的周转遇到问题。如果不增加流动资金的投入，会使企业经营受到极大影响。

各家金融机构一致认为：可以为鑫众通信提供知识产权质押融资方案。同时，鑫众公司向上海知识产权交易中心提出用自主知识产权质押贷款 300 万元，以补充企业流动资金，用于加大研发和扩大市场的投入力度。该融资方案如下：由担保公司和企业、银行和企业、担保公司和银行分别签订贷款、担保合同。企业实际控制人将私有房产作反担保。

最终，评估事务所出具评估报告。担保公司通过内审程序，出具担保方案。银行通过贷审会决定给予鑫众公司人民币 300 万元流动资金贷款。律师事务所出具法律意见书，认为本次知识产权质押融资贷款符合相关法定程序。专利事务所为出质人和质权人办理专利权质押登记的手续。交通银行上海漕河泾支行给予放款。上海知识产权交易中心向徐汇区知识产权质押融资推进小组就本次质押贷款进行备案登记。中心和相关机构将进行贷后跟踪管理。

可以看出，上海知识产权交易中心起到了市场聚合和信息对接的作用，节省了大量搜寻、对接、洽谈等交易成本；起到了专业化服务的作用，能够应用各种信息准确地对企业及其知识产权进行评估；起到了监管和制约的作用，对企业或者是金融机构的行为实时地监督，它们不得不为了声誉而认真履行各自的职责。

# 参考文献

［1］ 道格拉斯・C. 诺思：《制度、制度变迁与经济绩效》，杭行译，格致出版社、上海三联书店、上海人民出版社 2008 年版。

［2］ Harhoff, D., The Role of Patents and Licenses in Securing External Finance for Innovation［J］. In: Audretsch, D. B., Falck, O., Heblich, S., Lederer, A. (Eds.), Handbook of Research on Innovation and Entrepreneurship. Edward Elgar, Cheltenham, UK, 2009: 55 – 73.

［3］ Myers, S. C. The Capital Structure Puzzle［J］. The Journal of Finance, 1984（39）: 574 – 592.

［4］ 斯蒂格利茨：《信息经济学基本原理》，中国金融出版社 2009 年版。

［5］ Stiglitz, J. E., & Weiss, A., Credit Rationing in Markets with Imperfect Information［J］. American Economic Review, 1981, 71（3）: 393 – 410.

［6］ Bester, H., The Role of Collateral in Credit Markets with Imperfect Information［J］. European Economic Review, 1987（31）: 887 – 899.

［7］ Wette, H. C., Collateral in Credit Rationing in Markets with Imperfect Information［J］. American Economic Review, 1983, 73（3）: 442 – 445.

［8］ Bester, H., Screening Versus Rationing in Credit Markets with Imperfect Information［J］. American Economic Review, 1985（75）: 850 – 855.

［9］ 王霄，张捷：《银行信贷配给与中小企业贷款——一个内生化抵押品和企业规模的理论模型》，《经济研究》2003 年第 7 期。

［10］ Igawa, Kazuhiro and George Kanatas, Asymmetric Information, Collateral and Moral Hazard［J］. Journal of Financial and Quantitative Analysis, 1990, 25（4）: 469 – 490.

［11］ Williamson, S. D., Costly Monitoring, Financial Inter Mediation and Equilibrium Credit Rationing［J］. Journal of Monetary Economics, September, 1987, 169 – 179.

［12］ Schimdt – Mohr, U., Rationing Versus Collateralization in Competitive and Monopolistic Credit Markets with Asymmetric Information［J］. European Economic Review 1997（41）, 1321 – 1342.

［13］ Menkhoff, Lukas, Doris Neuberger and Chodechai Suwanaporn, Collateral – based

Lending in Emerging Markets：Evidence from Thailand ［J］. Journal of Banking and Finance，2006（30）：1 – 21.

［14］Manove，M. and A. J. Padilla，Banking（conservatively）with Optimists ［J］. Journal of Economics，1999（30）：324 – 350.

［15］Manove，M.，A. J. Padilla and M. Pagano，Collateral vs Project Screening：A Model of Lazy Banks ［J］. Journal of Economics，2001（32）：726 – 744.

［16］蒙大斌，李杨：《专利信号、风险资本融资与创业企业成长——基于 178 家创业企业微观调查数据的研究》，《中国经济问题》2019 年第 3 期。

［17］关伟，王子良：《金融机构信用管理》，高等教育出版社 2015 年版。

［18］王化成，侯粲然，刘欢：《战略定位差异、业绩期望差距与企业违约风险》，《南开管理评论》2019 年第 4 期。

［19］杨竹清：《上市公司研发创新与信用风险的关系研究——基于 KMV 模型的实证分析》，《金融理论与实践》2018 年第 5 期。

［20］唐振鹏，陈尾虹，黄友珀：《上市公司信用风险的度量》，《统计与决策》2017 年第 24 期。

［21］陈艺云：《中国公司债违约风险度量的理论与实证研究》，《系统工程》2016 年第 1 期。

［22］关伟，王子良：《金融机构信用管理》，高等教育出版社 2015 年版。

［23］宋清华，李志辉：《金融风险管理》，中国金融出版社 2003 年版。

［24］运迪，周建辉：《基于改进 Z 值模型的企业信用风险评估与检验》，《统计与决策》2014 年第 10 期。

［25］田秋丽：《Logistic 模型在中小企业信用风险度量中的应用分析》，《中国商贸》2010 年第 8 期。

［26］雷辉，赵士琛：《企业社会责任与企业信用风险评估——基于利益相关者视角的 Logistic 模型创新》，《湖南大学学报》（社会科学版）2019 年第 2 期。

［27］霍源源，姚添译，李江：《基于 Probit 模型的中国制造业企业信贷风险测度研究》，《预测》2019 年第 4 期。

［28］周泓，邱月：《交叉熵算法在企业违约风险评估中的应用研究》，《计算机工程与应用》2008 年第 20 期。

［29］张晓莉，刘大为：《一种基于遗传算法的企业信用风险分析方法》，《企业经济》2012 年第 8 期。

［30］约瑟夫·阿洛伊斯·熊彼特：《经济发展理论》，商务印书馆 1990 年版。

［31］张目：《高技术企业信用风险影响因素及评价方法研究》，电子科技大学，2010 年。

［32］李涛，张喜玲：《基于 KMV 模型的新疆上市公司信用风险度量研究》，《中国西部》2018 年第 1 期。

［33］Dongyeol Lee. Role of R&D in the Productivity Growth of Korean Industries：Technology Gap and Business Cycle［J］. Journal of Asian Economics，2016，45：31 − 45.

［34］李静，彭飞，毛德凤：《研发投入对企业全要素生产率的溢出效应——基于中国工业企业微观数据的实证分析》，《经济评论》2013 年第 3 期。

［35］李卓，蒋银娟：《研发创新抑制波动机制分析——基于企业生产供给波动视角》，《经济理论与经济管理》2016 年第 6 期。

［36］朱乃平，朱丽，孔玉生，沈阳：《技术创新投入、社会责任承担对财务绩效的协同影响研究》，《会计研究》2014 年第 2 期。

［37］Theodore Sougiannis. The Accounting Based Valuation of Corporate R&D［J］. The Accounting Review，1994，69（1）：44 −68.

［38］Po − Hsuan Hsu，Xuan Tian，Yan Xu. Financial Development and Innovation：Cross − country Evidence［J］. Journal of Financial Economics，2014，112（1）：116 − 135.

［39］张一林，龚强，荣昭：《技术创新、股权融资与金融结构转型》，《管理世界》2016 年第 11 期。

［40］Cefis Elena，Marsili Orietta. A Matter of Life and Death：Innovation and Firm Survival［J］. Industrial and Corporate Change，2005，14（6）：1167 −1192.

［41］Louis K. C. Chan，Josef Lakonishok，Theodore Sougiannis，The Stock Market Valuation of Research and Development Expenditures［J］. The Journal of Finance，2001，56（6）：2431 −2456.

［42］李剑力：《探索性创新、开发性创新与企业绩效关系研究——基于冗余资源调节效应的实证分析》，《科学学研究》2009 年第 9 期。

［43］Chiara Pederzoli，Grid Thoma，Costanza Torricelli. Modelling Credit Risk for Innovative SMEs：the Role of Innovation Measures［J］. Journal of Financial Services Research，2013，44（1）：111 − 129.

［44］Po − Hsuan Hsu，Hsiao − Hui Lee，Alfred Zhu Liu，et al. Corporate Innovation，Default Risk，and Bond Pricing［J］. Journal of Corporate Finance，2015，35：329 − 344.

［45］Varouj A. Aivazian，Ying Ge，Jiaping Qiu. The impact of leverage on Firm Investment：Canadian Evidence［J］. Journal of Corporate Finance，2005，11（1）：277 − 291.

［46］童玉芬，燕雨林，付升华：《规模、金融创新对银行竞争与风险的关系的中介效应》，《广东社会科学》2020 年第 3 期。

［47］屈文洲，谢雅璐，叶玉妹：《信息不对称、融资约束与投资—现金流敏感性——基于市场微观结构理论的实证研究》，《经济研究》2011 年第 6 期。

［48］David Aboody, Baruch Lev. Information Asymmetry, R&D, and Insider Gains ［J］. The Journal of Finance, 2000, 55 （6）: 2747 - 2766.

［49］Michael K. Fung. R&D, Knowledge Spillovers and Stock Volatility ［J］. Accounting & Finance, 2006, 46 （1）: 107 - 124.

［50］王湘平:《研发投入、营销能力对企业违约风险的影响研究》，湘潭大学硕士毕业论文，2018 年。

［51］O'Bien JP. The Capital Structure Implications of Pursuing a Strategy of Innovation ［J］. Strategic Management, 2003, 24 （24）: 415 - 431.

［52］Nick Bloom. Uncertainty and the Dynamics of R&D ［J］. The American Economic Review, 2007, 97 （2）: 250 - 255.

［53］Hull the Financing of Research and Development ［J］. Oxford Review of Economic Policy, 2002, 18 （1）: 17 - 19.

［54］Zongke Bao. Innovative Behavior and the Chinese Enterprise Survival Risk: An Empirical Research ［J］. China Finance and Economic Review, 2016, 4 （1）.

［55］Dirk Czarnitzki, Kornelius Kraft. Innovation Indicators and Corporate Credit Ratings: Evidence from German Firms ［J］. Economics Letters, 2003, 82 （3）: 377 - 384.

［56］毋静:《企业创新投入与违约风险的相关性研究》，浙江财经学院硕士毕业论文，2012 年。

［57］孟庆斌，侯粲然，鲁冰:《企业创新与违约风险》，《世界经济》2019 年第 10 期。

［58］Hong Wang, Pan Liang, Huiyu Li, et al. Financing Sources, R&D Investment and Enterprise Risk ［J］. Procedia Computer Science, 2016, 91: 122 - 130.

［59］Mehmet Ugur, Eshref Trushin, Edna Solomon. Inverted - U Relationship Between R&D Intensity and Survival: Evidence on Scale and Complementarity Effects in UK Data ［J］. Research Policy, 2016, 45 （7）: 1474 - 1492.

［60］杨竹清:《上市公司研发创新与信用风险的关系研究——基于 KMV 模型的实证分析》，《金融理论与实践》2018 年第 5 期。

［61］Wang Ruiqi, Fangjun Wang, Luying Xu, et al. R&D Expenditures, Ultimate Ownership and Future Performance: Evidence from China ［J］. Journal of Business Research, 2017 （71）: 47 - 54.

［62］Silviano Esteve - Pérez, Juan A. Manez - Castillejo. The Resource - Based Theory of the Firm and Firm Survival ［J］. Small Business Economics, 2008, 30 （3）: 231 - 249.

［63］Wei Zhang. R&D Investment and Distress Risk ［J］. Journal of Empirical Finance, 2015 （32）: 94 - 114.

［64］Laurel A. Franzen, Kimberly J. Rodgers, Timothy T. Simin. Measuring Distress Risk:

The Effect of R&D Intensity［J］. The Journal of Finance, 2007, 62（6）: 2931 –2967.

［65］Dongmei Li. Financial Constraints, R&D Investment, and Stock Returns［J］. The Review of Financial Studies, 2011, 24（9）: 2974 –3007.

［66］Cefis E., Marsili O. A Matter of Life and Death: Innovation and Firm Survival［J］. Ind Corp Chang, 2005, 14（6）: 1 –26.

［67］Myers, S. C. and Majluf, N. S. Corporate Financing and Investment Decisions When Firms Have Information That Investors Do Not Have［J］. J Financial Economics, 1984（13）: 187 –221.

［68］Liu Z. An Empirical Analysis of the Impact of Financing Sources on R&D Investment in China: Empirical Data from Chinese Listed Companies［J］. China Science and Technology Forum , 2011（03）: 54 –72.

［69］Kamien M., Schwartz N. Enterprise's Self – Financing of An R&D Project［J］. American Economic Review, 1978（68）: 252 –261.

［70］舒谦，陈治亚：《治理结构、研发投入与公司绩效——基于中国制造型上市公司数据的研究》，《预测》2014 年第 3 期。

［71］陈英：《技术创新的二重经济效应与企业的技术选择》，《南开经济研究》2003 年第 3 期。

［72］苑泽明，李海英，孙浩亮，王红：《知识产权质押融资价值评估：收益分成率研究》，《科学学研究》2012 年第 3 期。

［73］张欢，温振华：《知识产权质押融资风险评价体系研究》，《华北金融》2013 年第 5 期。

［74］张彦巧，张文德：《企业专利价值量化评估模型实证研究》，《情报杂志》2010 年第 2 期。

［75］詹勇军，汪丛伟，熊斌，彭万峰：《基于潜在维权成本的专利价值评估研究》，《科技管理研究》2018 年第 13 期。

［76］王子焉，刘文涛，倪渊，李子峰：《专利价值评估研究综述》，《科技管理研究》2019 年第 16 期。

［77］李丹：《专利领域市场支配地位的认定——基于专利价值评估的角度》，《电子知识产权》2018 年第 5 期。

［78］马慧民，张爽，叶春明：《专利技术产业化筛选评估指标体系研究》，《中国科技论坛》2005 年第 5 期。

［79］Cromley, J. T 20 Steps for Princing a Patent［J］. Journal of Accountancy, 2004.

［80］Hou J. L, Lin H. Y. A Multiple Regression Model for Patent Appraisal Searching for Factors Influencing Technological Asset Value［J］. Industrial Management & Data System,

2006，106（9）：1304 –1332.

［81］Lanjouw J. O.，Schanke. R.，Man M. Characteristics of Patent Litigation：A Window on Competition ［J］. Rand Journal of Economics，2001，32（1）：129 –151.

［82］国家知识产权局专利管理司，中国技术交易所：《专利价值分析指标体系操作手册》，知识产权出版社 2012 年版。

［83］唐恒，孔漾婕：《专利质押贷款中的专利价值分析指标体系的构建》，《科学管理研究》2014 年第 2 期。

［84］王凌峰，李玉华：《基于梯形 FAHP 电池专利质押融资价值评估研究》，《系统科学学报》2017 年第 3 期。

［85］Fischer T.，Leidinger J. Testing Patent Value Indicators on Directly Observed Patent Value – An Empirical Analysis of Ocean Tomo Patent Auctions ［J］. Research Policy，2014，43（3）：519 –529.

［86］Harhoff D.，ScheRER F. M.，Vopel K. Citations，Family Size，Opposition and the Value of Patent Rights ［J］. Research Policym，2003，32（8）：1343 –1363.

［87］苑泽明：《知识产权融资的风险、估价与对策》，东北财经大学出版社 2010 年版。

［88］Pennington Richard，Sanchez Corey. Negotiating Liability Allocation Terms：Risk，Indemnity and Intellectual Property ［J］. Contract Management，2007，47（11）.

［89］Crawford. Management of Infringement Risk of Intellectual Property Assets ［J］. Intellectual Property & Technology Law Journal，2008，20（12）.

［90］Yael V. Hochberg，Carlos J. Serrano，Rosemarie H. Ziedonis. Patent Collatera，Investor Commitment，and the Market for Venture Lending ［J］. Journal of Financial Economics，2018.

［91］Cieri，E. S. Patents and R&D as Real Options. Economics Notes ［J］. The Quarterly Review of Economics and Finance.，2006.

［92］Fitzgerald，G. Credit Markets with Asymmetric Information. Lecture Notes ［J］. in Economics and Mathematical Systems，Berling Heidelberg. Springer，2003.

［93］E. C. Osterberg. A Primer On Intellectual Property Risk. Management & Insurance ［J］. Les Nouvelles，2003.

［94］张伯友：《知识产权质押融资的风险分解与分步控制》，《知识产权》2009 年第 2 期。

［95］陈莹，宋跃晋：《知识产权质押融资的风险控制》，《金融与经济》2012 年第 7 期。

［96］杨帆，李迪，赵东：《知识产权质押融资风险补偿基金：运作模式与发展策略》，《科技进步与对策》2017 年第 12 期。

［97］李海英，苑泽明，李双海：《创新型企业知识产权质押贷款风险评估》，《科学学研究》2017 年第 8 期。

［98］连杰：《我国知识产权分级质押融资运行模式研究》，《现代商业》2010 年第11 期。

［99］谢昌：《对浦东知识产权质押贷款的调查分析和建议》，《浦东开发》2008 年第10 期。

［100］杨晨，陶晶：《知识产权质押融资中的政府政策配置研究》，《科技进步与对策》2010 年第 13 期。

［101］凌辉贤：《知识产权融资模式研究——以质押和证券化为例》，《财会通讯》2011 年第 24 期。

［102］欧晓文：《科技型中小企业知识产权质押融资模式探究——基于北京、上海浦东、武汉模式的比较》，《现代产业经济》2013 年第 7 期。

［103］方厚政：《专利质押贷款模式影响因素的实证研究——来自上海市的经验证据》，《上海经济研究》2014 年第 8 期。

［104］宋光辉，田立民：《科技型中小企业知识产权质押融资模式的国内外比较研究》，《金融发展研究》2016 年第 2 期。

［105］Chatelain Jean Bernard, Ralf Kirsten, Bruno Amable. Patents as Collateral ［J］. Journal of Economic Dynamics & Control, 2010, 34 (6)：1092 – 1104.

［106］李希义，蒋琇：《政府支持下的知识产权质押贷款模式及其特征分析》，《科技与法律》2009 年第 5 期。

［107］Wei – Chi Huang, Ching – Chong Lai, Ping – Ho Chen. International R&D Funding and Patent Collateral in an R&D – based Growth Model ［J］. International Review of Economics & Finance, 2017.

［108］姚王信，张晓艳：《基于因子分析法的知识产权融资能力评价》，《科技进步与对策》2012 年第 9 期。

［109］华荷锋，鲍艳利：《科技型小微企业知识产权融资能力评价指标体系之构建》，《财会月刊》2016 年第 21 期。

［110］Davies I. Secured Financing of Intellectual Property Assets and the Reform of English Personal Property Security Law ［J］. Oxford Journal of Legal Studies, 2006, 26 (3)：559 – 583.

［111］Bruno Amable, Jean – Bernard Chatelain, Kirsten Ralf, Patents as Collateral ［J］. Journal of Economic Dynamics and Control, 2010, 34 (6).

［112］Timo Fischer, Philipp Ringler, What Patents are Used as Collateral? —An Empirical Analysis of Patent Reassignment Data ［J］. Journal of Business Venturing, 2014, 29 (5).

[113] 姚王信，朱玲，韩晓宇：《创新要素区位分布对省域专利质押融资能力的影响》，《科技进步与对策》2016 年第 22 期。

[114] Sanford J. Grossman, Oliver D. Hart. The Costs and Benefits of Ownership：A Theory of Vertical and Lateral Integration ［J］. Journal of Political Economy, 1986 （4）：697 – 719.

[115] 杨雄文：《反思与完善：信息不完全下的知识产权利益平衡》，《电子知识产权》2007 年第 2 期。

[116] Akerlof, G. A. The Market for "Lemons"：Qualitative Uncertainty and the Market Mechanism ［J］. The Quarterly Journal of Economics, 1970 （84）：488 – 500.

[117] Alberto Martin. A Model of Collateral, Investment, and Adverse Selection ［J］. Journal of Economic Theory, 2009, 144：1572 – 1588.

[118] 黎荣舟，等：《不对称信息条件下抵押品的信号作用分析》，《系统工程理论与实践》2003 年第 2 期。

[119] Liang Han. The Role of Collateral in Entrepreneurial Finance ［J］. Journal of Business Finance and Accounting, 2009, 36 （3）：424 – 455.

[120] Christian Koziol. Do Good or Bad Borrowers Pledge More Collateral ［J］. International Journal of Managerial Finance, 2007, 3 （2）：132 – 163.

[121] Hodgman, A. D. Credit Risk and Credit Rationing ［J］. Quarterly Journal of Economics, 1960, 75 – 82.

[122] Spence, A. M. Market Signaling, Information Transfer in Hiring and Related Processes. Market Signaling：Informational Transfer in Hiring and Related Screening Processes ［M］. Harvard University Press, Cambridge, 1974.

[123] 陆静，王捷：《基于超级贝叶斯方法的专家意见先验概率修正研究》，《统计与决策》2013 年第 1 期。

[124] 贾瑞乾，陈松，李炼：《专利组合对上海制造业上市公司企业价值的影响》，《科研管理》2019 年第 8 期。

[125] 亚当·斯密：《国富论》，胡长明译，人民日报出版社 2009 年版。

[126] Kenneth J. Arrow. Uncertainty and the Welfare Economics of Medical Care ［J］. The American Economic Review, 1963, 53 （5）：941 – 973.

[127] 王雅娟，王先甲：《商业银行信贷的道德风险分析及防范措施》，《武汉理工大学学报》2009 年第 24 期。

[128] 李扬：《银行信贷风险管理》，经济管理出版社 2003 年版。

[129] 平新乔，杨慕云：《消费信贷违约影响因素的实证研究》，《财贸经济》2009 年第 7 期。

［130］平新乔，杨慕云：《信贷市场信息不对称的实证研究——来自国有商业银行的证据》，《金融研究》2009 年第 3 期。

［131］黄璟宜，邱兆祥，许坤：《企业风险异质性、贷款利率与信贷违约风险——基于银行信贷微观数据》，《财经理论与实践》2017 年第 6 期。

［132］Chan, Y. S., S. I. Greenbaum and A. V. Thakor, Information Reusability, Competition and Bank Asset Quality ［J］. Journal of Banking and Finance, 1986 (10): 255 –276.

［133］尹志超，甘犁：《信息不对称、企业异质性与信贷风险》，《经济研究》2011 年第 9 期。

［134］Williamson, O. E., The Economic Institutions of Capitalism ［M］, New York: Free Press, 1985.

［135］丁锦希，李伟，郭璇王，春雷，王中：《美国知识产权许可收益质押融资模式分析——基于 Dyax 生物医药高科技融资项目的实证研究》，《知识产权》2012 年第 12 期。

［136］Robb & David T. Robinson, The Capital Structure Decisions of New Firms ［J］. Review of Financial Studies, Society for Financial Studies, 2014 (27): 153 –179.

［137］Fischer, T., Rassenfosse, G. Debt Financing of High – growth Startups ［J］. Druid Working Paper, 2011: 11 –04.

［138］Fischer, T., & Ringler, P. What Patents are Used as Collateral? —An Empirical Analysis of Patent Reassignment Data ［J］. Journal of Business Venturing, 2014 (29): 633 –650.

［139］Shleifer, A., & Vishny, R. Liquidation Values and Debt Capacity: A Market Equilibrium Approach ［J］. The Journal of Finance, 1992, 47 (4): 1343 –1366.

［140］Sun, W., & Hu, H. Study on Risk Dispersion of IP Financing (in Chinese) ［J］. Intellectual Property, 2009, 19 (112): 73 –77.

［141］Azizjon Alimov. Intellectual Property Rights Reform and the Cost of Corporate Debt ［J］. Journal of International Money and Finance, 2019 (91): 195 –211.

［142］Dang Jianwei, Motohashi. Patent Statistics: A Good Indicator for Innovation in China Patent Subsidy Program Impacts on Patent Quality ［J］. China Economic Review, 2015 (35): 137 –155.

［143］郑莹，张庆垒：《专利信号如何缓解企业融资约束——基于专利质押融资政策的效果评价》，《管理学季刊》2019 年第 1 期。

［144］龚瑶嘉，张莉：《企业专利质押融资的影响因素研究——以新三板科技型企业为例》，《金融》2019 年第 6 期。

［145］Haire，Mason. Biological Models and Empirical Histories of the Growth of Organizations：In Modern Organization Theory ［M］. New York：John Wiley & Sons, Inc.，1959.

［146］Adizes，I. Corporate Life cycles：How and Why Corporation Grow and Die and What to do about it ［M］. Prentice Hall，1989.

［147］安广实，丁娜娜：《战略差异度、企业生命周期与资本结构动态调整》，《内蒙古农业大学学报（社会科学版）》，网络首发论文.

［148］Drobetz，W.，Wanzenried，G. What Determines the Speed of Adjustment to the Target Capital Structure?［J］. Applied Financial Economics，2006，16（13）：941 – 958.

［149］龙勇，刘珂：《风险投资对企业发展的影响研究》，《科技管理研究》2008 年第3 期。

［150］徐瑞，郑兴东：《基于企业生命周期视阈的融资战略研究——以华为为例》，《商业经济》2020 年第5 期。

［151］冯晓青：《知识产权制度运用与企业创新发展——从中美贸易摩擦背景下华为被美制裁事件的启示论起》，《人民论坛·学术前沿》2019 年第13 期。

［152］Mark Bezant. The Use of Intellectual Property as Security for Debt Finance ［J］. Journal of Knowledge Management，1997，1（3）：237 – 263.

［153］朱明君：《科技型中小企业融资影响因素研究》，《新金融》2017 年第6 期。

［154］陈战运，杨文杰，宿芸芸：《中小企业债务融资影响因素分析——基于灰色关联度模型》，《会计之友》2014 年第16 期。

［155］张超，张晓琴：《专利权质押融资影响出质企业绩效的实证研究》，《科研管理》2020 年第1 期。

［156］孙茂竹，王艳茹，黄羽佳：《企业生命周期与资本结构——以我国制造业上市公司为例》，《会计之友（下旬刊）》2008 年第8 期。

［157］李诗，洪涛，吴超鹏：《上市公司专利对公司价值的影响——基于知识产权保护视角》，《南开管理评论》2012 年第6 期。

［158］龙小宁，易巍，林志帆：《知识产权保护的价值有多大？——来自中国上市公司专利数据的经验证据》，《金融研究》2018 年第8 期。

［159］Cohen W. M.，Goto A.，Akiya A.，Nelson R. R.，Walsh J. P.. R&D Information Flows and Patenting in Japan and the United States ［C］. In Granstrand，eds. Economics, Law and Intellectual Property. Kluwer Academic Press，2003：123 – 154.

［160］Arundel A.，van de Paal G.，Soete L. Innovation Strategies of Europe's Largest Industrial Firms：Results of the PACE Survey on Information Sources，Public Research ［C］. Protection of Innovation and Government Programmes，MERIT，Maastricht，1995：60 – 61.

［161］苏东水：《产业经济学》，高等教育出版社 2005 年版。

［162］Gort, M. and Klepper, S. Time Paths in the Diffusion of Product Innovations ［J］. The Economic Journal, 1982（92）：630 － 653.

［163］华荷锋，鲍艳利：《产业导向的高新区知识产权融资服务体系构建研究》，《技术经济与管理研究》2016 年第 5 期。

［164］Cockburn, I. M., and Macgarvie, M. J. Entry and Patenting in the Software Industry ［J］. Management Science, 2011（57）：915 － 933.

［165］丁锦希，张金凤，方玥，王中，何梦云，顾艳：《战略性新兴生物医药产业专利质押融资现状评价及其政策成因分析》，《中国科技论坛》2013 年第 2 期。

［166］张晓艳：《知识产权融资能力与企业绩效的相关性研究——基于 2009—2010 年信息技术类上市公司数据》，天津财经大学硕士论文，2012 年。

［167］袁新忠：《浅析文创产业知识产权保护机制问题与策略》，《中国科技论坛》2020 年第 21 期。

［168］杨延超：《改革开放 40 年我国专利制度的回顾、反思与展望》，《重庆社会科学》2018 年第 4 期。

［169］吴汉东，刘鑫：《改革开放 40 年的中国知识产权法》，《社会科学文摘》2018 年第 11 期。

［170］张瑜，蒙大斌：《外国在华专利战略的变化及应对》，《经济纵横》2015 年第 2 期。

［171］蒙大斌，张瑞，刘书瀚：《外国在华专利与中国创新技术进步：扩散效应抑或阻塞效应?》，《科技管理研究》2016 年第 20 期。

［172］史宇鹏，顾全林：《知识产权保护、异质性企业与创新：来自中国制造业的证据》，《金融研究》2013 年第 8 期。

［173］李诗，洪涛，吴超鹏：《上市公司专利对公司价值的影响——基于知识产权保护视角》，《南开管理评论》2012 年第 6 期。

［174］张杰，芦哲：《知识产权保护、研发投入与企业利润》，《中国人民大学学报》2012 年第 5 期。

［175］蒙大斌：《中国专利制度的有效性：理论与经验分析》，南开大学出版社 2016 年版。

［176］Inderst, Roman & Mueller, Holger M. A Lender － based Theory of Collateral ［J］. Journal of Financial Economics, 2007, 84（3）：826 － 859.

［177］Mann W. Creditor Rights and Innovation：Evidence from Patent Collateral ［J］. Journal of Financial Economics, 2018（130）：25 － 47.

［178］Petersen, M. A., Rajan, R. G. The Benefits of Lending Relationships：Evidence from

Small Business Data［J］. The Journal of Finance，1994（49）：3－37.

［179］吴超鹏，唐菂：《知识产权保护执法力度、技术创新与企业绩效——来自中国上市公司的证据》，《经济研究》2016 年第 11 期。

［180］Arrow，K. Economic Welfare and the Allocation of Resources for Invention［M］. Princeton University Press，1962：609－626.

［181］李莉，闫斌，顾春霞：《知识产权保护、信息不对称与高科技企业资本结构》，《管理世界》2014 年第 11 期。

［182］褚杉尔，高长春：《知识产权保护是否放松了文化创意企业的融资约束?》，《财经论丛》2018 年第 3 期。

［183］张晓月，张鑫：《政府专利奖励提升了中小企业绩效吗？——基于知识产权能力调节作用的实证检验》，《科技管理研究》2019 年第 8 期。

［184］黄宏斌，苑泽明：《论我国高新技术企业知识产权融资问题与成因》，《特区经济》2011 年第 8 期。

［185］吴超鹏，唐菂：《知识产权保护执法力度、技术创新与企业绩效——来自中国上市公司的证据》，《经济研究》2016 年第 11 期。

［186］Eggleston，Barbieri，Carmen R. IP Collateral：An Emerging Financing Tool［J］. Managing Intellectual Property，2016（92）：83－95.

［187］Harhoff，D. and T. Korting，Lending Relationship in Germany—Empirical Evidence from Survey Data［J］. Journal of Banking and Finance，1998（22）：1317－1353.

［188］张承慧：《优化融资担保商业模式提升　融担体系服务效率》，《金融论坛》2019 年第 7 期。

［189］李庚南：《融资担保，应向政策性回归》，《金融博览（财富）》2017 年第 9 期。

［190］曾年华：《浅谈政府融资担保公司如何优化处置风险企业资产》，《财经界（学术版）》2019 年第 23 期。

［191］余丹，范晓宇：《中小企业知识产权担保融资的风险防控》，《科技与法律》2010 年第 2 期。

［192］喻均林，刘和平：《信用担保运行中信息不对称的扩大分析及其防范对策》，《特区经济》2006 年第 5 期。

［193］Berger A. N. ，Frame W. S. and Ioannidou V. Tests of Ex－ante Versus Ex－post Theories of Collateral Using Private and Public Information［J］. Journal of Financial Economics，2011，100（1）：85－97.

［194］张雪莹，焦健：《信息不对称与债券担保——基于中国债券市场的检验》，《南方经济》2017 年第 4 期。

［195］Barro R. J. The Loan Market，Collateral，and Rates of Interest［J］. Journal of Money Credit and Banking, 1976, 8 (4): 439 - 456.

[196] 钱龙，张桥云：《构建政府担保机制解决农民融资困难——基于信息不对称的视角》，《中国软科学》2008 年第 12 期。

[197] 安小米，白献阳，洪学海：《政府大数据治理体系构成要素研究——基于贵州省的案例分析》，《电子政务》2010 年第 2 期。

[198] 闫国倩：《我国专利质押融资发展策略研究》，天津商业大学硕士学位论文，2020 年。

[199] 薛秀娟，彭长江：《知识产权交易市场的健全与完善》，《人民论坛》2019 年第 7 期。

[200] 陈蕾，徐琪：《知识产权交易市场建设态势与路径找寻》，《改革》2018 年第 5 期。

[201] 陈蕾，徐琪：《知识产权交易市场发展的国际镜鉴》，《高科技与产业化》2019 年第 11 期。

[202] 丁涛，盖锐，顾晓燕：《我国知识产权市场发展与经济增长关系实证分析——基于 1992—2013 年的数据》，《经济体制改革》2015 年第 5 期。

[203] Ang, A. Illiquid Assets [J]. CFA Institute Conference Proceedings Quarterly, 2011, 28 (4): 12 - 22.

[204] Lippman, S., & McCall, J. J. An Operational Measure of Liquidity [J]. American Economic Review, 1986, 76 (1): 43 - 55.

[205] Morawski, J. Investment Decisions on Illiquid Assets: A search Theoretical Approach to Real Estate Liquidity [M]. Gabler, 2009.

[206] Yael V. Hochberga, Carlos J. Serranoc, Rosemarie H. Ziedonis. Patent Collateral, Investor Commitment, and the Market for Venture Lending [J]. Journal of Financial Economics, 2018 (130): 74 - 94.

[207] Holmstrom, B., Tirole, J. Financial Intermediation, Loanable Funds, and the Real Sector [J]. Q. J. Econ, 1997 (112): 663 - 691.

[208] Nanda, R., Rhodes - Kropf, M., Financing Risk and Innovation [J]. Manag. Sci. 2016 (63): 901 - 918.

[209] Hardymon, F., Lerner, J. Leamon, A. Gold Hill Venture Lending. Harvard Business School Case [M]. Social Science Research Network, 2005.

# 后 记

　　本书是运用不完全信息经济学对知识产权融资进行研究的系列成果之一，是作者在学术研究领域的自然延伸。作者在读博士期间，在南开大学张诚老师的指导下，对我国的专利制度进行了较为深入的研究，撰写了相关的学术论文和博士毕业论文，并在博士毕业论文的基础上出版了专著《中国专利制度的有效性：理论与经验分析》。来到天津商业大学任职后，先后获得了 2 项教育部人文社科基金青年项目的资助。在 2016 年，"专利、风险资本融资与创新创业绩效：理论、实证与应用"得到了基金的资助，作者围绕着科技型企业利用知识产权股权融资展开了研究，发表了相关论文，其中《专利、风险资本融资与创业企业成长：基于天津市 178 家创业企业的微观数据研究》一文发表于《中国经济问题》杂志，并获得了该杂志 2019 年度最佳论文三等奖。在 2020 年，"不完全信息条件下的知识产权与信贷融资：机理、效果与政策研究"获得了教育部人文社科基金青年项目的支持。在基金的支持下，作者进一步对科技型企业利用知识产进行债权融资进行研究，经过 2 年多的努力，形成了一些研究成果，开始了本书撰写和出版工作。

　　进入知识经济时代后，无形资产在企业资产价值中的比重在近 20 年中从 20%上升到 70%左右，知识资产逐渐取代传统的实物资产而成为企业核心竞争力所在。显然，以实物资产为抵押进行贷款的传统融资模式已有所局限，这就要求企业将融资的重点从实物资产转向知识资产。知识产权的融资成了科技型企业解决融资约束问题的突破口。因此，知识产权证券化、知识产权融资租赁和知识产权质押融资等新型融资模式不断兴起。但是在实际运行中也遭受了很多尖锐的问题，而相应的研究还很滞后。

　　对知识产权为基础的信贷融资来说，就面临着一系列的难题。一是专利权属于无形资产，因此很难进行价值评估。带来了银行贷款风险的上升。二是专利权的流动性较低，很难及时得到资本补偿。三是信息的不完全与不对称。由于对科技型企业了解不全面，以及对企业和质押专利了解信息不充分，对借款企业的信用风险难以全面评估。对此，国家与银行也采取了一系列的措施。包括增加市场的流动性，以改变贷款人对抵押品价值的了解与预期；参考风险投资家的担保与评价来决定是否值得借贷；实行专利权与固定资产组合担保；降低授信额度等。由此可知，与国外成熟的专利质押贷款模式不同，作为一个在我国发展较晚、近些年才初具规模的新型融资方式，知识产权的质押贷款还亟须开发与完善。

本书从不完全信息的视角对知识产权的信贷融资进行了研究，深化了国内在此领域的研究。本书基本实现了以下的研究目标：

第一，揭示不完全信息条件下科技型企业基于知识产权进行风险信贷的机理。本书通过文献查阅、理论研究和实地调研，揭示出在不完全信息条件下科技型企业基于知识产权进行风险信贷的内在机理，指出了信息不完全具体是哪个环节的何种信息不完全，这些信息不完全产生了什么样的问题，解决在知识产权信贷过程中出现的逆向选择、道德风险和机会主义等问题。在研究中突出了知识产权信息不完全的独特性。

第二，摸清不完全信息条件下科技型企业利用知识产权进行风险信贷现状和存在的问题。课题组成员通过经验调查，摸清中国科技型企业利用知识产权进行风险信贷的基本现状；通过研究分析和专家论证，找出中国科技型企业利用知识产权进行风险信贷存在的问题和障碍。通过总结前人的实证研究，对不完全信息条件下知识产权信贷融资的机理进行印证，对在中国特殊国情下知识产权信贷融资的基本规律进行了摸索。这些经验规律必然会对中国知识产权融资的实践起到推动作用。

第三，提出促进我国科技型企业利用知识产权进行风险信贷的新政策体系。本书通过对政策实施进行研究，从信息不对称的视角对目前政策的实际效果进行实证研究，提出对当前的政策进行改进的建议。这些政策非常丰富，包括知识产权制度改革对知识产权信贷融资的影响、政府担保和风险补偿基金对知识产权信贷融资的影响、知识产权交易市场和交易所对知识产权信贷融资的影响、投贷联动机制的实施对知识产权信贷融资的影响、第三方信息对接平台的建立对知识产权信贷融资的影响。这些研究有利于建设和完善我国知识产权信贷融资的政策体系。

本书可以用于科研人员学术交流和后续研究的参考，也可以供经济管理部门的人员参阅。在研究过程中，我们完成了 2 篇学术论文，发表在国内较高级别的学术期刊上。并通过参加学术会议的形式，向其他单位的研究人员介绍我们的这些学术论文，通过学术交流一起推动此领域的研究。此外，我们也将该成果反馈给政府和企业。通过适当的方式与政府、企业以及行业协会等组织机构共享该研究成果，如向其现场发放、邮递或电子信件的方式向其寄送本书。希望通过本研究，不但推进理论进展，而且力求发挥理论的指导作用，实现理论与实践的互动。

诚然，本书也存着很多的不足之处，在写作过程中我深感一些问题还有待进一步的探究。本书并不是我们对该问题的研究终结，课题组成员还在针对这一问题继续做深入和详尽的探索，包括理论研究和实证研究。由于学校现行的考核体系，我们不得不尽快出版我们的研究成果，否则无法完成规定的考核任务。所以本书的撰写和出版还有些仓促。此外，作为一名年轻老师，我在教学、科研、党建和学生服务等方面也任务艰巨，让我的时间和精力不足以给予充分的保障。自己的身体渐感不支，健康情况每况愈下，深感大不如前。鉴于以上种种的原因，希望学术界和业界的同人在阅读此书之时能够给予包容，多多给予谅解，并欢迎提出宝贵的意见。

作者
2020 年于天商苑